El verano en que Dios dormía

El verano en que Dios dormía

Ángel Santiesteban Prats

Ganadora del concurso literario Franz Kafka
Novelas de Gaveta 2013

Neo Club Ediciones
Miami

©Ángel Santiesteban Prats, 2014
Reservados todos los derechos de esta segunda edición

Foto de portada: Enmanuel Castells Carrión

COLECCIÓN NARRATIVA
NEO CLUB EDICIONES
neoclub@neoclubpress.com
neoclubpress.com

ÁNGEL SANTIESTEBAN PRATS (La Habana, 1966). Escritor y bloguero independiente. Graduado de Dirección de Cine en la Escuela Internacional de Cine de San Antonio de los Baños.

En 1989 ganó mención en el concurso Juan Rulfo, que convoca Radio Francia Internacional. Comienza así una carrera literaria ascendente en la que conseguirá todos los premios más importantes convocados en Cuba.

En 1995, envía al premio nacional del gremio de escritores (UNEAC), ganándolo en esa oportunidad; pero por su visión humana (o inhumana) hacia la realidad de la guerra en Angola, donde participaron los cubanos por espacio de 15 años, fue retenida su publicación. El libro, *Sueño de un día de verano*, fue publicado finalmente en 1998, en una versión mutilada por la censura.

En 1999 ganó el premio César Galeano, que convoca el Centro Literario Onelio Jorge Cardoso. Y en 2001, el Premio Alejo Carpentier que organiza el Instituto Cubano del Libro con el conjunto de relatos *Los hijos que nadie quiso*.

En 2006, gana el premio Casa de las Américas en el género de cuento con el libro *Dichosos los que lloran*.

En 2012 se publica una antología completa de sus cuentos, *Suerte que tienen algunos y otros cuentos*, y *Bloguear a ciegas*, ambas por la Editorial El barco ebrio, de España.

Ha publicado en México, España, Puerto Rico, Suiza, China, Inglaterra, República Dominicana, Francia, Estados Unidos, Colombia, Portugal, Martinica, Italia y Canadá, entre otros países.

A los muertos,
que intentaron cruzar;
les dedico una y tantas veces,
hasta que regresen.

(Los que no estuvieron ni permanecen y culpan)

¿Sobre qué muerto estoy yo vivo?
Roberto Fdez. Retamar
(Los que están)

Todos han partido de la casa, en realidad,
pero todos se han quedado en verdad.
Y no es el recuerdo de ellos lo que queda,
sino ellos mismos.
Y no es tampoco que ellos queden en la casa,
sino que continúan por la casa.

César Vallejo
(Los que permanecen aunque no queden)

Cuando vino mi abuela
trajo un poco de tierra española,
cuando se fue mi madre
llevó un poco de tierra cubana.
Yo no guardaré conmigo ningún poco de patria:
la quiero toda sobre mi tumba.

Carilda Oliver Labra
(Los que quedan aunque no estén)

De sangre en sangre vengo,
Como el mar de ola en ola.
Miguel Hernández
(Los que parecen que están pero no saben con quién)

SALIMOS DE LA PLAYA AL ATARDECER, cuando las gaviotas regresan a tierra y la marea comienza a subir y el color de las aguas se torna más oscuro. Las aves se acercan a la balsa y se mantienen volando en círculos y las seguimos con la vista; nos asustan sus graznidos cada vez que nos rebasan, parece un aviso de alarma para que no continuemos, como si trataran de advertirnos de que no entremos a mar abierto porque algo desagradable nos espera; y aunque todos lo pensemos, a nadie se le ocurriría decirlo en voz alta, además de recibir la repulsa del resto por confesar su cobardía, se teme provocar las malas energías.

De todas formas, y a pesar de nuestros temores, estamos convencidos de que este es el mejor horario para hacer la travesía hacia Miami. Así evitamos que los rayos solares nos castiguen hasta dejarnos la piel deshecha, y que nuestra llegada no sea el ingreso en un hospital por quemaduras.

Miro a lo lejos intentando desentrañar la gran incógnita que nos promete ese horizonte. El sol cae con la misma lentitud de la hoja que se desprende del árbol. Es como un gran caballero andante que se retira, luego de la batalla, fatigado y enérgico; su intenso color naranja encandila y me hace pensar que somos unos niños que no tienen conciencia del peligro y que se acercan a una gran bola de candela.

Vamos en una embarcación de quince pies en la que depositamos la suerte de nuestras vidas; sentimos como si hubiésemos cambiado de balsa: de esa gran Isla insumergible a este pequeño islote que apenas puede flotar. Nos marchamos con la esperanza y los brazos abiertos hacia las tierras del Norte, aunque para llegar tengamos que arar entre tiburones y vencer los peligros del *Corredor de la muerte* en el Estrecho de la Florida. Al menos estamos conscientes de esa realidad; para poder llegar, hemos apostado a nuestra fuerza física, los grandes deseos de abandonar la Isla en aras de cambiar nuestros destinos, y a la supuesta suerte que nos asiste. ¿Suerte? Ojalá que sí. Que nuestros sueños y anhelos sean el himno de esta cruzada de fin de siglo XX, aunque por otros, voceros del gobierno, seamos tildados de traidores y disolutos. Para ellos somos el escombro, los desechos de la sociedad, material no reciclable. Somos el pasado, lo inútil, la merma, la sobra, el recorte que se expulsa y se tira a los tragantes; pero ya nada importa, al menos a nosotros, porque sabemos que es el precio de nuestra escapada.

A esta hora de la tarde los guardafronteras también salen de recorrido por la playa; ellos no son más que niños que les hicieron perder el regreso a casa, porque después de hacerlos viajar por tantas lomas, caminos bifurcados y kilómetros de carreteras encerrados en camiones, no sabrían volver por sus propios pies. Por primera vez bajaron de las sierras y una liga de emoción y tristeza los embargaba. Las luces de la gran ciudad los mantenía hipnotizados. De todas formas, a pesar del agobio, apostaban por la experiencia, una nueva aventura que les cambiaría sus destinos, que habían reconocidos frustrados al mirarse en el espejo de sus padres, y que piensan que están a tiempo para cambiarlo.

Desde su llegada al campamento, el político de la Unidad les repetía hasta hacerlos consciente, que eran los salvadores de la revolución, no deberían escatimar esfuerzos para impedirles la salida del país a esos elementos apátridas que avergonzaban la sociedad, aunque en el empeño les fuera la vida, porque era la manera de salvar a la revolución y evitar que desprestigiaran el socialismo.

Por eso los soldados ahora nos esquivan la mirada, al ver que nos marchamos con el permiso del gobierno, se sienten engañados, inútiles, no entienden por qué tanta libertad después que los hicieron cansarse día y noche por correr sobre la arena, los arrecifes, de una punta a otra de la playa para sorprender a los traidores, esos que ahora impunemente nos montamos en las balsas. Algunos, cuando miden varios metros de separación entre la balsa y la tierra, comienzan a creerse que están a salvo, aprovechan para mirarlos con sarcasmo y gritarles carneros o les enseñan el dedo del medio.

Los guardias reprimen el odio y la humillación y permanecen a la espera de una pequeña señal que les avise que todo regresa a la normalidad y que nos pueden capturar, así, mansitos, y llevarnos a patadas por el trasero hasta el calabozo, y hagan retornar la ley a estas costas que ahora burlamos. Los reclutas necesitan volver a ser los sheriff de la playa para imponer el orden, no se acostumbran a tanta liberación y anarquía. Se sienten frustrados por haberlos hecho renunciar al sueño y a las borracheras, el esparcimiento en carreras de caballo y sexo con guajiras desprejuiciadas allá donde nacieron; para en cambio, ahora, los mantengan testigos de la deshonra, miren con envidia todo el puto día a los jóvenes con sus novias y familias disfrutando de las olas y el sol, mientras ellos se derriten dentro de sus trajes verdeolivos y las inmensas botas rusas con casquillos de hierros que se hunden en la arena igual que si estuvieran en un pantano y luego, ante las burlas de los presentes, apoyarse en el fusil para recuperar el paso y poder continuar camino, huir de la vista de los visitantes que los observan como si les hicieran un espectáculo; después, mirar desde la oscuridad y detrás de las cercas y muros, los bailables y a esos tipos fumando buenos cigarros, esperando que los tiren para ir a recogerlos y aprovechar algunas exhalaciones, verlos sosteniendo las botellas de cervezas heladas, tras cada sorbo que dan, les provoca a los soldados gran acumulación de saliva, que sienten al tragar como pequeñas piedrecitas que raspan sus gargantas, mientras aquellos al compás de la música siguen pegados a sus parejas, sin que se exciten como ellos, que cierran los ojos para imaginarse abrazados a la cintura de esas muchachas buenotas, y sentir un muslo que se les mete entre los de ellos y les aprieta precisamente allí, donde más fuerza tiene el cuerpo, y la inflamación palpita como si fuera un caballo que se espanta y echara a correr por la sabana, hasta sentir el semen que escapa y les moja el pantalón, y casi sin aliento quitar la culata del fusil que sin querer habían encajado en sus entrepiernas y despertarse, comprender que la realidad es otra, la misma desde que comenzaron su servicio militar; para luego alejarse, porque hay que vigilar, cuidarse de los oficiales que también andan ocultos intentando sorprenderlos durmiendo o entretenidos y hacerles reportes que los sancionarán a más horas de guardia, una manera de obligarlos a continuar en la suma de cientos de horas de sacrificio, la vigilia entre la uva caleta y todo tipo de alimañas, sin que les expliquen el cambio de orden, les hagan entender lo que sucede y tengan que admitir que esa crápula de ingratos y renegados prepare sus artefactos en la misma orilla, delante de sus narices, y se hagan a la mar. No le encuentran el sentido de permanecer en la playa, más que guardafronteras se sienten despedidores de vuelos, parte de la claque familiar que acompaña a despedir a los balseros, un adorno que sobra en el paisaje, y ante sus miradas interrogantes el político levante los hombros sin poder explicarlo tampoco. Cuando escriben sus cartas a la gente que dejaron atrás, les dicen que son marineros y que tienen la piel negra y curtida por el sol. Mienten porque la realidad es que nunca han subido a ninguna lancha; y continúan alardeando para provocar la envidia, aquella ansiedad de todo montuno por ver el mar; aunque a ellos ya se les haya quitado las ganas de vivir en la playa, ahora prefieren el paisaje de las montañas.

Por eso los militares andan por la arena arrastrando las botas como si sus cuerpos pesaran más de lo que pueden soportar sus piernas. Ahora dan lástima porque se pasan todo el tiempo, como moscas, yendo de un lado a otro, y cuando pasan cerca de las balsas se les brinda ron, les regalan algunas prendas de vestir para cuando regresen a sus casas, y un poco de dinero que no tendría sentido llevarse hacia la Florida. Pero esa compasión es ahora, porque antes imponían el miedo. Por eso los balseros nunca pudimos imaginarnos que se podría llegar a sentir piedad por ellos. Y aunque lo tratemos de evitar, no se puede confiar y apartar la vista de sus cuerpos, escondernos entre las bromas para ocultar el pánico que nos sembraron: en su andar cansino nos llama la atención algunos cargadores y dos bengalas que cuelgan de un lado del zambrán; del otro las cantimploras; dejan caer hacia la espalda el casco que luego en la noche les servirá de refugio contra el implacable ataque de los mosquitos. Para balancear el peso llevan los prismáticos colgados en el pecho, sin descontar el fusil: ese artefacto para matar tan anacrónico sobre sus hombros inexpertos que los hace parecer niños exploradores jugando a la supervivencia.

En ocasiones pienso que nosotros también nos escapamos de la casa sin el consentimiento de nuestros padres, y las escenas que muchas veces fueron un juego en el portal donde hacíamos el simulacro de una balsa en altamar, para imitar a los familiares y vecinos que, luego de llegar a Miami, contaban en sus cartas las odiseas, ahora se han convertido en reales y amenazan con la muerte; pero de nada valdría engañarnos, el "ahora" es el momento más trascendental y definitivo de nuestras vidas. Cuando razono y miro a mi alrededor, descubro el peligro que vamos a enfrentar una vez que nos alejemos de la costa, recuerdo todas las calamidades y muertes que nos han contado por el intento de otros por hacer lo mismo, entonces deseo que todo no sea más que un juego en el portal de nuestras casas con destinos ajenos, y quiero en este instante que mi madre me tome por el brazo y me lleve de vuelta al cuarto y cierre la puerta por fuera y advierta que no saldré en una semana.

Quizá por esa niñez tan pegada al sacrificio, a la muerte, intentar escapar del país fue un hecho cotidiano. Siempre dije a mi familia y a mis amigos, que la acción de irse del país se debe enfrentar como una actitud ética. El hecho es un acto de principio, una declaración ante los políticos y la humanidad. Es una defensa de la elección del camino que se quiere transitar. Mi hermana me hablaba desde Miami de buscar un pretexto cultural para mi participación en algún evento, podía ser un festival del Caribe, ferias del libro, encuentros de jóvenes escritores, con la intención final de conseguir una carta de invitación. Su objetivo era evitarme los riesgos de una travesía por mar. No tentar a la muerte. Pero de esa forma siempre lo tomé como un acto de cobardía. Quería ganarme mi salida, mi escapada, sin que nadie me la regalara. Necesitaba vivir los peligros que corrían los demás. Llegar a Miami sintiéndome orgulloso de mí. Siempre fui consciente de la historia de mi país, de la que no me cansaba de releer, y así podía estudiar la idiosincrasia del cubano y el carisma de nuestros próceres.

La historia es una sombra que aparece en el momento menos esperado. Quizá por eso aún no se me espanta esa sensación de lo inaudito. Allá en la playa, a la salida, desde que separé el pie de la arena para subirlo a la balsa en la que escaparía de mi país, de mi familia, de mi pasado, de gran parte de mí, porque todo eso que abandono soy yo, mi esencia, sentí escalofrío apenas elevé el pie para que descansara sobre la balsa, fue una sensación que me recorrió el cuerpo como un grito que sacudía mi mente hasta aturdirme: ¿era la muerte?, llegar a pensar en la "pelona" me sobrecogió, podía ser que ella se dispusiera a viajar de polizonte, tal vez por casualidad ascendimos al mismo tiempo y nuestros cuerpos se rozaron, o fue su aliento contra mi rostro. Mientras más pensaba en ello, más confundido quedaba, mis supuestas razones lógicas terminaban en prejuicios y desconfianza por la gente que me rodeaba, temores de que en altamar quisieran deshacerse de algún pasajero, y por mucho que intentaba evitarlo, pensaba en la religión como una pieza clave para lograr mi propósito, aunque fuera en contra de mi voluntad, recordé tantos consejos de mi madre, decenas de palabras en preguntas a las que apenas lograba dar respuesta, sobre todo me pedía que me afianzara a Dios, que tuviera fe, y ante el peligro que debía enfrentar, aparecía esta sensación, ¿será una señal?, ¿estoy en peligro?, ¿acaso debo sentir miedo?; pero sólo me llegaba una brisa que recorría mi cuerpo con suavidad, me iba invadiendo una sensación de paz, los ruidos y las voces se apagaban y me sumergía en el silencio más absoluto, como si fuera el único hombre sobre la faz de la tierra, porque mis amigos y mi familia, que esperaban junto a la balsa, desaparecieron por una oscuridad inesperada que nos envolvió, y me quedé solo en la playa, y escuchaba el rumor de las olas, un arrullo. El calor me abrasaba. Mis ojos se quemaban de mirar. Tenía la sensación de que mi piel hervía. Todo se fue cubriendo de una neblina que, empujada por el aire, creaba una cortina de seda que danzaba con el viento y me acariciaba el rostro. Me mareaba. Sentí fatiga. Y una luz que se acercó logró disipar la neblina. La debilidad cesaba. El calor disminuía. Sentí el chasquido de los remos en el agua. El viento arrastraba un olor a batalla ganada o por ganar. Luego supe que el brillo venía de un farol, no uno cualquiera, eso lo supe desde el primer haz de luz que cayó sobre mis ojos. Varias siluetas aparecieron traídas por un bote que llegó escoltado de peces plateados, levantaron los remos, y una figura de adolescente, vestida con traje negro y cuerpo menudo, fue la primera que descendió sosteniendo el farol, creí reconocerlo, ¿será posible? Y me le acerqué. Era José Martí, sin dejar de mirarme avanzó hasta la balsa que estaba vacía, mis compañeros de viaje seguían desaparecidos; entonces desconfié de lo que miraba, de mí, de lo que soy, ¿me estaré convirtiendo en un enajenado? El Maestro depositó la lámpara en una esquina de la balsa, después se detuvo frente a mí y sentí su mirada tibia, pero fugaz, y encontré una agonía infinita en sus ojos que ocultó con rapidez, me dijo algo que no logré comprender, pero en sus palabras me llegó una sensación de seguridad, aquella bondad mágica que sólo había encontrado en mi madre en esos instantes volvió en voz de hombre. Y comencé a creer en lo que ocurría. Y moví la cabeza reafirmando. Luego caminó para unirse a sus acompañantes, les señaló hacia la bruma, y se alejaron. Por un rato mantuve la mirada por el lugar donde dejé de ver sus siluetas. ¡¿Maestro?!, creo que grité. Y unos deseos incontrolables de correr para alcanzarlo, tomarlo de la mano y pedirle que no la soltara nunca. Que deseaba mantenerme a su lado para siempre. ¿Sería un sueño? Quedé como un niño a quien se le han perdido sus padres. Sentí el susto y el dolor del músico cuando se le parte la cuerda del violín a mitad del concierto. La luna, que se había escapado de otra noche más vieja que esa, regresó para llevarse las estrellas. Y se fueron. Me mantuve un rato temblando, un frío que nacía en mi mente y amenazaba con no extinguirse jamás. Me sentí como un tronco que la marea lanzaba a la orilla. Una cruz clavada en la playa.

Encima de la balsa me quedaba el brillo del farol que trasmitía algo más que fulguraciones, un resplandor que me cubría y cambiaba la temperatura, me bañaba, tenía el cuerpo frío y completamente húmedo. Pronuncié mi nombre, regresa, me dije: no puedes tener pensamientos negativos: la muerte no ha subido a esta balsa ni se hizo para ti, me insistí. ¿Te rindes? No tientes ni siquiera la posibilidad de rendirte. Si estoy aquí es para cumplir los sueños, y no habrá nada ni nadie que lo impidan, finalmente razoné. El canto de un gallo avisó que la oscuridad huía como un gato perseguido y era como si amaneciera otra vez.

De repente volví a escuchar las voces del resto de las personas que me rodeaban sobre la balsa, comenzaron a aparecer sus siluetas como si nada hubiese sucedido, sólo yo había presenciado la visita del Maestro. También distinguí a mi madre y a mi novia, estiré el brazo para tocarlas y no las pude alcanzar, hasta que deposité el pie sobre la balsa y el escalofrío desapareció.

—¿Qué sucede, mi amor? —preguntó mi novia desde la orilla.

—Nada —respondí.

Todo el tiempo que estuve mirando la aparición, la piel se me mantuvo erizada. Ahora no sé si la visión me hizo dichoso o por el contrario, trataba de evitar mi partida. Lo cierto es que la tristeza se adueñó de mí más que nunca a partir de esos segundos. La visita de Martí, a pesar de la alegría, de hacerme sentir la persona más importante del universo, me sabía a presagio, una incógnita que no era gratuita. Desde entonces trato de buscarle el sentido, tengo que saber cuál es el objetivo, el mensaje que el Maestro me quiso trasmitir; o si, en cambio, estaba completamente loco y aquello no había sucedido más que en mi imaginación.

—Dios está con ustedes —aseguró mi madre mientras caminaba hasta la balsa con el agua llegándole a la cintura; cuando llegó a mi lado, cerró los ojos y, orando, me persignó.

La abracé por última vez. Quería decirle tantas cosas. Necesitaba pensar que fue Dios quien subió conmigo a la balsa. ¿Por qué insistir en otro? Quizá si le contaba a mi madre la visión, lo que me acababa de suceder, ella me explicara, me convenciera de la verdadera intención del mensaje; pero no quedaba tiempo ni era el lugar para todas las explicaciones y detalles que ella me pediría. Por encima del hombro de mi madre, vi en la arena las marcas del bote que irrumpió en unos instantes de la noche más larga, y los pasos dibujados que se perdían entre los riscos hacia el empinado farallón.

Mi novia se limpiaba las lágrimas con actitud decidida y comenzó a sonreír con la intención de brindarme fuerza en esos últimos minutos. Luego se me acercó para palparme la frente.

—Tienes fiebre —dijo y negué con un gesto de cabeza.

Mis compañeros me esperaban con los remos prestos para hundirlos en el agua.

—¡Rafael, se nos hace tarde! —me dijeron.

¿Me voy? Hasta que hice una señal de que estaba listo. ¿Me quedo? Me acerqué al farol y, aunque se mantenía apagado, al palparlo, comprobé que guardaba el calor por su uso reciente. Los remeros comenzaron su faena. Los palos rajaban el agua con fuerza. Mi madre no podía contener las lágrimas. Mi novia ya no lo hacía. Yo, como el resto de los que se iban conmigo, las reprimí. En ese momento llorar no haría nada por cambiar o ayudar a nuestra realidad. No recuerdo que las lágrimas le hayan resuelto problemas alguna vez a mi familia. Nos mantuvimos en silencio. Nadie quiso descubrir el dolor que causaba alejarnos de lo que somos: malo, bueno o regular, era nuestro mundo.

Y levanto el mentón. El viento choca contra mi cuerpo. ¡Al carajo! Quiero quedarme para mí con esa noche, probablemente ficticia, que me llegó en reposo, y la que acojo como lo más trascendente de mi vida.

Me crecen las ganas de escribir, narrar lo que sucede a mi alrededor. No puedo evitar este oficio de escribano que me persigue como una condena o un premio, aún no lo sé. A estas alturas de mi vida desconozco tantas cosas de mí, me siento tan confundido con los propósitos que deseo alcanzar. Quizá escribir sea una obsesión, catarsis o un simple observador que no puede evitarlo, aunque tampoco quiero dejar de hacerlo. Creo que nací para esto. Ojalá que sí: mis ojos acechan cada detalle que sucede a mi alrededor, aceptan la realidad que con seguridad luego utilizaré como material narrativo. Miro a cada uno de los que me acompañan en esta balsa. Saco la libreta nueva que tomaré de diario.

Detallo cada gesto de los que reman y de los otros que esperan por hacerlo, diálogos, pensamientos que supongo profundos, decisivos para la sobrevivencia sobre esta balsa, ilusiones, odios, miedos. Todo lo pongo en estas hojas que comienzan a llenarse con mi tinta según van contando su pasado verosímil o falso, exagerado o minimizado, no importa. Lo cierto es que no sé detener este delirio de escribir.

Y abro los ojos para estar seguro de lo que está aconteciendo en mi vida, ¿dónde estoy y hacia qué lugar voy? Me vuelvo a responder que no es un juego, que es cierto que mi vida fue echada a la suerte y que ya no hay marcha atrás. Ahora callo. Voy a soportar porque quién le dice a estos hombres que me rajo, que abandono y se quedan disparejos para remar. Nadie se atrevería a decirlo. Si llegué hasta aquí ya tengo que joderme, seguir sin pensar en lo que podrá sucedernos, si nos espera la suerte o la desgracia; imaginaré que sigo el recorrido de la canal en aquel parque infantil de mi niñez, cuya caída no puedo detener para emprender el empinado regreso; tampoco podré evitar el miedo que tengo clavado en el pecho y que puja por salir, debo mantenerlo dentro el tiempo que sea necesario, porque el miedo no se puede evitar ni espantar; tampoco tengo la oportunidad de escoger: continuar o regresar. Sólo me queda la opción de permanecer sobre la balsa, lo que significa esperar, vivir los acontecimientos que se presenten, y cuando termine el viaje de descenso, entonces sacar conclusiones: qué gané en la apuesta de este sueño y qué perdí, por lograrlo, de mi realidad anterior.

Pero no es tiempo para reflexiones tardías. Y me callo el encuentro con Martí, no lo comparto. Ellos jamás estarían aptos para asimilar semejante escena. Tampoco aceptaría sus burlas. Por eso no corro el riesgo de decirlo. Sería capaz de lanzarlos al agua si se atrevieran a bromear con él, o con el momento mágico que viví en la playa. Cada vez que guardo el diario lo hago dentro de un nylon grueso, temo que la humedad deshaga la tinta, lo protejo, es mi memoria, conciente de que me sobrevivirá; aunque no me gusta imaginarlo, prefiero pensar que es una compañía, como los libros que traje, amuletos que me guardan con todos sus personajes, y que de alguna forma saldrán de los libros para protegerme.

Llevo una enguatada de mangas largas porque temo que el sol me queme la piel. Carlos se echa crema para prevenir las quemaduras. Luis, sonriente, mira lánguido al resto y dice que después sacará pintura para uñas y un creyón de labios. Carlos se molesta, grita que es un cojonudo y luego no me estén pidiendo crema cuando el resplandor les haya quemado el pellejo y el culo.

Me gustaría echarme crema también; pero prefiero no hacerlo para que los otros no se burlen de mí, no quiero ser el entretenimiento de nadie; tampoco quiero irritarme, tanta tensión podría generar violencia y volcarla sobre alguno de ellos, o viceversa. Intento sonreír con el chiste de Luis, pero me sale una mueca, no tengo ánimo para distraerme en otra cosa que no sea el hecho de que abandono la Isla, a mi gente, mis cosas. Decididamente prefiero analizar, sentir en mi interior la despedida, la separación de lo que dejo y cómo me voy adaptando a la idea. Algo dentro de mí se quiebra, primero siento el ruido, luego el dolor que ahogo, no lo dejo salir de mi garganta, lo rechazo y lo empujo hacia atrás, lo devuelvo al lugar de donde nunca debió salir. Nadie sabrá cuánta angustia me causa decir adiós; yo tampoco sabré cuánto soportan ellos, ni me interesa, no es momento de solidaridad. Que cada cual cargue con su suerte y enfrente las consecuencias.

A lo lejos, las torres del Estadio Panamericano son la última imagen de ese pedacito de tierra que cada cubano se encapricha en amar, y que la distancia se irá tragando, centímetro a centímetro, junto a esa Habana que parece una ciudad bombardeada y aún así nos resulta atractiva. Miro hacia Cojímar, pienso en Hemingway, en el viejo que luchó en estas aguas con la misma tenacidad con que ahora nos entregamos a la aventura. Para bautizar la balsa con el nombre de "Santiago", que escribí en una tabla que cuelga del costado, tuve que explicarle a los otros quién era el viejo y luego les hablé del escritor; aunque algunos aseguraron recordar algo de la película. Toscano estuvo de acuerdo, porque si era cierto lo dicho por mí, sería bueno que el espíritu de ellos nos acompañara en la travesía.

Por momentos se me hace incontrolable el deseo de lanzarme al agua y nadar hasta tierra firme y abrazar a los míos y decirles que me retracto, que no fue más que una ilusión; pero aprieto los dientes y los puños, y espero a que se me pase el impulso.

Alrededor de nosotros, por todo el litoral, vemos decenas de precarias embarcaciones que se hacen a la mar y son despedidas por pequeños grupos de familiares y amigos, que los acompañan armados para custodiarlos, y evitar los asaltos y robos de las balsas. Las despedidas se hacen en el más profundo silencio. Es como una película muda a diez cartones por minuto. Movimientos lentos, la respiración densa: nuestros cuerpos se convierten en imanes que la tierra atrae.

Todavía cerca de la orilla, mientras nos íbamos alejando, clavé la vista sobre las figuras que la distancia reducía hasta convertirlos en puntos diminutos, y lentamente, sin darnos cuenta, dejamos de percibir el movimiento desesperado de sus brazos por todo ese mar que nos queda por medio, y que impedirá, a partir de ahora, el beso y la taza de café en las mañanas. Me asalta la duda, ¿aún estoy a tiempo de quedarme?, esa frase aparece en mí, se va y retorna y la disyuntiva de irme o regresar se hace mayor. Definitivamente las siluetas, allá en la costa, se tornan borrosas, y van desapareciendo en medio de un llanto reprimido. Vuelvo a mirar el horizonte y pienso en lo que podré ayudar a mi familia cuando esté allá, en la mejoría económica y que en dos años regresaré como turista, como si todo eso fuera suficiente. Miro a los hombres que reman, quiero que no se detengan, que la balsa avance lo más rápido posible, que corte el agua con la facilidad con que el cuchillo pica el cake en el cumpleaños que no tuve porque mi madre era demasiado pobre; y que por la lejanía de la costa llegue el momento en que regresar, lanzarme al agua y nadar hasta la tierra por una reacción incontrolable, me sea imposible, porque esta travesía la haré con mi aprobación o sin ella.

Desde que salimos, varios peces permanecen ocultos debajo de la balsa para resguardarse a la sombra o esperan desperdicios de comida. Que nos acompañen me hace sentir seguridad, pienso que pueden percibir el peligro. Mientras se mantengan con nosotros es porque nada nos sucederá, o al menos, en tiempo presente, no se acerca ningún peligro, entiéndase peligro por tiburones. Me gusta observar los peces, ver sus movimientos, a veces se asustan cuando un remo entra violento al agua y huyen, pero luego regresan para mi tranquilidad.

En los rostros de los que me rodean veo el entusiasmo al pensar que nuestras vidas, a partir de ahora, cambiarán, suponemos que para bien. Mientras mueve los remos, Manolo el Zapa hace un extraño ruido al respirar, como un grito a medias, y logra que los demás mantengan el ritmo e introduzcan al unísono los remos en el agua; Manolo impuso los apodos porque tiene psicosis con la guerra de Angola donde fue zapador, pero luego lo dejamos en Zapa porque nos parecía demasiado largo; dijo que teníamos que tener seudónimos, nunca se sabe cuándo harán falta.

Los otros que reman son Julio el Cadete, Toscano el Negro y Dinky el Gordo, que son los más fuertes. Se les pidió que lo hicieran a la salida para poder alejarnos de la costa con la mayor rapidez posible. Ahora, por el oleaje, se necesita un esfuerzo descomunal. Dicen los marineros que despegarse de la orilla es lo más difícil, tan difícil como separarse del cuerpo tibio de una puta de puerto para echarse a la mar; que la tierra atrae como a un árbol que arrancan y la raíz se aferra, se resiste a abandonar su lugar. Aseguran que hay un momento indefinido donde ésta deja de atraer, una línea que no se ve, un sonido inaudible que avisa la separación, y que sólo se percibe después de muchos años de travesías y noviazgo con la mar: un sonido peculiar, una mezcla de copas que se quiebran en el aire, y de uñas que se aferran a la tierra y luego van cediendo lentamente. El viento sopla como un quejido largo y suave, la nota del violín de Dios, que penetra en los oídos y se refugia en tu interior y te acompaña por el resto de la travesía sin que puedas espantarlo. El que lo escucha por primera vez le da fiebre los siguientes tres días, por eso hay viejos navegantes que se tapan los oídos para no captarlo y evitar esa tortura, que algunos no han podido apagar, sacarse el sonido de adentro, hasta sumergirlos en la total locura.

Tengo los pies forrados de arena que no quiero limpiar para mantener la sensación del último contacto con mi tierra. La toco y recibo una impresión extraña, como si me estuviera robando un pedazo de algo, que desde hace unos minutos ya no me pertenece.

En el segundo turno, cuando cambiemos de remeros, el avance será más lento por nuestras características físicas. Esperamos para remar Luis el Carne, Pablito el Polizón, Carlos el Político, que ya está hecho una calamidad por los mareos, y aunque ha tomado dos pastillas de gravinol sigue en el mismo estado, y yo, a quien han ignorado mi Rafael para por ironía apodarme el Cuentista, porque continuamente comparo la realidad con historias leídas, por algunos libros que descubrieron guardados en mi mochila, y por mantenerme perenne, a pesar del vaivén de la marea, escribiendo en mi diario; lo hago con la pasión del condenado a muerte, como si fuera mi última prueba de vida, mi deber más sagrado. No oculto que una de las cosas que me hizo decidir a montarme en la balsa fue la emoción de una aventura donde no tenía la más mínima experiencia con anterioridad, y que de alguna forma, luego me servirá para una historia.

Cuando preparábamos la balsa y los pertrechos en la orilla, escuché los gritos de las madres que buscaban a sus hijos desde hacía varias noches, y el mar turbio dejaba escapar el largo bramido del oleaje al romper contra los arrecifes. Amanecía y andaban aún con los faroles encendidos a plena luz del día. El mar sólo les devolvió las embarcaciones vacías y querían los cuerpos para enterrarlos. Me pregunto de qué sirve, o qué ayuda brinda que lo entierren a uno después de muerto, qué diferencia hay entre estar cubierto de tierra o de agua si mantenemos la misma condición; de que nos coman los gusanos o los tiburones, visto así prefiero lo segundo, aunque sea más desesperante y doloroso.

Algunas madres habían perdido la esperanza y miraban inseguras, sin saber qué hacer, a sus nietos que sujetaban de la mano. Me negué a verlas para no fijar en mi mente las imágenes angustiosas que le quitan la fuerza al más optimista: ver por la playa a esas mujeres ojerosas, halando de un lado a otro sin descansar a aquellos niños descalzos y hambrientos, con la ropa húmeda por la neblina y el rocío, mirando el agua en constante espera del momento milagroso en que aparecieran, flotando, los cuerpos de sus hijos; y al mismo tiempo, verles reflejado el temor de que realmente ocurra, cuando los confundían con algún tronco o pedazo de lona devuelto por la marea. Cada vez que el mar traía un objeto, se acercaban desesperadas, los gritos de horror los recibíamos espantados, temiendo que el mal presagio se hiciera realidad. Sus ojos se movían con rapidez en busca de un detalle conocido y el objeto viajaba de mano en mano, y ellas temblorosas, clavaban sus uñas tratando de desenterrar un quejido o un aliento. Intentaban interrogar un remo, una vela, un pomo, a veces un nylon, para averiguar qué había sido de sus hijos. "Aún buscan las madres en la sombra la sonrisa de sus hijos", había escrito el Maestro en el primer aniversario del fusilamiento de los estudiantes de medicina en La Habana, "aún extienden los brazos para estrecharlos en su pecho, aún brotan de sus ojos raudales de amarguísimo llanto". Y estas madres lloraban también por sus hijos inocentes.

Los familiares, después de varios días asegurándoles a esas mujeres que ya no se podía hacer nada, lograban convencerlas de que debían abandonar la playa y volver a sus casas, no sin antes dejarlas hacer el último ritual: con sus pies hinchados, y sus cabellos despeinados de tantos halones porque no tenían otro desahogo que la rabia, se arrodillaban y miraban al mar con una mezcla de rencor por haberle arrebatado a sus hijos, y de miedo porque no fuera cierto, que estuvieran vivos y los dioses se molestaran por su falta de fe y desconfianza hacia ellos, como advertían los babalaos.

Mientras oraban, las olas iban alejando las flores que lanzaron las familias. Los padrinos, para protección de sus ahijados, movían los caracoles y los tiraban en la arena y los rociaban con humo de tabaco, miel y aguardiente; luego descifraban la letra y en plena comunicación con los dioses, rompían un coco con la esperanza de que ese acto deshiciera los maleficios y espantara los malos espíritus que pudieran rodearlos, y echaban al mar la masa blanca que contrastaba con el azul del agua y los peces acudían con prisa para probar, mientras se escuchaban los rezos desesperados y las promesas que ofrecían los dolientes. El padrino decía que en pago por sus cuidados, los santos pedían comida para la prenda con sangre de gallo y chivo. Al final, terminaban la ceremonia, ofrendando a Yemayá un pato vivo que, asustado, superaba el oleaje, movía las alas y se alejaba desesperado en un intento de escapar o festejar la libertad; mientras los niños, agazapados en el agua, esperaban a que los familiares lo perdieran de vista, para atraparlo y esconderlo en un saco junto a otros, con la intención de revenderlos o llevarlos como aporte a la comida familiar.

En el simbolismo que encerraba aquel pato me vi reflejado, temí que también fuéramos una ofrenda de los que se mantenían en la Isla con la intención de alejar a los enemigos que deseaban sacarlos del poder. Sin saber por qué y sin que nadie me viera, crucé los dedos para ahuyentar los malos pensamientos.

Mi familia se esconde en el horizonte, detrás de aquella raya que se mantendrá perpetuamente en el recuerdo, hasta el regreso. Sí, nos queda la esperanza de regresar, y por supuesto que con esa condición nos vamos: juro que esa nunca dejará de ser nuestra casa y esos, los mejores tiempos; ¿pero regresar cuándo?, si cada año será una eternidad; pero todavía no debemos preocuparnos por eso. Lo primero es llegar, después, sólo después, comenzará la agonía, la tortura por la separación.

El sueño de irse del país es una obsesión que actúa como un virus. Se puede contagiar a través de alguien que sin advertirlo se acomode a tu lado y te converse desanimado acerca de tantos problemas, miserias y miedos a una "opción cero", tan mencionada en los últimos tiempos, donde se comerá en ollas públicas, no habrá electricidad ni transporte, y las enfermedades harán estragos. También el contagio puede ser ambiental, se percibe en la tensión de la gente, la irritación por las leyes que el gobierno impone para preservar el orden y evitar el caos; entonces, casi sin desearlo, algo dentro del cuerpo te comienza a crecer, primero imperceptiblemente, con pereza, no sabes qué es ni lo puedes detener, luego te acompaña como una sombra hasta que se apodera de tus pensamientos y estalla como una bomba dentro de ti; descubres respuestas y actitudes desconocidas que te avisan que eres otro, ya no piensas igual, y quieres y necesitas una solución urgente para tu vida, algo que te ayude a cambiar el curso errático de tu existencia.

Ha comenzado a oscurecer. Manolo aprieta el remo como si fuera una prolongación de sí mismo. En los labios lleva una sonrisa que trata de ocultar, creo que por machismo. Luis saca una jeringuilla y la llena de insulina, luego se inyecta en la barriga. Todos miramos en el horizonte el espectáculo del poniente. Algo me sobrecoge porque tengo la sensación de que aquello es una gran boca que se traga al sol y a la que después le serviremos de postre, que estamos en la cima de una loma y vamos cayendo sin poder arrepentirnos y regresar.

Julio el Cadete habla poco, pero ni falta que hace, aquí lo que se necesita es que sean buenos remeros, y parece que lo hará bien, comienza a cantar, *pueblo mío que estás en la colina, tendido como un viejo que se muere*; miro hacia atrás, *las penas y el abandono son mi triste compañía*, aún puedo distinguir la claridad de las luces de la ciudad, *ya mis amigos se fueron casi todos, y los otros partirán después que yo*; pienso en la tristeza y la incertidumbre de los que de alguna manera abandoné; *y una chica de mi pueblo llorará;* imagino a Maribel y los ojos se me humedecen y prefiero pensar en otra cosa, pero su imagen siempre regresa, su pelo, sus olores, y le digo, ¡coño, Cadete, por lo que más quieras, canta otra cosa!

El vaivén de la balsa me provoca deseos de vomitar, dejo correr la vista por la inmensidad oscura que nos rodea, por este desierto de agua y nubes. Miro el cielo, aspiro grandes bocanadas de aire y luego las voy dejando escapar lentamente, lo repito varias veces. Me complace pensar que esta experiencia me servirá como material narrativo. Y me imagino escribiendo una novela que comience: "Me resistía a pensar que debía sacrificarme por las generaciones futuras", aunque así escriban los cabos de la literatura y no me importe, porque creeré que después de cruzar ese mar y salir airoso, ya estoy por encima del bien y del "mar", que ningún sacrificio que hiciera sería gratificado en vida, salvo que lograra vivir ciento cincuenta años, como un Matusalén del siglo XX. Pensarlo me aterra, es pedirme demasiado. Y no me importa que me tilden de egoísta, casasola,ególatra, individualista, apático, materialista, infiel, escéptico, ingrato, porque no dejo de reconocer que es verdad, que soy todo eso y más, pero me desentiendo de cualquier idea política que me perjudique, no me importa. No creo en la reencarnación. Quiero trabajar como una bestia durante once meses y una vez al año gastar el dinero ahorrado conociendo el planeta, que en definitiva, es lo único verdadero que uno se lleva de la vida. El Museo del Prado: sentarme un día completo a ver *Las meninas* desde distintos ángulos, *El jardín de las delicias,* vestir en mi mente a la *Maja desnuda*; la ciudad de Toledo, su iglesia centenaria, *El entierro del Conde de Orgaz;* la casa del Greco, su *San Pedro llorando*; esperar la caída del sol en Playitas, evocar aquella noche, el sonido de los remos avisando la llegada, imaginar sus rostros tensos, cansados y con frío, que seguramente será semejante a la noche que presencié su llegada en la playa; luego ir hasta el monumento en Dos Ríos, que no será más bello que el túmulo de piedra que le hiciera Máximo Gómez en el primer aniversario de su muerte; ver las líneas gigantes de Nazca y las piedras del Cuzco; las pirámides, leer "Carta de amor al rey Tut Ank Amen", de la Loynaz, sentado delante de su sarcófago: *Ahora tus ojos están cerrados y tienen polvo gris sobre los párpados; más nada tienen que ese polvo gris, ceniza de los sueños consumidos…*; subir a la Iglesia del Cobre, y entre tantos ofrecimientos de respeto, encontrar la medalla que le dieran a Hemingway por el Nobel; suspirar desde una góndola debajo del Puente de los Suspiros e imaginar a los reos cuando eran trasladados hacia el cadalso y desde allí se robaban la última imagen de la ciudad; entrar a la Plaza del Vaticano y mirar la Basílica de San Pedro, las columnatas, ver *El juicio final* de Miguel Ángel en la Capilla Sixtina, ir hasta la fuente de Trevi, tirar una moneda mientras pido el deseo de todo exiliado: volver; ir a la finca La Demajagua, cerrar los ojos y escuchar los campanazos que avisan que ha llegado la anhelada libertad; sentarme en un café en la Riviera Francesa, imaginar al todavía desconocido Hemingway saludando a Joyce y gritarle Maestro; el Museo de Orsay; sentir cómo las aguas de las Cataratas del Niágara me salpican el rostro mientras recito el poema de Heredia: *Yo digno soy de contemplarte: siempre / Lo común y mezquino desdeñando…*; quiero ir a varias tumbas: a la de Washington; permanecer varios minutos en silencio junto a los restos del padre Félix Varela en el Aula Magna de la Universidad de La Habana, y tratar de buscar una respuesta sabia a esta identidad insular tan arraigada; visitar la de John Lennon, convencerlo de que no está muerto; a la de Chaplin, saber cómo se puede hacer reír sobre una balsa; agacharme frente a la lápida de Isadora Duncan, decirle que la soñé bailándome desnuda y sus pies eran tibios; buscar en el cementerio Santa Efigenia el mausoleo de Martí, y preguntarle por qué los cubanos no saben claudicar aunque sepan que están equivocados; al general De Gaulle, preguntarle cómo en los momentos más adversos pudo mantener su perseverancia; poner un pincel elaborado con mi cabello sobre la tarja de Toulouse Lautrec, y pedirle perdón por reírme imaginando su entrada al sanatorio donde visitaba a un amigo internado y los enfermos mentales lo confundieron con un nuevo ingreso; ir a las minas donde Van Gogh casi muere de hambre y su fiel hermano Teo lo asistiera como tantas veces; a las fosas colectivas del campo de concentración en Auschwitz; anhelo sentarme una noche de luna llena en la ribera de un lago hasta que el alba me sugiera una noticia de mi gente; conocer la nieve; festejar una verdadera Navidad y ver el júbilo en los rostros de las personas sin la preocupación de qué van a cocinar y de dónde lo sacarán; presenciar un espectáculo de patinaje sobre hielo; una corrida de toros; mirar cómo las personas compran sus cartuchos de manzanas sin que me apetezcan; tener un perro sin pulgas y sobrinos sin piojos ni sarna; entrar a una tienda desbordada de los juguetes más increíbles y de alguna manera resarcir esa frustración de todo niño cubano; participar en las ferias del libro de Frankfurt y de

Guadalajara; entrar en una florería donde cada mañana se reciben las flores más exóticas de todos los rincones del mundo, aunque ninguna me guste porque su olor me recuerda a los muertos, y evocar a una mujer que me describía los tulipanes de Holanda; comprar todas las variantes de turrones que son la locura de mi madre y recordar las pocas veces que pude complacerla; visitar un zoológico sin que la cara de los animales famélicos te amenacen con comerte; adquirir entre tantos, los periódicos que más me interesen de todas las latitudes del universo, tener el canal de la CNN; pararme en una esquina cualquiera y comentar que el presidente actúa mal, sin temor a que me apresen o me reprendan.

Estoy obligado, para subsistir, a olvidar las estrofas de la canción de Julio porque alimentan la añoranza por mi novia y duele mucho, demasiado. Prefiero recordar los peces plateados que escoltaban al Apóstol. Miro al agua, no veo ni un solo pez de los que nos acompañaban ocultos debajo de la balsa. A partir de ahora, no sabré a través de ellos si el peligro nos acecha. La incertidumbre crece. Desde este momento hay que intuir, adivinar qué haremos para salvarnos sin más ayuda que la nuestra. ¿Por qué tuvimos que llegar hasta aquí? Demostramos que nuestras vidas valen tan poco, que no importan los hijos que nadie quiso, salvo a nuestra gente. Quién le diría a mi madre que después de tantos desvelos yo arriesgaría la vida con un porciento tan alto de perderla. ¿Por qué tuvo que ser así? ¿En qué momento comenzó todo? ¿Cuándo fue que me bajé del tren de la Revolución? No ubico el punto exacto en que cambié, dejé de ser yo, para convertirme en un desconocido. No sé definir si fue una transición rápida o lenta. A pesar de todo, siento que hice bien en descender a tiempo, sin hacer grandes sacrificios, como otros que apostaron tanto, que han perdido tanto, que sienten que no es justo pisotear los años de juventud gastados en marchas de milicias, después que arriesgaron la vida en Girón, Argelia, Etiopía, Granada, Nicaragua, Angola, entre tantos más; pero mi caso es distinto, quizá fueron otras las circunstancias: soy un joven común que no sacrifiqué mucho, al menos debo agradecerme eso, solo haber participado en escuelas al campo, imposibles de evadir, en escuelas militares, reuniones, domingos voluntarios, recogida de materias primas, en resumen, muy poco o nada, si lo comparamos con las otras generaciones; porque en ese entonces estaba lleno de ingenuidad, confiaba en aquel camino que la Revolución nos prometía, algo que nos fueron repitiendo día tras día, en las aulas, la televisión y el cine, las actividades recreativas, en canciones y poemas, y que los adultos aceptaban sin ninguna opinión al margen, moviendo la cabeza en dirección vertical y uniforme, sin prevenirnos de una posible desilusión. Hasta los más osados asumieron el silencio. Callaban por miedo. Entonces no tenía por qué dudar, mi educación no tuvo la asignatura de la "desconfianza", hasta que comencé a descubrir la ambigüedad en las respuestas cuando no entendí conceptos o decisiones oficiales, luego de insistir en una explicación coherente que me convenciera; y surgió el titubeo, la duda. Llegó lo inesperado: la desilusión. Y en una reunión dije que no me gustaban las votaciones por unanimidad, a las que debía estar acostumbrado, que me hacía desconfiar el hecho de que tantas personas pensaran igual, que esos grandes porcentajes, lejos de ser una victoria, eran el peor enemigo de la revolución, que eso era precisamente lo que hacia inverosímil cualquier encuesta; prefería los acuerdos por "mayoría". No supe si me alejé o me alejaron, pero cuando reaccioné ya no estaba entre los "elegidos", los de "confianza". Y recordé las palabras del Maestro cuando le aseguró a Máximo Gómez que un pueblo no se funda, General, como se manda un campamento.

Hasta he llegado a pensar que no me bajé del tren de la Revolución, más bien me bajaron, aquellos extremistas que no aceptaban otras ideas, diferentes matices; finalmente, el día que estábamos en la orilla preparando la partida, vi a Rolando, el más extremista de todos; al principio pensé que acompañaba a un familiar, luego comprendí que se iba. Me le acerqué, y cuando me reconoció sólo me dio un saludo de compromiso.

—Hola, Rafael —me dijo.

—¿Hola de qué Rolando?.. ¿Qué coño haces aquí?

—Lo mismo que tú.

—Tú no tienes ese derecho —lo increpé.

—Por supuesto que sí —y acentuó con un movimiento de cabeza—. Si te refieres a nuestro pasado, te recuerdo que todos pecamos. En su momento creímos por igual, con la misma ingenua perversión, en el engaño.

—Eso no es justo —le dije—. ¿Por qué lo haces?

—Ni sé cómo sucedió… Me fui desilusionando. Sin querer me fue creciendo una rabia incontrolable. Luego me sorprendí con pensamientos totalmente contrarios a la ideología que nos imponían. Me dije traidor varias veces; pero el otro yo, el de ahora, pudo más… Supongo que es porque tiene la razón.

—Sólo que ahora eres más mierda que antes.

—Y si fuera así, ¿a quién le importa? —me respondió con una sonrisa en los labios.

—A mí. Y mucho —entonces dejó de sonreír.

—No hay quién carajo te entienda. Nunca estoy en sintonía contigo.

—Por supuesto, Rolando, tú nunca, independientemente del lugar donde te encuentres, podrás entenderme.

—Coño, Rafael, ¿tú no serás seguroso y andas infiltrado para joder a los demás?

—Ese sería un buen aliciente para ti, y no dudo que pedirías que me linchen o quieras que no me dejen subir a mi balsa y me dejen en la orilla. Tú siempre vas a ser el mismo hijo de puta que trata de manejar la mente de los demás.

Nos quedamos mirándonos un rato, con los deseos contenidos de golpearnos.

—A veces creo entenderme, pero pocas veces me sucede. Siempre me persigue la duda de si me convertí en un hombre material —me dijo—. No te niego que tomé la decisión de no tratar de cuestionarme: lo mío será una cura de tiempo. Con pena te digo que no sé decir si me equivoco o no. Si voy bien o mal. Si soy tan miserable que me hago daño a mí mismo… Eso no lo puedo contestar. Nada, borrón y cuenta nueva —quiso finalizar con un intento jocoso.

—¿Y el profesor de Filosofía que botaron de Educación por ti cuando lo acusaste de contrarrevolucionario?

—Pues qué le vamos a hacer. Que se joda —dijo, pero extrañamente, sin cinismo, más bien le noté resignación—. En todos los tiempos, procesos, luchas de clases y cambios sociales, se necesitan víctimas, lastimados, abusos, horrores. Si no fuera así, no hubiera "historia" que después mereciera ser estudiada.

—Tú lo que nunca has tenido ha sido madre.

—¿Y quién la tiene? Acaso piensas que hay buenos y malos, así de sencillo —dijo acercándose a mi rostro y tuve deseos de golpearlo—, no creo que seas un hombre tonto ni superficial, sólo te dejas llevar por tus buenos sentimientos —quiso poner su mano sobre mi hombro y lo esquivé, pero no le importó para continuar con su explicación—. Tienes que saber que sólo existen los bandos, extremos con diferentes colores, con pensamientos distintos, simplemente gente que halan hacia un lado o hacia otro. Pero al final, aunque nos parezca justo, actuamos igual cuando llega el momento de defender nuestros intereses, y si quieres que te lo explique más bonito: de defender lo que pensamos que es justo; que por supuesto, no tiene por qué serlo en realidad. Así se hacen los tiempos, la historia, la literatura.

—Tú siempre serás un extremista —dije en tono de burla, intentaba molestarlo—. Eres otro de los tantos que aquí fueron comunistas y allá son fervientes contrarrevolucionarios.

—Igual que tú, sólo que eres más zorro que yo.

—Con la diferencia que no le hice daño a nadie.

—Eso es lo que tú crees.

—Demuéstralo —le dije molesto.

—Has olvidado cuando denunciaste el fraude de aquellas brigadas que se apuntaban más latas de café para ganar la emulación —me dijo y se llevó el dedo índice a la sien—. ¿Recuerdas ahora qué les hicieron por tu culpa a los jefes? —sí recordaba—. Los botaron y les ensuciaron el expediente que arrastrarían para toda su vida, ¿y ahora sientes remordimiento? Porque fuiste injusto con cojones, ellos solo querían ganar, que sus padres se sintieran orgullosos.

Y en instantes recordé las imágenes del juicio, los jóvenes llorando, pedían perdón, que les dieran una oportunidad; pero siempre hay que escarmentar para que no se repita; luego los vimos cuando recogieron sus maletas y se alejaron por la guardarraya con el profesor que los llevaba de vuelta a sus casas.

—Después se comentó que lo habías hecho porque uno de los jefes de brigada que denunciaste, le hacía sombra a tu novia… Todos tenemos algo sucio en el pasado, sólo habría que hurgar y salen como manantiales. Sabes lo que nos salva —me dijo—, que somos inteligentes. Eso es lo importante. La mediocridad sí es imperdonable.

Ya no le dije nada. No valía la pena. Tenerlo cerca me provocaba repugnancia. Miré hacia la playa, luego a los hombres que cruzarían el mar conmigo.

—¿Duele? —le dije por curiosidad al sentirlo tan insensible y yo tan comemierda.

—¡Con cojones! Cada minuto que me cuestiono siento como si me arrancaran los músculos a sangre fría.

—Eso recuerdo que sentí yo también.

—¡Nada! ¿Qué quieres que te diga, que me equivoqué? ¿Que me perdones por lo del profesor que sentías admiración y amistad?

—Quizá no busco eso. Ya no tiene sentido. ¿El daño es irreversible?

—Tan irreversible como el daño que le hiciste a los jóvenes aquellos.
—Lo que hice fue por honestidad —dije como un acto de defensa—. Se lo dejo a la vida.

—Bueno, lo mío también déjaselo a la vida, quizá ella me pase la cuenta, pero no tú —y me señala con el dedo hasta tocar mi pecho—. Y sí, desgraciadamente tienes que oírlo gracias a que ya acepto mis actos, buenos, malos y honestos como los tuyos. Ahora puedo hacerlo y lo aprovecho.

—De todas formas te hubiera preferido como antes.

Nos dimos la espalda con ganas de no habernos conocido, guardábamos demasiado dolor. Y en realidad no me alegré, quizá siempre quise verme como el equivocado, el rajado, el tipo que no supo entender las exigencias de mi tiempo. Tuve más deseos de gritarles traidores, porque a pesar de todo confié en ellos, que en sus manos las cosas serían mejores. Pero entonces, al verlos huir como yo, me dejaban sin aliento, sin esperanzas, sin la duda de haberme equivocado. Supe que necesitaba la duda, me era necesaria para reflexionar conmigo mismo. Ahora me quedaba sin el polo opuesto. Y sentía tristeza. Al carajo la historia, la épica, las ideologías. A la mierda todo. Al final siempre queda el ser humano al desnudo. Y quizá sea ese el momento que más importe y esta sea la enseñanza.

—Oye, Rafael —me gritó—, ¿no me vas a desear suerte?
—Jódete —le respondí.

Entonces sonrió como si no le importara.

—Está bien —dijo como algo inevitable mientras levantaba los hombros—, sólo recuerda que marineros somos y por la mar andamos.

Seguro era otra de sus amenazas. De todas formas, comprendí que era un enemigo declarado y debería cuidarme siempre que se cruzara en mi camino. Le guardaba rencor por el daño que me había hecho, pero sobre todo, al profesor de filosofía. Él era mi gran oponente, la persona que me había enseñado a pensar. Mi Rafael María de Mendive, salvando las distancias. Antes de mi desilusión, mi profesor me obligaba, a través de las discusiones, al análisis desde distintos ángulos. En los años en que yo defendía la revolución, sus ideas pegaban en mi cabeza como en un yunque. Y nunca trató de confundirme ni de cambiar mis ideas. Sólo se empeñaba en que razonara:

—En nuestro socialismo a la cubana es inevitable que tus neuronas se oxiden por la maldita monotonía de hacer diariamente una tarea cualquiera que no te reporte nada nuevo en meses, quizá en años; el tedio es un himno que nos despierta cada mañana y lo arrastramos por el resto del día hasta la hora de dormir, o como diría la clase proletaria cuando se les pregunta qué hacen: "aquí, machacando en baja"; lo peor es que sientes que la juventud se acaba y ese hecho no puedes hacerlo reversible. Miras a tus padres —decía y se rascaba incesantemente la cabeza—, en los rostros de esa generación, en la que me incluyo, se pueden ver grabadas las malas noches de las guardias de milicia, el sol incrustado en la piel, el sello de tantas zafras, sus esperanzas gastadas desde hace mucho tiempo por el cansancio y el sacrificio acumulado durante tres décadas, las ilusiones frustradas por lo que parecía imperecedero y ya no lo es, la gran debacle, la realidad que creímos imposible: la eterna hermandad que se juró con la Unión Soviética, convertida ahora en tantos Estados para quienes ya no somos importantes, cada uno intentando sobrevivir: se olvidaron de la historia compartida en el mismo bando, de las aventuras que emprendimos de mutuo acuerdo, de la sangre que se derramó, de que este país se convirtió en una provincia, un municipio, un koljoz, donde todos no éramos más que comisarios políticos —y lo decía con rabia, lastimado por una realidad que quiso cambiar y le negaron desde su primer intento de discernimiento—. También pagamos por ser sus aliados, por confiar ciegamente en la falsa fortaleza del muro de Berlín que se desmoronó y sus ladrillos son subastados en el mundo para ser usados como pisapapeles. Desde entonces comenzamos a desconfiar de todo lo que parecía ser y no fue. Ahora cada palabra nos resulta falsa, el Lenin que nos enseñaron a amar es una ofensa para la humanidad y ultrajan y derriban sus monumentos; nos educaron con el respeto a Stalin, por haber salvado el socialismo en la Segunda Guerra Mundial; lo que no dijeron es que fue otro gran asesino, que le construyó campos de concentración a su propio pueblo; recuerdo que nos pedían participar en el recibimiento a Honecker, a Ceausescu, con los hijos tomados de la mano a mover banderitas durante horas y bajo el sol, al borde de las calles, sin alimentos ni agua, para verlos pasar sólo unos instantes, todo ese sacrificio para ellos, que no merecían nuestra ingenuidad –decía con los ojos inyectados en lágrimas–. Creo que las grandes diferencias de los que defienden el socialismo y el capitalismo pueden ser aceptadas y respetadas por quienes las asuman de un lado o del otro –me aseguraba mi profesor de filosofía–. Pero en la Isla, el gran dilema del sistema caribeño está en que no es una cosa ni la otra, ese socialismo de mercado, además sólo para extranjeros, y es lo que lo hace diferente al de China, es un híbrido el cual no puedo digerir, me supera –decía–. Sin sumar la sensación de monarquía con que se administra el tesoro público, o el de un Pontífice guiando su rebaño en materia de política, fíjate que el nombre de guerra que eligió: Alejandro, fue el mismo que escogió el papa Borgia… Esto es una gran finca: Birania –repetía varias veces y abría los ojos como si quisieran salirse de sus órbitas–. Por eso, aunque sigan exhortando a tu generación con lemas, discursos y buenas intenciones, ya no convencen. Entonces es cuando se te unen la incertidumbre, el miedo y el cansancio.

Y recuerdo por mi experiencia que fue así. Primero es una idea vaga, lejana, que toma fuerza en sueños, palabras no premeditadas, acciones, una chispa apenas perceptible que crece, comienza a hacerse notar, algo caliente que te obliga a pensar de otro modo, te amarga, nada te parece bien, lo criticas todo, te angustias, todavía sin saber en realidad qué es exactamente, y tienes descomposición de estómago, vómitos, fiebre, nauseas, acidez, los mismos síntomas de las embarazadas, pero con la diferencia del odio que sientes hacia el monstruo que se te va creando dentro, sin poderlo detener, y hacia ti mismo por ser el creador, y peor que a las embarazadas, porque no valen inyecciones de aborto ni legrados. Se concibe fuera de tu alcance y posibilidades de evitarlo.

Hasta que llega la crisis de no aguanto más, y dices en cien maneras diferentes la dolorosa decisión: Hasta aquí las clases, Me voy, Me largo, Brinco el charco, Me tiro, Al Norte, Voy tumbando, Pa fuera, Adiós, Lolita de mi vida, Parto, Completo Camagüey, Rajo, Abre que voy, Ojos que me verán ir, jamás me verán volver, Para luego es tarde, Como una veleta, Abandono el juego, Boto, Pa la poma, Montaré el tubo, Zafo, El manisero se va, Pelo suelto y carretera, Tumbo catao, Me echo a la mar, Al yelo, Barco parado no gana flete, Fastear, Malecón y 90, Voy quitao, Rompo el corojo, Como una tapa de lata, Hasta Santiago a pie, Con un cohete en el culo, Pongo pies en polvorosa, Me esfumo, Paticas pa qué te quiero, Abre camino, El último tren, San Blas: el que come y se va, Me evaporo, Voy abajo, La güagüita de San Fernando: un rato a pie y otro caminando, Me soplo, Paso doble, Bato las alas, Tumbo la mula, Hasta la vista, baby, Voy echando humo, Con el carcañal pegándome en la cabeza, Chillo goma, Me evaporo, Chancleteando, Aguántate de la brocha que me llevo la escalera, Voy volao, Emigro, No se me verán los pies, Me salgo, La peste el último, Voy a tomarme la Coca Cola del olvido, Me mudo, Paso a mejor vida, Como alma en pena que se lleva el diablo, Quemo el tenis, Daré el salto, Voy quintiao, Me piro, Me voy con los malos, Recoge la maleta y el bastón, Vuelo el caballo, Echo un pie, Andarín Carvajal, Me puse las pilas, Andando se quita el frío, Pa la yuma, Voy en bora, Ajilo, carajo, Voy que chiflo, Use tenis Tortoló, Alzo el vuelo como Matías Pérez, Voy soplao, Caminito del guaimaral, Me salgo del plante, Acomódate, que el viaje es largo, Tunturuntu, Aprieto el culo y le doy a los pedales, Me bajo, Al carajo albañiles, que se acabó la mezcla, Como bola por tronera, Voy que jodo, Rompo el cuentamilla, Me voy para el monstruo, Levanto el vuelo, El perro tiene cuatro patas y emprende un solo camino, Se va del parque, Pongo la quinta, Voy para los Amarillos de la costa, Quemo las naves, Me tiro la toalla, Hago las maletas, Voy pa el frente, Pincho el caballo, Que el último apague el Morro, Me voy como un volador de a peso, Tumbantonio, A bolina, Me libré, Huye pan, que te coge el diente, Hasta más ver, Escapo como Skipy, Viento en popa, Me voy a pique, Abriré una raya, Me voy al carajo, Al yanqui, Pa el gringo, Vuelo supersónico, Me afeitaré con Gillette, Espanto la mula, Me lanzo, Voy fugao, Alantifá, Se los dejo en los callos, Me desaparezco, Fuera de juego, ¡Y me cago en el coño de mi madre!; de pronto, esa idea se convierte en lo más importante de tu vida, en la meta a alcanzar por sobre todas las cosas. Vas a encontrar miles de obstáculos que te amenazan con cárcel, muerte, sufrimiento, pero ya nada te va a importar, ni siquiera tu propia vida, porque echarla al mar, a la pura suerte, para luego encontrarte a oscuras en aquel plato inacabable, sin bordes, dentro de esta boca de lobo que amenaza con tragarte, es una locura. Pero nada te detendrá.

Desde una esquina de la balsa, Rafael recuerda aquel momento en que finalmente decidió irse, el instante en que miró a su alrededor reconociendo que ya todo le era ajeno, el tren de la Revolución se había alejado tanto, sin que se percatara, que no veía ni el humo que expulsaba la locomotora; desde la ventana de su casa, contempló el parque con cautela, sintió que con sus ojos ya violaba las leyes: del árbol caían, como piedras, hojas amarillas, y se quedó esperando el rumbo que tomarían; pero ni siquiera una brisa las empujó, quedaban allí, eternamente, en el césped de su memoria. Desde ese segundo pensó que el país era un gran árbol con once millones de hojas amarillas que irían cayendo, también como piedras, cuyo futuro era, luego de perder su verdor, desprenderse sobre un área copada por la sombra de las hojas del propio árbol que aún permanecían prendidas a las ramas. Aquella imagen giraba en sus pensamientos, sueños y pesadillas. A veces soñaba que caía desde una gran altura y se acortaba la distancia para chocar contra la tierra: siempre se despertaba antes, nunca llegó a sentir el impacto. Tenía que definirse, saber qué hacer.

Su gran dilema era la literatura. Ante todo, necesitaba escribir, había descubierto que esa pasión era lo único que en realidad le hacía sentir importante, útil a los demás, vivo. Cuando escribía, una extraña sensación se apoderaba de él, como si algo divino brotara desde su interior. Otros escritores de verdad, porque lo habían demostrado con su obra, decían que escribir era un acto mágico, y él lo sentía. Llegó a la conclusión de que no debía preocuparse, si el talento estaba en él, entonces, con la misma intensidad brotaría desde cualquier rincón del planeta y en cualquier circunstancia. Se decía pertenecer al partido de su creación. A la Revolución del arte. Su política era netamente cultural.

Después de pensarlo, decidió cuál era el primer paso a seguir: encontrar el lugar para escapar y que subirse en una balsa fuera la última de las variantes. Pensó en el lugar por dónde se había ido su hermana, tenía que intentar convencer a la familia que vivía cerca de la costa, ofrecerle un precio por su ayuda. Buscó su mochila y luego de echar desodorante, cepillo y pasta de diente, recordó la carta que desde el presidio Martí le hizo a su madre, y lo único que le pedía eran libros de versos y arte, entonces la llenó con las obras: *Las nieves del Kilimanjaro*, *El llano en llamas*, *Caballería roja*, *Tres tristes tigres*, *Condenados de Condado*, *Los años duros*, *Los hombres de Panfilov*, *La guerra tuvo seis nombres*, *El elefante* y *Los últimos serán los primeros*. Ya estaba casi llena pero no podía dejar de llevarse *Noche de fósforos*. Al final echó varias hojas en blanco por si se le ocurría algún cuento, la linterna, los prismáticos que le compró a un oficial del Ejército, y un nylon con galletas. Y salió a buscar el lugar, la oportunidad con el mínimo riesgo de abandonar la isla.

La noche se va cerrando y cae con la incertidumbre con que la novia suelta el vestido en su primera cita de alcoba, y el agua, el mar y la noche se tejen como las trenzas de mi madre, el cielo, las mochilas y nuestras manos, cambian de color hasta que desaparecemos en la sombra y la poca luz de la luna nos convierte en una silueta casi imperceptible; según oscurece y nos alejamos de la tierra en que nacimos, tengo la sensación de quedarme ciego o que mi cuerpo desaparece, se me acaba la energía y dejo de existir. Me pregunto si esta sensación es una señal de que se van deshaciendo nuestras raíces; de que ya no represento nada para las autoridades de la Isla, al convertirnos en desaparecidos, en inexistentes desde el momento en que dejamos la playa, en bajas de una guerra perdida y sin importancia: ya no estaremos en más listas ni censos, y a partir de ahora no tendremos ese sol del mundo moral o inmoral, no importa, que nos corresponda; viviremos en las tinieblas, a partir de ahora seremos los sin tierra, y cada palmo de suelo que pisemos será prestado. Para nosotros el mundo no será ancho. Sólo será ajeno.

De todas formas, aunque no quiero que se haga política conmigo, y es una de las tantas razones por la que huimos de la Isla, será inevitable que al llegar nos utilicen también de puntas de lanza, nos muevan como a títeres y quieran declaraciones y otros entuertos, para que ganemos con nuestra lengua el permiso a entrar en tierra ajena y permanecer en ella; seguramente tendremos que dar algunos criterios políticos para bautizarnos en esa tierra de fuego.

Apenas hay luna. El manto inmenso que nos cubre, nos hace hijos de igual color, de una sola idea, y un mismo peligro. Nadie habla. Sólo se escuchan los remos cuando pellizcan el agua y el llanto de las sogas arreciadas a las maderas. Nos mantenemos en silencio tratando de soportar el dolor en el pecho que da arrancarnos, a sangre fría, todo a lo que hemos pertenecido, lo que ha sido testigo de nuestras vidas: dejar a las madres llorosas rezando porque nos toque la buena suerte, a la novia hundida en los sollozos, imaginando que su velo de boda se derrite como un castillo de azúcar; a las mujeres reclamando el derecho a que no se les olvide, y a los hijos, que todavía no pueden valorar el acontecimiento y las consecuencias y dicen adiós con ingenua alegría. Y todo por una incierta promesa de regresar, o de reclamarlos, o siquiera, de enviarles una remesa que los ayude a soportar los embates de la miseria en la que sobreviven.

Allí también dejamos a los amigos, a los que prefirieron seguir esperando el cambio, las mejoras económicas. Por ahora no, dijeron, esto se arregla o se jode, vayan ustedes delante y abran camino. Realmente no se deciden por el miedo a lo desconocido, a lo ajeno, los mismos miedos que traemos nosotros; porque después de este paso ya no hay marcha atrás, no se aceptan justificaciones, el cartel de traidores será eterno, si eterna es la Revolución. ¿Por qué abandonar la Isla tiene que ser una traición? ¿Quién llamó traidores a los chinos que vinieron a Cuba, a los gallegos, los japoneses, judíos, a los italianos que se fueron a los Estados Unidos? Nos podemos ir de nuestro país por tantas razones que no son las políticas...: Martí pronunciaba discursos a los tabaqueros cubanos en Tampa, Cayo Hueso y tantos lugares donde podía recoger donaciones para la causa, nunca miró a los emigrantes con menosprecio, al contrario, les llamaba patriotas y fundaron el Club San Carlos en honor a Céspedes, el padre de la Patria. El gobierno español veía la emigración como enemiga a su dominio en la Isla, de la misma forma en que el gobierno actual nos desprecia. Félix Varela emigró a Estados Unidos y se mantuvo en el exilio hasta su muerte; tantos otros que también pasaron por allí: Heredia, Maceo, Máximo Gómez, Serafín Sánchez, Flor Crombet, Loynaz del Castillo, Manuel y Julio Sanguily, la familia de Ignacio Agramonte, quien aguardaba desesperado las cartas de su Amalia: *"Adorada Amalia mía: (...) ¡Cómo se hacen aguardar tus cartas! (...) ¡Cómo pienso entonces en que quizá sufren tú y nuestro chiquitín con el frío de New York! (...) ¡Cuánto nos ha hecho sufrir siempre la separación!"*.

La balsa avanza impetuosa hasta romper el vidrio gris de la tarde para deslizarnos en la noche como prófugos.

—Ojalá nunca tengamos que arrepentirnos de esto —digo.

Los otros sonríen.

—Seguramente no sucederá, sabemos que lo peor que pueda

ocurrirnos será mucho mejor que haber permanecido allí adentro –responde Luis y señala hacia la Isla.

Permanezco mirándolos con desconfianza, ¿qué nos hace pensar que somos atinados, sabios, y que seremos felices?

–La culpa de que claudiquemos del socialismo la tiene, entre tantas cosas, esa cantidad de información que nos abruma –asegura Luis–. Aturde porque hace que hasta la idea más pequeña, signifique una cuestión de vida o muerte, y luego de repetirla constantemente por televisión, radio, reuniones en los centros de trabajo, en los barrios, los carteles, los discursos, y todos los voceros que entrenan para repetirlas, en pocas horas se convierte en una agonía, y después de varios días te crece una rabia incontenible –dice y abre los brazos buscando aprobación–. Antes del mes, para subsistir, te has creado una barrera que no deja entrar esas palabras, te creas un muro invisible que aunque pases la vista por encima de los carteles no recoges, no captas el contenido, o te vuelves loco, o lo que es lo mismo, decides huir, irte bien lejos de todo, emigrar.

–Ningún niño o joven puede almacenar tantos datos económicos, políticos y sociales –agrega Manolo–. Y la intención logra lo contrario. Demasiado amor mata también. Nos cansa escuchar constantemente que los del Norte tienen la culpa, que si el bloqueo no permite que consigamos esto o lo otro; tantas excusas, ciertas o falsas, que colman el límite de la paciencia –dice el Zapa y detiene el compás del remo y los otros se quejan–. Llega el momento –continúa sin reparar en el descontento que causa–, en que ya no viene al caso quién tiene la razón o la culpa de la escasez material y tanta penuria de alma, que es peor; si la manera de razonar y obrar es justa o injusta, si eres de izquierda o de derecha o ambidextro; sólo importa que te sientes perjudicado y que estás obligado, para subsistir, a buscar la forma de enfrentar el dilema, ya no piensas en la honestidad y en los principios con que te educaron. Es un viaje en el tiempo, un encuentro con los antepasados, una vida tribal, aquel hombre que abandonaba la caverna en busca de alimentos y debe enfrentar los peligros que la selva guarda.

—Manolo, no jodas más con la política y atiende el remo —alerta Dinky.

Nosotros seguimos en silencio. Todavía se ven las luces de la ciudad y eso desespera, queremos que desaparezcan, sentir que ya estamos lejos de aquel laboratorio político, de aquella cárcel flotante, ¿cuándo vamos a dejar de ser perseguidos como fantasmas por una Isla que nos parece más grande que el continente?, "Nunca", contestarían en un solo grito Martí, Fernando Ortiz, Piñera y Lezama, que cuando la hermana le dijo desde Puerto Rico que no sabía por qué la criticaban, si ella sólo había hecho lo mismo que otros cientos de cubanos: irse; el Gordo le contestó que la comprendía porque a él también lo criticaban, y sólo había hecho lo mismo que otros millones de cubanos: quedarse.

Cuando vuelvo a buscar mi Isla, descubro que ya se ha perdido; al principio me asusto, comprendo que a pesar de todo, aún no estaba preparado para esta realidad, los ojos se me humedecen, la respiración se me vuelve entrecortada, siento como si aquel fuera el único lugar donde existe el oxígeno y cada vez que hundamos el remo los pulmones se irán vaciando; es una sensación que me aprieta el pecho y el estómago. Miro en derredor pensando que quizá nos confundimos y cambiamos el rumbo; pero ya no hay luces en el horizonte, creo que ha comenzado la parte más triste. Intento avisar a los otros que los cocuyos se han escondido, les descubro la tristeza, la amargura y prefiero quedarme callado, tragarme lo que todos saben, cagarme en mi madre y seguir escuchando el sonido del remo como el tic tac del reloj que va marcando la distancia.

Mientras hago un recuento de mi vida pasan las primeras horas y escucho a Toscano que dice que ya está cansado y pide que lo releven. Todos comienzan a elevar los remos. Manolo advierte que los sujeten bien para que no caigan al agua. Busco en la oscuridad y no aviso que lo suelten hasta estar seguro de que lo sostengo y no correrá ningún peligro de perderse. La balsa se mueve con violencia hacia los lados y hay un momento en que nos asustamos. Julio le pide al Dinky que no vaya a levantarse, teme que por el peso de su cuerpo la vire. Yo aseguro el farol, lo ato a mi pantalón para no correr riesgo y perderlo.

Desde el principio, a Dinky lo rechazamos por su gordura desmedida, hasta que nos convenció por su fuerza y resistencia que dice es descomunal e incansable. La balsa vuelve a controlarse y seguimos los cambios con movimientos lentos. Ya colocado en mi posición, aviso que estoy listo. Espero que los otros lo hagan. Luis asegura que Carlos está jodido, no va a poder remar por ahora, se hace silencio porque nadie quiere tomar su lugar. Dinky se brinda para seguir remando hasta que se adapte a los vaivenes y lo reemplace.

A Carlos le dicen el Político, andaba metido en las organizaciones de los Derechos Humanos; en los días de los preparativos para la salida siempre llegaba hablando en contra del gobierno, todos los días venía con una crítica nueva al sistema, nos cansábamos de decirle que no teníamos nada que ver con la política, pero a él tampoco le importaban nuestros argumentos para evadirlo, nos seguía bajando aquel discurso contrarrevolucionario, que no deseábamos oír, hasta que supimos que necesitaba soltarlo, no decirlo era como si se ahogara, descubrimos que para sobrevivir tenía que sacarlo, expresarlo a los demás y ésa era su manera de salvarse. Algún alivio le causaba. Y comenzamos a ser sus cómplices con nuestro silencio, como si en realidad lo estuviéramos escuchando.

Pablito dice que desea tener una walkman y poder ir oyendo música de Celia Cruz y Willy Chirino. Dinky asegura que si el Polizón tuviera en Cuba, aunque sea un radio, no hubiese ido a pasar tanto peligro en medio del mar. Y reímos. Pero Pablito se mantiene serio, observando con desconfianza cada gesto nuestro.

La balsa ha estado girando y siento un asomo de mareo, pido que acaben de acomodarse para remar. Empezamos a contar hasta tres y movemos los remos, primero un poco desordenados, alguien se desfasa y Manolo dice que pongan atención con los oídos, que lleven el tiempo. Toscano explica que remar es como el compás en la música, y chasquea los dedos para marcar el ritmo. Luego orientamos el rumbo de la balsa. Encienden varios cigarros y el humo se esparce por nuestros rostros. Sacan un pomo de café y beben pequeños sorbos y exclaman que es una delicia. Luis dice que el de allá seguramente será mejor. Y Toscano dice que no, como el café oriental cubano no hay ninguno, y se enfrascan en una discusión tonta que prefiero no escuchar y sumergirme en mis pensamientos.

No sé cuánto tiempo permanezco remando, los músculos se me van endureciendo, se engarrotan, el dolor es tan fuerte que me hace interrumpir el movimiento del remo y la balsa comienza a dar vueltas, me quejo y no puedo soportarlo, temo perder el remo y a pesar de dolor lo sujeto hasta que me lo quitan, me dejo caer hacia atrás, y Manolo me da masajes, se me pasa y seguimos camino; a cada rato le sucede a otro, ya nos acostumbramos y cuando alguien se queja, nos detenemos para no perder el rumbo, y el más cercano de los que descansan se le aproxima al adolorido para asegurar que el remo no caerá al agua y luego darle fricción, hasta que lo supera y vuelve a remar.

Carlos aún no se ha recuperado de los mareos y se mantiene acostado, Dinky rema, y aunque no se queje, a veces lo mira con deseos de patearlo y prohibirle que descanse; de todas formas, este inconveniente le ha servido al Gordo para demostrar que fue inteligente que lo aceptáramos en el grupo, se le admira esa fuerza y resistencia; pero nos humillará cuando desfallecidos soltemos el remo y él se encuentre en mejores condiciones que nosotros.

Muevo las piernas para que no se duerman y trato de estirar el cuerpo dentro del poco espacio de la balsa. Tengo los pies húmedos y temo que la piel se me raje. A través de la escasa luz de la luna vislumbro la silueta de mis acompañantes, mientras escucho el sonido del aire que escapa de sus pulmones cada vez que reman. Estoy sudando y a veces no puedo pasarme el hombro por la cara para limpiarme las gotas que llegan a los ojos y arden. Sigo con la vista el manto negro que nos rodea y me doy cuenta que no existen en el mundo personas más solas y desprotegidas que nosotros. ¡Qué jodidos se debió estar para cometer la locura de lanzarnos a este vacío! Una extraña sensación me recorre el cuerpo y me provoca ansiedad. Lo único cierto es que no debemos regresar. Ya es tarde para claudicar, sólo nos queda remar, remar y remar. Por eso, a pesar de no practicar ninguna religión, sigo las recomendaciones de mi madre: me persigno con rapidez, y vuelvo a sujetar el remo, elevo la mirada al cielo buscando una señal que me proteja y rezo a no sé qué o quién, pero rezo, porque es mi vida la que está en juego.

    Manolo enciende un farol que trajo, me marea cuando lo miro fijamente, esa luz no es igual a la que vi en la playa; desvío la mirada y veo a Toscano que a cada rato sopla un polvo blanco alrededor de la balsa y Dinky protesta, ya lo tiene cansado con esa bobería y pregunta el propósito. El Negro responde que es cascarilla para alejar los malos espíritus. Sonrío burlón y digo que con tal de que no atraiga a los tiburones no hay problema; los demás ríen pero Toscano se queda mirándome y me pongo serio porque se deben evitar contrariedades y más en estas circunstancias: estamos nerviosos y por cualquier cosa podemos estallar y comenzar una riña sobre este poco espacio atestado de bultos, con la probabilidad de golpearnos y caer al mar y que nos arrastre la corriente, o virar este cacharro de balsa, y perder el agua potable, las medicinas y los alimentos. Toscano todavía permanece mirándome, se me acerca y dejo de remar y preparo el pie y el remo por si intenta agredirme, antes que llore mi madre que lloren cien de otros, pienso, y espero muy alerta a que termine de acercarse.

    Los otros dejan de remar y se acomodan para observar y me molesta servirles de espectáculo.

—Oye, Cuentista, eres un ateo de mierda —asegura Toscano.

Me hago el desentendido como si no supiera de qué está hablando.

—Hablo de esto —dice, y enseña el nylon con la cascarilla—. Yo juro que ustedes, tarde o temprano, recurren a la práctica de alguna de las religiones africanas —y sopla delante de mi cara como si fuera una manía.

—Deja eso, Toscano —le digo—. Vamos a aprovechar el tiempo a ver si llegamos pronto.

—Llegamos pronto ni llegamos pronto. Te gusta hacerte el comemierda —me dice molesto—. ¿Tú sabes que Martí se consultó varias veces con un negro santero y aún se guardan las recomendaciones escritas que le mandó?

Niego con la cabeza y trato de ocultar la incomodidad que me causa que pronuncie ese nombre.

—¿Conoces que la mismísima secretaría ejecutiva de Fidel, Celia Sánchez, tenía en su casa una Santa Bárbara y al festejar sus santos se enteraban todos sus vecinos?.. Y en los años de más extremismo político de la revolución.

Vuelvo a negar.

—¿Recuerdas cuando el tipo —y tira de la barbilla hacia abajo—, visitó Guinea y salió por la televisión vestido de blanco? Se supo que fue hasta la mismísima tierra de los orishas para hacerse santo, y la sangre que se entregó en sacrificio fue la de un toro rojo, animal sagrado allá; ésa es la excusa de los santeros y babalaos cubanos para justificar su fortaleza, cuando los ahijados les preguntan por qué no le entran las balas y las maldiciones aunque se sacrifiquen gallos, chivos y carneros; ¿por qué crees que es el único hombre que ha podido desafiar a los yanquis por tantos años, y a su vez, que sus enemigos no hayan tenido la eficacia de ejecutar ninguno de los tantos planes de atentados que le han planificado?

—Porque el G-2 es la Inteligencia más preparada y astuta de todas

–le digo risueño.

–Mierdas tuyas –dice furioso.

–Porque no eran extremistas, fanáticos religiosos y sí mercenarios pagados por la CIA –le digo un poco más serio–, y les interesaba mucho la vida para vacilar los billetes que se ganaban.

–Más mierdas y mierdas –asegura el Negro.

–¿Y tú lo sabes, Toscano?

–Por supuesto que yo sí, si no lo supiera mantuviera la boca cerrada, lo que deberías hacer tú –me dice–. Porque para ganarle al toro rojo que dieron en ofrenda, había que robarse un elefante del circo para que el ofrecimiento fuera mayor, porque el del zoológico se lo comieron hace mucho tiempo.

–No sabes nada de nada –sentencio–. Todos esos son inventos tuyos.

Y Toscano ríe como si supiera toda la verdad. Me recuerda la descripción de Martí al "¡Pobre negro Juan de Dios!"

–¿De dónde tú sabes eso? –le digo.

–Todos los religiosos lo saben.

–Entonces explícame –insisto.

–Para que te acabes de callar la boca –me dice–. En la visita de Agostinho Neto a Cuba, mientras bajaba por la escalerilla principal, por la otra descendía con turbante azul y ropa blanca la madre del tipo, que era la gran maestra de la brujería en su país y venía a darle protección al hombre blanco del Caribe.

–Yoruba soy, soy lucumí –digo sin pensar.

Y Toscano queda en silencio, mirándome como si yo no tuviera remedio, sin saber qué hacer conmigo. Gracias a la luz del farol creo que pude leer en sus ojos los deseos de lanzarme al agua, pero tiene tiempo de pensar, calcular que su posición es menos segura que la mía y que tengo un remo en mis manos, entonces prefiere alejarse.

–No vale la pena explicarte, imbécil –me grita.

Por suerte veo que se aleja varios pasos hacia el otro extremo. Aflojo la tensión de mis piernas y la de mis dedos aferrados al remo.

Luis me hace un gesto para que insista en mortificar al Negro, pero yo le devuelvo otro de que se vaya al carajo porque, si se violenta, al que va coger por el cuello es a mí. Y Toscano busca una jaba pequeña que trae junto a él, y de nuevo me pongo en tensión, y saca un plato de barro con una cabeza de muñeco hecha de cemento. Manolo le acerca el farol y vemos que tiene dibujados ojos, nariz y boca, encima de la cabeza tiene una pluma de metal, en el plato hay pequeñas herramientas, juguetes, dinero y lo eleva como el mono brujo al Rey León, lo besa y asegura que nos protegerá.

Levanto el remo para continuar el viaje y miro a los demás para que hagan lo mismo porque no estoy para el espectáculo del Negro. Dinky observa con gesto de fastidio a los otros que descansan a su alrededor ya que tendrá que seguir remando. Y lo mueve molesto, sentimos que el remo entra al agua de manera diferente, con más fuerza de lo normal y nos alegra, así tendrá más energía para empujar esta chalupa.

Desde que nos despegamos de la costa, Carlos sintió los primeros mareos y le asaltó un dolor de cabeza que aún no lo abandona; pensé que seguro se le pasaría cuando el cuerpo se acostumbrara a los vaivenes de la balsa, pero ya estoy seguro de que va a permanecer por el resto del viaje hecho una calamidad. Me pregunto para qué sirve tener un compañero de travesía en esas condiciones, si lo que hace falta son brazos para mover la embarcación. A veces le decimos que pruebe a remar a ver si se entretiene y se le olvida el dolor de cabeza y los mareos desaparecen, y esta vez toma el remo de mala gana; se acomoda en contra de su voluntad, nadie quiere fatigarse, agotar las fuerzas, queremos balancear los esfuerzos para guardar la mayor energía posible.

Dinky es el que más se alegra y mueve los brazos tratando de relajarlos mientras mira a Carlos que intenta remar con desgano y no escucha a Toscano que le explica cómo hacerlo, pienso que Carlos lo hace a propósito porque prefiere seguir acostado sin agotarse. Su labor son las palabras, hacer pensar a los demás, eso decía cuando le preguntábamos por qué no se alzaba a luchar para las lomas como lo hicieron los rebeldes.

—No soy un hombre de acción —decía con seguridad—. Soy un hombre de ideas, que son los escasos, los imprescindibles.

Luis le grita a Carlos para que atienda el remo y deje de virar los ojos en blanco, que parece una maricona loca en pleno baño público de un carnaval en el malecón, pero no lo escucha, o no le importa, ahora no tiene fuerza para defender su honor. Lo cierto es que vuelve a abandonar el remo para sujetarse las sienes como si le fueran a reventar, se amarra el cinto en la cabeza y lo aprieta cerrando los ojos y dice cosas incoherentes. Alguien alcanza el remo que había quedado sin protección. Entonces decido ignorarlo y continuar remando, quizá más adelante se le pase. Dinky deja de sonreír y agarra el remo otra vez y los mueve con fuerza, con rabia.

—No se preocupen por mí —balbucea Carlos—, me da lo mismo llegar que regresar.

—Eres un flojo, un rajao —le dice Luis.

—Como toda nuestra generación —le responde Carlos, y vuelve a sujetarse la sien.

—¿Qué carajo está hablando ahora de la generación? —insiste Luis.

—Somos una generación sin épica —asegura Carlos, mientras se aprieta la cabeza y la golpea con los puños como si evitara que algo saliera de su interior.

El rocío es un paño fresco que nos cubre toda la noche y que durará hasta el amanecer.

Cada vez que alguien se levanta de su puesto, Pablito el Polizón piensa que ya lo van a tirar al agua. Teme que sus acompañantes aún le guarden rencor; por mucho que los observa no ha podido descubrir ninguna mala intención, no le han hecho acciones rencorosas, ni siquiera un gesto que los delate. A veces se olvida y se suma a las conversaciones como si fuera uno más, opina, sugiere y luego recuerda que no es aceptado, que está ocupando un lugar en la balsa que no le pertenece y que no le brindaron ni se ganó con una buena acción que ayudara al grupo, y vuelve a callarse, mantiene los ojos en un punto distante, repasando cada palabra dicha aquella mañana cuando, después de vigilarlos durante semanas, de aprender cada uno de sus movimientos, sus contactos, de esperar a que la tuvieran armada, porque si se les acercaba antes, podrían llevarse el proyecto de balsa a otro lugar, decidió saltar el muro por el fondo de la casa y cuando se percataron de su presencia y quisieron acercársele, dijo que mejor retrocedieran, había venido para advertirles que se iría con ellos, y si el grupo no lo aceptaba se lo informaría al Jefe de Sector. Los otros hicieron amagos por llegar hasta él para golpearlo; pero Pablito sacó un cuchillo que los mantuvo alejados.

Manolo pensó que todo el dinero, el tiempo y sacrificio que habían invertido en aquella balsa estaba a punto de perderse, si el Jefe de Sector se enteraba, la decomisaría antes de que tuvieran la oportunidad de sacarla de allí. Sabían que era un corrupto, se las llevaba para luego vendérsela al mejor postor.

Previendo que lo rodearan, Pablito dio varios pasos hacia atrás sin perderlos de vista y trepó sobre el muro. Manolo le hizo una seña para que regresara, no tenía que huir, pero el intruso, temeroso hizo un gesto negando, seguramente querrían engañarlo para después asustarlo con amenazas; el grupo restante miraba confundido a Manolo, pero éste insistió en que volviera, luego miró al resto de sus cómplices y les dijo que no podían correr el riesgo de perder la balsa, que él podría aportar algo para el viaje, y Pablito dijo que no tenía un centavo. Manolo se quedó sin saber a qué recurso recurrir para convencer a los otros, entonces movió los hombros.

—No importa —dijo Manolo—, una embarcación que se respete debe llevar un polizón. De todas formas, falta uno para completar las cuatro parejas y poder alternar en los remos.

Subido sobre el muro, Pablito todavía los miraba desconfiado, no les daba la espalda al Dinky y a Toscano que parecían los más agresivos. Manolo le aseguró que ellos no le harían nada, que habían acabado de hacer un negocio; que si aún estaban molestos era por la forma violenta en que hizo las cosas, que debió llegar y pedirlo sin amenazas, bastaba con que hubiera dicho que ayudaría en lo que fuera, pero que necesitaba irse.

Pablito, luego de pensar, decidió arriesgarse y bajó lentamente del muro, también dejó de apuntar con el cuchillo, aunque no lo guardó en la cintura. Manolo, orgulloso, le enseñó la embarcación y las medicinas que tenían reunidas para la travesía. Y Pablito miraba la balsa pero tampoco dejaba de vigilar a los otros, no quería que fuera un truco y lo madrugaran.

La vida se nos hacía tan difícil dentro de aquella Isla, y a pesar de eso, nos demoramos en perder la esperanza. Al principio estábamos seguros de que vendrían tiempos mejores, por supuesto, que todo se resolvería, que la crisis sería momentánea, así nos fuimos justificando cada fracaso. Pero los años pasaban y las cosas fueron empeorando y ese soñado momento no llegaba. Muchas veces se tenía que agachar la cabeza cuando nos traían de la escuela a un hermano con fatiga porque no tuvo desayuno, o cuando mamá miraba mis zapatos rotos, con el silencio cómplice de un grito que brotaba desde su rabia para estrecharse contra las paredes de la casa y escapaba por la ventana para dejarnos más desamparados; porque los gritos son como abrigos que te protegen de los golpes, son los muelles de una cama, la vida sin gritos es una asfixia; pero ya mi madre había cerrado los ojos, porque sabe que cada grito que nos abandona es un espacio interior que no se puede rellenar, salvo con más dolor, es una oportunidad al masoquismo. Yo también cerré los ojos, tampoco quería escuchar ni respirar para no sentir la humillación de ser el hermano mayor, porque no era un hombre capaz de traer un poco de cualquier cosa que les caliente la barriga, de que la acción misma de sentarte a escribir puede avergonzarte, cuando deberías salir a la calle a buscar algo que no sea un trabajo estatal, ya que los sueldos te dejan en la misma miseria, sólo queda el camino de inventar, canjear en la bolsa negra, robar, sentir cómo nos corrompemos, cómo se pierden los valores que nos inculcaron en el pasado; entonces sufres la metamorfosis, ¿qué otro camino podemos elegir que no sea el de emigrar a pesar de tener la certeza de que no vamos hacia ningún sueño?, sabiendo además de que el verdadero sentimiento que nos brota es martiano. ¿Cómo se podía vivir con todas esas contradicciones dentro de uno sin que explotáramos de tanta angustia y desazón por no encontrar otra solución para resolver nuestros problemas?

Nadie se va engañado, todo puede sucedernos en esta travesía... Quizá algunos piensen que somos unos cambia-casacas, pero verdaderamente nunca quisimos llevar casaca, la rechazamos del lado que viniera: quiero ser apolítico, anarquista, pirata, un rebelde sin causa, sentir que no tengo dueño, que sobre mis hombros no se construye ningún futuro que será determinante para nadie, que no se espera una acción mía que contribuya a cumplir una meta, vivir en un lugar donde no haya lemas ni consignas que te presionen o te obliguen a participar en algo que no deseas.

Siento en el rostro y en los labios la arenilla del salitre. Miro a mi alrededor consciente de que debo mantenerme bien alerta, no puedo dejarme sumergir en flujos de pensamientos, recuerdos, anhelos. Al menos ahora no, aquí es un lujo y debo negármelo porque esta travesía exige todos mis sentidos para lograr mi subsistencia, y así ahorrarme contratiempos que se puedan avecinar. Como no soy pescador ni tengo experiencia en el oficio, mis temores se acrecientan según hago uso de mi imaginación, elucubraciones de que un tiburón vire la balsa y me sorprenda y caiga al agua, o un delfín intente subir a buscar comida y voltee la balsa; o un ras de mar que se aproxime; u otras posibles como que nos quieran asaltar desde alguna balsa vecina para adueñarse de la nuestra, de los alimentos y el agua.

Abro los ojos, supongo que los peces nos han abandonado, nos han echado a nuestra suerte, a la buena, o mala de Dios; miro con tanta intensidad que la noche me hace ver figuras y a veces me asusto y levanto los brazos, los estiro para intentar tocarlas y cerciorarme de que no son ciertas y se deshagan y ahuyenten mis aprensiones. Temo volverme loco y cierro los ojos; pero no me gusta, es como entregarme, rehusar a defenderme en caso de que alguna eventualidad amenace mi existencia. Vuelvo a abrir los ojos, y es igual que mantenerlos cerrados. Sigo sin ver nada.

Todos los incidentes los asociamos con la muerte. Es imposible evitar que eso suceda. Cuando Martí salió de Montecristi hacia Cuba para hacer la guerra, estaba consciente de la posibilidad de la muerte; entonces le escribió la carta a Gonzalo de Quezada con las indicaciones y sugerencias de qué hacer con su obra escrita. Yo había salido de Cuba sin asegurar que mis pocos textos fueran salvados en caso de que ocurra lo peor en esta travesía. Conmigo llevo algunos originales que se perderán. Por lo que sé que tengo la inmensa posibilidad de cruzar por la vida sin que los demás se enteren de que en mí habitaba un escritor en ciernes.

De todas formas el Maestro resumió su obra: "De Cuba ¿qué no habré escrito?: y ni una página me parece digna de ella: sólo lo que vamos a hacer me parece digno".

Yo no había escrito nada ni remotamente comparable con lo del Apóstol, al parecer, según el Estado cubano, tampoco haría nada digno. Por lo que tendría que llegar a la conclusión de que me iba de la Isla sin escribir un libro, sin plantar un árbol ni dejar un hijo.

Y nuestra desesperación, la agonía diaria nos justifica que adoptemos esta solución para dejar de ser tan miserables, y que el salto, nos haga ser personas, eso, sólo queremos ser personas. No podemos negarnos ese derecho.

En medio de la noche Carlos grita, miro asustado a mi alrededor buscando un peligro inminente, hasta que se arrodilla y vomita sin poder contenerse. Siento los chorros que caen sobre el agua y me pregunto si eso podría atraer a los tiburones. Dejamos de remar y le pedimos que se controle. Alcanzo el farol de Manolo y me le encimo, tiene los ojos en blanco, hace una arqueada y vuelve a vomitarse el pecho y las ropas. Le digo que se recueste y resista un poco, seguro que ahorita nos recogen los Hermanos al Rescate. Pero no me escucha, dice que no puede resistir, siente que le pellizcan el estómago, lo muerden, no quiere seguir, que regresemos y lo dejen en la orilla; entonces nos asustamos y cada uno grita que eso es imposible. Pide que lo tiren al agua sobre una cámara, no me importa morirme con tal de parar estos mareos y revoltijos en el estómago; le repetimos que es inadmisible y nos maldice entre más buches ácidos.

—Qué más les da tirarme al agua —dice—, no se preocupen por mí, aquí es sálvese quien pueda, ustedes son los que tienen que llegar.

Al igual que los demás, no le hago más caso, busco mi esquina y me siento cómodo a pensar en los dos Carlos, aquel que cuando subió a esta balsa se echaba crema para proteger su piel de las quemaduras solares, y este de ahora que no le interesa conservar su vida.

Manolo examina mi farol y luego, con una mueca de incomprensión, mira el suyo que está en mis manos.

—Oye Cuentista —me dice y señala el farol—. ¿Esa mierda que trajiste funciona o sólo es para adorno?

—No es un farol.

—Vaya, carajo, ahora resulta que estoy loco o tú fumaste marihuana antes de subir a la balsa, porque esto es un farol o yo soy un búcaro chino —dice y los otros ríen.

—Ninguna de las dos cosas… —le respondo—. La función que cumple es de amuleto.

—¿Y funciona? —insiste con tono de burla.

—No, al menos de la manera tradicional.

—Le ronca los cojones —dice Manolo—, con tantos talismanes que hay y tú te apareces con un farol roto.

—Y después se burla de mí por mi religión —interviene Toscano.

—Yo pude haber traído la máquina de mi nevera de congelación —bromea Luis.

—Sí, entre los Guerreros, el farol sin funcionar, la máquina de congelación y el Dinky, entonces habría que construir otra balsa para el resto —dice Manolo.

—Eso sin contar un polizón y un enfermo —asegura Luis—. Se han fijado, esta balsa está llena de objetos y seres humanos extraños.

—Más extraño estás tú, Luis —responde Dinky—, que tienes que pincharte para continuar con cuerda como si fueras un juguete de pilas.

Le devuelvo el farol a Manolo. Que se lo meta por el culo, pienso.

Carlos siente tanto dolor de cabeza que se la golpea con más fuerza, como si el dolor fuera a mermar con los puñetazos. Lo miramos en silencio y angustiados, no sé si es por no poderlo ayudar, o por saber que no podrá remar. Insiste en que lo dejemos regresar y varias veces intenta levantarse sin ningún cuidado. Decidimos amarrarlo para poder seguir remando y que termine con esa cantaleta que nos molesta y no correr el riesgo de que en un intento por tirarse al mar nos vire la balsa. Primero forcejea un poco hasta que lo dominamos. Pablito lo obliga a tomar más pastillas para el mareo y le aconseja que duerma.

Estas aguas, que ahora están vacías de cuerpos humanos, al menos en la superficie, guardan representantes de varias generaciones; gran parte de los balseros, los que hace tiempo intentaron cruzar por aquí, fueron sorprendidos por las tormentas o se perdieron como en un desierto sin saber cuál rumbo tomar. Debiera decir una oración para que sus almas descansen, si lo miro desde el punto de vista de Toscano; pero de cierta forma, lo haría como un homenaje de compatriota, de generación, nacidos en tiempos difíciles, quizá equivocados; pero cómo permutar el tiempo, aparecer en otra historia, al final, siempre convulsa, donde concurre la muerte, sin que nadie la convoque, y hace aparición para ejecutar su trabajo, y así mantener su guardia perenne, su acecho constante e insaciable. Pero finalmente decido no comentar nada a los demás, quizá me aseguren que tengo vocación para cura; de todas formas, el mar también puede ser un país, una patria, la nación de nadie que recorremos de un lado a otro tentando nuestra suerte.

La familia cuando lo ve llegar se asusta, aunque aparenta alegría, pero pudo ver su extrañeza por la visita. Un visitante de la capital podía comprometerlos. Con una sonrisa forzada le pidieron que entrara la moto, supo que la intención era ocultarla detrás de la casa para alejarla de la vista por si algún informante llegaba de improviso; la empujó hasta el patio y cuando regresó al portal lo esperaban silenciosos. Se entretuvo mirando la cantidad de alimañas que se arrastraban por el piso y que le eran desconocidas, y pasó un rato en que sólo él hacía preguntas tontas que ellos contestaban con monosílabos.

Finalmente, Gisela, la esposa del dueño de la casa, le preguntó por su hermana.

—Está en Dallas —le dijo—, está bien y mandó fotos. La niña ya camina.

Rafael también preguntó por Willy, su hijo. Le dijeron que estaba para la ciudad. Y volvía el silencio y sus rostros de miedo. Rey, el papá de Willy y Leticia, comenzó a comerse las uñas y Rafael temió que iniciara una de sus crisis nerviosas y dijera que no, sin dejar que le planteara el propósito de su visita. Su hija se levantó y estiró la mano para que Chiqui, su esposo, la acompañara para el cuarto, prefería no continuar mirando el sufrimiento de su padre.

Rafael sabía que al comunicarles la razón, le preguntarían por qué no aprovechó y se fue en la lancha con su hermana. Rey negaba con la cabeza, la movía sin cesar. Se justificaba alegando que si aceptaron ayudar en aquella ocasión fue para que su hermano pudiera irse del país y no le diera más sustos a su familia, sobre todo a su madre que era muy anciana; pero que en realidad no querían volver a correr el riesgo de ser descubiertos.

Entonces Rafael habló de su preocupación por las cosas que poseía, de que al irse se podrían quedar con la moto, pensaba en su hijo Willy, que al enterarse le suplicaría a sus padres, que esta vez y ya, la última; también les comentó de un dinero que guardaba y que pondría a su disposición, y recordó el camión diez ruedas Mack que Rey soñaba comprarse, y quedaron callados y pensativos, como si no hubieran escuchado, como si no les interesara nada material.

–Todos en la casa duermen –dijo Rey–, a la mañana conversaremos.

Le prepararon la cama, y le costó trabajo dormir.

Carlos el político continua tirado en una esquina de la balsa, lo desamarran y le aconsejan que mire al horizonte para que se le pase el mareo, pero qué horizonte si la oscuridad es un muro que lo tapa todo, el azul prusia del cielo se confunde con el verde oscuro del agua y no se puede percibir la línea divisoria; además, Carlos no puede ni abrir los ojos, no posee ningún control sobre sí, tiene la sensación de que el mundo se acabará, al menos para él; no soporta continuar con los revoltijos, las arqueadas constantes, los vómitos que le hincan el estómago sin que logre expulsar nada, el intenso dolor de cabeza y los mareos. Tiene la sensación que levita, aprovecha su cuerpo ingrávido, hace dos intentos por incorporarse para que el aire le espante el malestar y es peor, la balsa se mueve hacia los lados y le produce la sensación de que el cielo se le viene encima y regresa a acostarse, vuelve a soltar varios buches ácidos y hace gestos de dolor como si le estuvieran taladrando la cabeza. A veces alguien le pega con el pie o le deja caer una mochila sobre el cuerpo; no se queja, ahora nada exterior le podría doler ni humillarlo, sólo desea terminar esta agonía que comenzó desde que se alejaban de la playa, le dijeron que pronto se acostumbraría; pero los mareos se agudizan y ruega porque la cabeza le estalle y detenga de una vez y por todas la tortura.

Se siente un estorbo para el resto de los hombres; aún así no le interesa, no piensa en ellos, ese estado le hace ser un egoísta consciente, quiere volver a tierra, aunque ese lugar sea un calabozo, es preferible estar en una celda de Villa Marista, se reafirma Carlos, al menos allí hay tranquilidad. Sólo perturban los primeros días de la llegada. Te sacan varias veces en el horario diurno y otras tantas en la noche. Siempre te recibe un rostro diferente pero con las mismas preguntas. Cuando piensan que ya lo soltaste todo, te dejan tranquilo varios días, quizá meses y hasta un año, y aprendes de memoria cada raya marcada en las paredes de algún calendario improvisado por los anteriores huéspedes, o puedes constatar a través de un pensamiento escrito en las paredes también, el sufrimiento que padecieron, y de tanto mirarlo comienzas a familiarizarte con su manera de actuar, sus sentimientos, imaginas su rostro, sus manos mientras grababan las letras o los números en la pared. Por necesidad, llegas a la conclusión urgente, de que debes esconderte en un mundo de fantasía para no ser un militante de la demencia, para que tanta soledad no te arrebate la cordura o las ganas de vivir y te inventas un nuevo orden lógico, construyes un país, una ciudad, haces las leyes, te enajenas conscientemente y te conviertes en cuerdo, el dueño y señor de un espacio inexistente, y te sumerges en el pasado y vuelves a vivirlo, una manera de que el tiempo transcurra, de luchar en silencio por la supervivencia. Y rehaces tu pasado, con la familia y los conocidos, en ese país y ciudad que construiste, eliminas y agregas detalles, determinaciones que cambiarán el curso que desemboca en el presente. Y ese hombre que imaginas, lo adornas con actitudes que halagas, lo hacen justiciero, honesto, siempre es un hombre con suerte y benévolo que trata de salvar a la humanidad. Así pasan las horas y tu vida transcurre, se desgasta miserablemente sin que puedas evitarlo.

Fuera de ese mundo imaginario, es estar consciente de la realidad, vives dentro de una celda de dos metros de largo y uno de ancho, por lo general con cuatro personas, pero muchas veces, te dejan solo para que la locura llegue con más rapidez. El aire no alcanza para todos, ni siquiera para uno persona, y el sonido del jadeo por la falta de aire se escucha como un instrumento desafinado. Pero esa asfixia que se convierte en asma crónica, no es peor que estar solo. En ese caso, por unos instantes, lo único que se puede ver, que no sea tu propio cuerpo, son algunos dedos de una mano que desaparece como si fuera producto de la imaginación, cuando abren, tres veces al día, una pequeña ventanita rectangular en la parte baja de la puerta para introducir las bandejas. A veces dan deseos de tocar la mano, sujetarla, besarla, pedir perdón, misericordia y se conmueva y te permita salir de allí, detener la agonía; pero de nada valdría la pena, esa mano solo sabe amenazar, empujar y golpear. Entonces hay que conformarse con observarla esos pocos instantes en que una mano cualquiera tira una bandeja hacia el interior de tu celda y los frijoles o la sopa se esparcen por el piso, se confunden con el arroz que recogen con la cuchara, porque en esas circunstancias, no se puede desperdiciar ni un solo grano.

Al principio pensé que estaba aislado, que no había más detenidos en los alrededores, a veces escuchaba alguna puerta que se abría lenta y silenciosa, como tratando de no lastimar sus bisagras; con el tiempo y tanto silencio, los oídos se afinan, comienzan a advertir cierto roce, luego algo que se arrastra, después descubres que son los pasos tristes de alguien que carga el mundo sobre sus hombros y las piernas temblorosas se le doblan de pánico, pero no te importa, te invade la alegría de saber que no estás solo, que no eres el único desgraciado, los ojos se humedecen, tienes deseos de golpear la puerta, de mirar tras el hierro y los muros, ganas de abrazar, de que te abracen, de escuchar una palabra, un susurro, pero que sea de un ser humano; luego preferí no hacer ningún ruido o pronunciar palabras, o no tuve el valor, solo me fui dejando caer frente a la puerta, sabía que los guardias me localizarían de inmediato y en represalia me mandarían para el chinchorro, la celda de castigo y, posiblemente me negarían las visitas de mis familiares, cosa sagrada, el único momento que te permite alargar la vida una semana más para volverlos a encontrar.

Estuve un rato llorando sobre la losa fría. Habría deseado sentir el calor de otra persona; probé pegando mi cuerpo al piso, así me mantenía un rato tratando de trasmitir mi temperatura, hasta sentir la espalda sudada, y con un movimiento ágil me volteaba y corría a pegar la cara sobre el pedazo ya caliente que estuvo cubierto por mi piel; pensaba que de esa forma materializaba la impresión de alguien, preferiblemente mujer, que permanecía a mi lado; el movimiento apenas se demoraba dos segundos, lo practiqué tantas veces que lo llegué a efectuar en un segundo, pero siempre que me pegaba al piso me sobrecogía la frialdad, la misma que le brotaba por los ojos a los militares cuando me interrogaban, o salía de las paredes y las puertas, emanaba de la comida y del aire; también echaba el aliento entre mis manos, tratando de apresarlo con los dedos y poder olerlo, buscando la sensación de estar acompañado. Finalmente concluí que todo esfuerzo que hiciera sería inútil, el lugar estaba inventado para hacernos sentir como un pedazo de carne en el matadero.

Con los meses llegas a asumir la soledad. Luego las cosas mejoran. Te acostumbras a saber que a unos pasos de ti hay otros desgraciados que lloran, rezan y suplican que su estancia en ese lugar, increíblemente apacible, se termine de una vez.

Los mareos y las náuseas continúan. No sabe si tiene los ojos abiertos o cerrados, si esas luces que cree ver son ciertas o forman parte del tiovivo que siente dentro de sí y que le hace crear fantasías.

Sabemos que lo más importante es remar, mantener el paso, y hasta ahora hemos avanzado rápido. Carlos continúa vomitando. Antes de comenzar a remar me puse el abrigo porque sentí frío y tengo miedo de que me entre en los huesos y después no haya forma de sacarlo de allí. Llevo en el bolsillo de la enguatada las vitaminas C, para irlas chupando y evitar que en la mañana tenga dolor de garganta y me enferme de catarro. Luis está nervioso y no para de hablar haciendo cuentos tontos y nadie le hace caso. Manolo se levanta y anuncia con voz de barítono: adiós a la tierra más hermosa que ojos humanos han visto, todo es lindo en Cuba, la bandera, el himno y el escudo no pueden ser mejores.

El mar tiene un color negro o violeta; pero es mejor no mirar, porque entonces comienzas a ver visiones y te asustas y pegas un salto que asusta a los demás y provoca que te ofendan, te griten pendejo y se ensañen contigo por un largo rato, que te parecerá interminable, tratando de ocultar el malestar de sentirte como un bufón.

Casi sin darnos cuenta pasan las horas, esperamos el amanecer como una fiesta por mantenernos vivos y aún con fuerzas para seguir remando. El sol se asoma. Carlos apenas tiene ánimos para abrir los ojos. Manolo dice que está igual que su mujer en el embarazo, hecho una calamidad, y le brinda café, pero Carlos lo rechaza con una mueca de asco, y Dinky lo sienta para que disfrute la salida del sol y pueda sacarle la humedad de los huesos, y para que se contagie con la alegría del resto por esta primera victoria, casi una prueba de que no vamos a perecer, porque si ya está escrito que nuestro destino es morir en esta travesía, Dios o no se sabe quién, dispuso de toda la noche para cumplir su tarea, aunque a lo mejor somos muchos en la lista y no pudo atender a tantos de una sola vez. Pero me espanta esa idea, cruzo los dedos para alejar los malos pensamientos. Pablito apaga el farol y vuelvo a mirar al horizonte. Según va aclarando me parece más bello, quiero señalarle a Carlos unas aves que emigran buscando un mejor clima, cruzan sobre el espacio que nos cubre, van en dirección a la costa, hasta que descubro su desinterés y esos ojos de aura desbordados de pesimismo. Entonces lo empujo de mala gana sin darme cuenta, y los otros me preguntan qué me pasa, y digo que mejor debe seguir descansando con los ojos cerrados por si vuelve a marearse, y Carlos no protesta, me mira fijo y le echo una toalla por la cara. Luis dice que hay que tomarse todo el café porque se pondrá ácido, y Dinky estira la mano para ser el primero.

A nuestro alrededor hay otras balsas a las que pasamos por el lado diciéndoles adiós con una ingenua alegría de muchachos; sólo hay una balsa que nos rebasa con una velocidad tremenda, está fabricada con tanques de cincuenta y cinco galones y una vela inmensa, ésa es la mejor embarcación que se puede construir, comenta Manolo, por la forma en que avanza tal parece que tiene motor; yo intenté conseguir los tanques, no me importaba lo caros que eran, y me fue muy difícil, no encontré ni uno. Al rato, la balsa se pierde de nuestras miradas envidiosas.

La balsa nuestra no se mueve a la velocidad que quisiéramos, pero por estar encima de ella es muy difícil apreciar el avance, es como mirar un avión en la distancia, parece que se desplaza lentamente, pero si tiras un papel en la popa, se queda atrás con rapidez. Toscano se arranca de las manos los pellejos de las ampollas que le hicieron los remos y con la punta del cigarro los quema.

—Cojones, mi mujer no se me va de la cabeza —dice Dinky—, tengo deseos de templar.

—Vete al carajo, gordo —le responde Manolo—, eso es una falta de respeto tuya con los hombres que vamos sobre la balsa. A nadie le interesa aquí si deseas o no que te cojan el culo.

—En todo caso recogedor de culos — rectifica Dinky.

Pablito se ríe entretenido, incita a Manolo para que mortifique al Gordo, que se ha puesto serio.

Desde otra balsa un hombre grita y hace señas. Primero atendemos con cautela por si es un asalto. Pide de favor subir a nuestra balsa para continuar camino porque su gente regresa, promete remar mientras le quede fuerza, jura comer poco y casi no toma agua. Le decimos que no, vamos completos, es imposible; Luis comenta risueño si el tipo piensa que es un turista, pidiendo trasbordo, y reímos; pero Carlos levanta el brazo con desgano, que lo monten en la otra balsa que regresa a tierra, lo convenzo de que siga con el grupo, es un peligro irse en el estado físico en que estás, insiste y trata de levantarse y mueve la balsa y nos asusta, extraña a su mujer y a sus hijos, reconoce que fue un error abandonarlos a ellos y a la lucha política por los Derechos Humanos, su deber está allá. Manolo lo vuelve a sentar, le ruega que se esté tranquilo, pero Carlos no le hace caso y lo empuja furioso, y Toscano se pasa la mano por la cabeza y grita que este tipo está loco, cómo se va ir con unos extraños, y Carlos advierte que si no lo dejan irse les va a pesar porque pinchará las cámaras y tendrán que matarlo, entonces quedamos callados, Manolo lo mira sin escucharlo, Toscano cierra los puños, Dinky aprieta las manos como si lo tuviera cogido por el cuello; estamos asustados, hasta que nos cansamos de rogarle por su bien, y a cambio sólo recibimos sus amenazas; si no le importa que media milla más adelante lo echen al agua, dice Luis, quiénes somos nosotros para obligarlo a vivir cuando nosotros tampoco estamos seguros, la vida es del carajo, y quizá por irse para la otra balsa es el que se salva; lo miramos disgustados, no queremos escuchar palabras pesimistas; además, dice Luis, a nadie le disgustaría que haya otra persona dispuesta a remar.

Le gritamos a la otra embarcación que haremos un cambio por uno de esta balsa, les hacemos prometer que lo cuidarán, le advertimos que está enfermo y no podrá remar, se quedan callados como si aceptaran. Luis se le acerca a Carlos, sin saber por qué le pide que lo piense, con nosotros no tendrás problemas, las caras de esa gente no me gustan; y Julio le pregunta si tiene vocación para cura, que lo deje hacer lo que quiera, que se vaya a la mierda si eso es lo que desea. Nos miramos y sin hablar ya hemos decidido. Les hacemos una seña y remamos para acercarnos. Apenas las balsas se juntan, Carlos cruza con dificultad sin siquiera mirar los rostros de sus nuevos acompañantes, y el otro salta bruscamente por el desespero, casi sin mirarnos tampoco y toma una soga y se la amarra a la cintura con rapidez y después ata el otro cabo a un madero de la balsa y me recuerda a Miguelito cuando me dijo que haría lo mismo al abordar la lancha. Ahora el recién llegado nos mira uno a uno, ya no tiene el mismo rostro amable de cuando suplicaba desde el otro lado, está asustado, lo sabemos por su respiración, sus movimientos rápidos y su constante pestañear, disimuladamente se asegura que veamos debajo de su camisa un cuchillo comando que con seguridad lo ulitizará para defenderse si es necesario; nos da la mano nervioso y se presenta como Roberto. Y Luis exclama qué coño Roberto, te diremos el Turista. Y hombre sonríe, no puede desprenderse del nerviosismo, pide que lo dejen remar, le damos un remo, nos mira y dice que para adelante siempre lo hará, nunca le pidan que reme para atrás, desde que se tiró fue con la convicción de llegar o morirse, no de regresar: es una advertencia. Quedamos con los ojos fijos sobre su cuerpo sudado y ácido, deseo preguntarle si no es muy rápido para que esté amenazando en casa ajena; pero como ya está remando mejor es dejársela pasar, de todas formas, coincidimos en que debe ser así: no queremos regresar.

Vuelvo a mirar a Carlos que continúa acostado en la otra embarcación, apenas levanta la cabeza para despedirse y vuelve a dejarla caer, grita que irá a visitar a nuestras familias. Entonces siento deseos de nadar hasta esa balsa que regresa, envidio a Carlos y al resto, porque lo único que con certeza quiero en estos momentos es abrazar a mi madre y besar a mi novia. El Turista evita mirar a sus paisanos, rema con rapidez y la mirada perdida en algún confín del agua, a veces sonríe y mueve la cabeza como si conversara consigo mismo, la desconfianza se le va pasando y lentamente aparece la alegría de seguir el viaje. Sin querer me descubro tratando de recordar el último discurso político de Carlos, sonrío y prefiero pensar en algo más reconfortante.

Seguimos camino sin Carlos, y aunque nadie lo diga, contar con otro hombre, con su fuerza para remar, nos da tranquilidad. Así que estamos conformes con el cambio. Toscano se levanta y se yergue sobre la balsa, intenta alcanzar con la vista la balsa donde se ha ido Carlos. Dice que ya no se ve. Toscano tiene su piel tan negra que el sol se apaga cuando choca contra su cuerpo, es como si su negritud irradiara más que los rayos solares.

Más adelante, nos interrumpen otras balsas que intentan acercarse, pero las rechazamos y se rema con más rapidez para alejarnos, nos piden agua, alimentos y cigarros, siempre respondemos negando: no tenemos nada, todo se nos acabó. No podemos estar con blandenguerías porque entonces sí que no sobreviviremos, aquí sólo llegan los fuertes, los despiadados, los hijos de puta con malas entrañas, que últimamente están sobrando en Cuba por la carencia hasta de las cosas más insignificantes; sólo se piensa en subsistir a cualquier costo, ya no existe la bondad y hay pocos hombres honestos. Recuerdo aquel italiano que timaron y confesó que en cinco años de Período Especial que vivía en La Habana había visto sobrepasar los índices de delincuencia de Nápoles, que se arraigaron durante centenares de generaciones. Tengo miedo de que Cuba se convierta en una Colombia, con tanta delincuencia y terrorismo; nunca seremos una Suiza; nunca tendremos un presidente que camine por las calles de La Habana, como Olof Palme, de la mano de su esposa por Estocolmo y sin guardaespaldas aunque luego se sorprenda cuando vea al asesino disparándole.

Ahora veo un hombre dentro de un neumático remando con las manos, tiene amarrada una soga que va a otro neumático donde está la mujer casi desfallecida. Después de negarles varias veces que se nos acerquen y quedarnos apenados por nuestra actitud frente a aquella mujer en esas condiciones, aceptamos subirla por un rato a la balsa; tiene los pies entumecidos y llenos de pequeñas picadas de peces; le damos agua y comida, no puedo evitar mirarle los muslos a pesar de no ser llamativos, le observo los vellos, siempre me han excitado, imagino el resto y siento mi sexo y la molestia por no poder desahogarme; los otros la miran también. Por momentos pienso que el hombre se percata de las miradas, pero se hace el desentendido a cambio de que la dejen descansar sobre la balsa. Cuando se repone la volvemos a depositar en su cámara y siguen su camino. Mientras remamos, al igual que los demás, me mantengo mirándolos en silencio hasta que poco a poco, se pierden de nuestra vista. Sigo pensando en la imagen de sus muslos, apenas una pequeña porción de sus senos que escapan sobre la blusa, y de repente se enciende en mi memoria ese viejo y desgastado filme, mudo y fuera de foco, de todas las mujeres que poseí; pienso que una mujer fea en el mar vale por las cien más lindas que se puedan tener en tierra. Toscano me interrumpe con el comentario de que debían estar muy enamorados para hacer tal travesía. O muy locos, opina Manolo, que no cree que ésa sea una manera de amar si la expone a tanto peligro, más bien es una irresponsabilidad, una hijeputada con la mujer. Y están un rato tratando de convencerse uno al otro, defendiendo sus puntos de vista, hasta que se cansan y desisten, se quedan callados, piensan que no deberían gastar tanta energía en cosas que no les importan.

Después vemos otra embarcación llena de balseros, parece una guagua, contamos y hay como catorce, están más que locos, se van a ahogar. Y reímos, Toscano les grita que si nos pueden aceptar. Y niegan risueños también, advierten que "hasta la Yuma no paramos, consorte", en la parte delantera de la balsa hay un hombre pequeño, quizá enano, parece un búcaro, pero cuando nos acercamos más y me fijo bien, descubro que le faltan las piernas y lo tienen amarrado, su trabajo consiste en marcar el ritmo de los movimientos con los remos para que no se desfasen. Manolo dice que con seguridad las perdió en la guerra, un mal paso y te cambia la vida; yo siempre preferí morirme antes de quedar lisiado. Según nos alejamos sus figuras se van escondiendo, hasta que desaparecen.

Al rato pasa una avioneta norteamericana de los Hermanos al Rescate y batimos manos, queremos levantarnos todos a la vez y la balsa se mueve de manera peligrosa, en nuestra desesperación podríamos perder el equilibrio y caer al agua. Con rapidez la avioneta se convierte en un punto diminuto. Manolo saca una luz de bengala y la tira, ya estamos seguros de que nos van a recoger rápido; la avioneta regresa y pasa a baja altura dos veces; guardamos los remos esperando que nos vengan a buscar. Toscano afirma que su cascarilla y sus rezos no fueron en vano, tenemos que agradecerles nuestras vidas, y vuelve a soplar todo el polvo restante. Ahora no me molesta ni siento deseos de burlarme. Nadie lo contradice por la enorme felicidad que sentimos. La suerte nos toca y los sueños se cumplen: somos unos jodidos con suerte. Luis grita que Dios aprieta, pero no ahoga, y lanza besos al cielo. Se sacan los alimentos y se reparten, olvidando las raciones calculadas por día, nos empinamos los pomos de agua que se derrama por el borde de los labios y corre por el cuello y el pecho hasta la barriga, igual que en las películas del Corsario Negro. Miro a Toscano como si fuera el gigante Mod, a Dinky como si fuera Van Stiller, imagino que huimos de Van Gould, a expensas de abandonar a nuestras Honoratas, se levantan los brazos como si fuéramos al abordaje en busca de riquezas, yira, moni, astilla, el baro, guanikiki, la magua, kuanza, para que nos abran la puerta de ese mundo moderno y desconocido en el que atracaremos. Pablito habla de no separarnos cuando lleguemos y juramos ayudarnos siempre como hermanos. Estoy seguro de que al fin tendré mi computadora con internet y podré hurgar por todos los rincones de la geografía mundial y de la historia desde mi propia casa.

Como le había costado trabajo dormirse, se despertó avergonzado a media mañana, porque era el único que se mantenía en la cama. Los otros ya estaban en el ajetreo del día. Le señalaron para la playita cuando preguntó por Willy.

Bajó a la costa. Willy estaba al borde del acantilado, miraba hacia la playa. Al acercarse los ojos le brillaron, Rafael supo que ya sabía de sus ofrecimientos: la moto, el dinero, el camión Mack, diez ruedas y de volteo que su padre anhelaba comprarse. Entonces Rafael aprovechó para ser directo, y conversaron los pro y los contra del negocio.

Al rato, Chiqui, su cuñado, bajó también para asegurarse de que no lo dejarían fuera del convite.

Willy no pudo evitar que su rostro se contrajera, se sentía perturbado por la desesperación de su cuñado, no pudo esperar que él regresara a la casa y le contara, quizá por desconfianza y le diera la peor parte. Rafael lo comprendió rápidamente y dijo algunas bromas antes de volver a explicarlo todo desde el principio. En resumen, aceptaron ayudarlo en la búsqueda de una lancha que cumpliera los requisitos para poder navegar noventa millas. Chiqui lo haría con la condición de que le dejara montar a uno o dos pasajeros para ganar algún dinero y definitivamente, poder encaminar su situación económica.

—Desde que salí del Servicio Militar no he podido conseguir trabajo —aseguró Willy.

Rafael movía la cabeza como quien aceptaba una realidad muy dura e injusta. Todo era un juego psicológico en el que se mentían para sacarse provecho unos a otros. Willy se conformaba con la moto, como si fuera poco, pues Rafael sabía que era el sueño de la mayoría de los jóvenes cubanos, y como todo sueño, difícil de alcanzar. Y su padre, Rey, también soñaba con el camión Mack, porque decía que estaba cansado de vivir como un guajiro.

—Con el camión podré trabajar sobre la placa y alejarme de todo el fango que me persigue las 24 horas. El asfalto corre por mi sangre, es mi naturaleza —aseguraba Rey.

Y Chiqui recordó que un vecino de los padres poseía una lancha y tenía la confianza suficiente para preguntarle quién pudiera vender alguna. Rafael le insistió en que si era de fiar.

—No habrá problemas con el hombre, es de confianza —afirmó Chiqui.

Mientras esperábamos que llegaran los Hermanos al Rescate, porque presumíamos que el piloto de la avioneta les avisaría, nos sentimos alegres por nuestra suerte, pensando que en definitiva somos unos ganadores, dentro de dos años tendremos la residencia, se podrá regresar y nos recibirán como turistas y nos dirán "señor" mientras aceptan la propina. Tengo deseos de gritar que ganamos, que somos dichosos. Deseo abrazar a los que me acompañan, pedirles perdón si en algún momento hice o dije algo que los molestara. Quiero saltar, gritar todas las palabras obscenas que conozco. En mi mente hago un recorrido y me detengo en los hechos más trascendentales de mi vida. Por intervalos, y aunque parezca increíble, no puedo evitar que me sienta injusto con los que de alguna manera quisieron mi bienestar y trataron de que amara al socialismo y lo viera como el único camino posible para la raza humana; aunque piense que no hayan logrado construir un sistema soportable, sé que lo dejado detrás no estaba mal del todo y que, a donde voy, tampoco está bien del todo. Me pregunto si la sociedad a la que tengo que enfrentar me convertirá en un hombre útil; sé de muchos que para subsistir no tuvieron otra opción que entrar en la venta de droga. Temo que no pueda escapar del mal camino, entonces lamentaré no ser un muerto de hambre pero con varios libros escritos, porque si doy este paso es con la promesa que me hice de seguir escribiendo por sobre todas las cosas. Juré que eso sería lo más importante.

—Bueno, ¡querían capitalismo! —dice Manolo—, aquí les va. Pronto lo tendrán.

—Y las manos llenas de deudas también —advierto.

—¿Qué coño te pasa a ti? —me pregunta Dinky.

—Nada, sólo ayudo a que estén conscientes de lo que nos viene encima. Allí hasta la risa se paga.

—¿Y tú te piensas que en Cuba no? —dice Toscano—. ¡De verdad te crees el cuento ese de la medicina gratuita, la educación y el deporte!

—¿Y no es así? —agrega Julio—. ¿O acaso yo vengo de otro lugar diferente al tuyo?

—Pero claro que no, cabrón —asegura Toscano—. Cuba es el país donde más caro se paga todo. ¡Y bien caro!

—Tampoco hay que exagerar —dice Luis.

—Pero qué exagerar ni un carajo —contradice exaltado Toscano—. Nos exprimen, nos sacan hasta la última gota, y ni siquiera con esas tres cosas aparentemente gratuitas, y hasta agrégale el velorio para que haga bulto, no pagan ni ínfimamente todo el desvelo, los años de desgaste. Entonces la esclavitud no debió desaparecer. A ellos también los alimentaban, cuidaban, les dejaban hacer sus fiestas religiosas, y luego les hacían su entierro.

—Martí escribió que el socialismo era la esclavitud moderna —digo.

—Pero coño, si nos pasamos toda la vida trabajando por nada —dice Toscano—. Eso que llaman logros de la Revolución es mentira. Lo único que se cambió la forma de pago. Ahora te cobran antes de que te enfermes. Cada día pagas centavo a centavo cada miseria que te dan. Porque nadie puede negar que la generalidad vive como perros.

—Eso es verdad —apoya Luis—. Los hospitales están sucios y llenos de infecciones y sin medicinas. Las escuelas parecen que fueron bombardeadas, y los centros deportivos casi no existen.

—Todo depende de la manera con que se mire —asegura Julio.

—Pero coño, si defiendes tanto aquello ¿por qué no te quedaste allá? —dice Toscano.

Julio prefiere quedar en silencio. Ahora mira hacia otra parte como si la pregunta no fuera dirigida a él.

—Recuerdo a un español que vino a Cuba —digo—, me preguntaba si la Revolución de que hablaban era la del 59 o era otra, si después le siguieron más. Y cuando trataba de explicarle que era la misma, decía: joder, hombre, que no se puede andar hablando mierda cuarenta años después del hecho. Hay que hacer otra cosa. Es inaceptable seguir viviendo de la historia.

Ahora reímos. Olvidamos por un rato nuestra agonía, la desesperación que tenemos porque nos acaben de encontrar y nos lleven para Miami.

Llevamos varias horas dando vueltas en el mismo sitio, esperando que nos recojan. Los fumadores encienden un cigarro tras otro. Pero no pasa nada, sólo la angustia, sobre todo cuando el cielo comienza a ponerse negro, el agua también, la brisa es ahora un viento fuerte, nuestros cuerpos comienzan a agitarse, a veces chocamos los brazos, aseguramos las jabas con los alimentos, el mar se va encolerizando, es la primera vez que rezamos todos juntos, ofreciendo una promesa a los santos. El agua se pone turbia e inquieta y los tornillos y las sogas que compactan la balsa amenazan con desprenderse y soltarnos a la deriva. Julio no entiende por qué se demoran en recogernos, Luis dice que quizá la avioneta buscaba alguna balsa en particular, que los familiares en Miami habrían pagado por la búsqueda. Pablito asegura que tenemos los mismos derechos. Roberto el Turista le responde que no sea ingenuo, allí sólo tiene el que puede pagar, lo mejor que hace es adaptarse a esa idea.

Decidimos volver a remar. Nos cubrimos las manos con trapos para no lastimarnos las ampollas. Avanzar se hace más difícil y la balsa comienza a levantarse por el oleaje y cae como si se fuera a virar; alguien sugiere botar la vela y la tiramos, es inútil seguir remando y recogemos los remos. Amarramos las mochilas y los tanques de agua. Me aseguro que mi farol no vaya a perderse. Nos dedicamos a sujetarnos con ambas manos a los bordes de la balsa. Julio revisa el nudo de la soga que se amarra por la cintura. Yo prefiero sujetar la soga con la mano por el temor a que se hunda la balsa y me arrastre a las profundidades sin tener la posibilidad de nadar y probar mi suerte. Toscano dice que a lo mejor los dioses piden la vida de alguien que viaja en el grupo y entonces no habría necesidad de sacrificarnos a todos. Por eso me preparo para despedir al que sea y salvarme a cualquier precio. Los miro en silencio con el más profundo deseo de vivir. Descubro que realmente nunca había pensando en la posibilidad de morir; esta aventura me sobrepasa y no intuí lo peligrosa que podía ser. Manolo pregunta quién debe alguna promesa, pero quedamos sin contestar. El silencio sugiere que nadie debe nada.

La balsa comienza a ser empujada desordenadamente por el viento, avanza sin rumbo fijo. Los mareos aumentan y algunos empiezan a llorar. Miro a mi alrededor buscando una señal de que nos salvaremos; trato de encontrar en la oscuridad algo que ayude a calmarme para enfrentar con ecuanimidad esta tormenta. La balsa se mueve como un caballo encabritado, damos continuos saltos y sin poder evitarlo nos golpeamos. Sangro de un brazo y Dinky de un pómulo al chocar con un remo que alguien levantó. Cada ascenso me parece el último, siento mi cuerpo elevarse, la balsa deja de flotar y queda inerte en el aire sólo unos instantes interminables, me aferro con los dedos, las uñas, para sujetarme estoy dispuesto hasta morder la madera, el viento o hasta mi propia carne, cualquier cosa que me sirva de lastre. Hay un momento en que estoy tan mareado, que ya no coordino los rezos y tengo deseos de soltar las manos y dejarme llevar por las aguas, los dedos comienzan a aflojar, la soga a resbalarse, una rara tranquilidad me invade y quiero cerrar los ojos y dormir; pero las olas mojan y golpean mi rostro, nos elevan como a un columpio para después dejarnos caer al vacío; por espacios de tiempo no sé si continúo en la balsa o estoy fuera, y me alejo de mi cuerpo, abandono la materia que apenas lucha por sobrevivir, comienza a volverse inerte, luego de algunos espasmos esporádicos, le siguen los estertores. Quiero que esa materia no me pertenezca. Ojalá que esta realidad fuera un sueño, toda esta travesía sea incierta, horas de pesadillas. Recuerdo mis sufrimientos cuando me encontraba en tierra, mis quejas cuando pensaba que nada podía empeorar mi vida; y después de zarpar se ha multiplicado mi dolor, tanta angustia que deja pequeña aquella otra que fue la causante de que quisiéramos escapar, el empujón para que cambiara el rumbo de mi historia. Pienso con tanto deseo en mi madre y en los libros que siempre quise escribir, y una silueta aparece frente a mí, es Martí que hace un movimiento para que lo siga, el mismo gesto que utilizó para ordenar a los hombres que llegaron en el bote con él, después desaparece, llamo, reclamo su presencia, su compañía, pero ya no regresa, se disuelve en mi vigilia, en mis ojos llenos de gotas de mar o de lágrimas; y algo como una chispa interior me hace regresar a mi materia, entrar en este cuerpo frío y sin fuerzas para aferrarme otra vez a las sogas, una voluntad crece dentro de mí y grito, ¿morir?, hasta que sé que no caeré al agua, aquí me quedo, y controlo mi mente para saber qué y cómo hacer las cosas que me ayuden a sobrevivir. El disgusto de morir no se lo daré a mi madre. Los relámpagos son continuos, los estruendos nos hacen vibrar, las nubes se mueven igual que las copas de los arbustos de una inmensa arboleda, a veces parecen caer sobre nosotros, se acercan como si quisieran golpearnos. Los truenos son los golpes de los tambores que anuncian la llegada de la guerra, creo escuchar las pisadas de los espíritus que claman venganza por su desgraciada suerte, sus destinos no elegidos, trastocados de la búsqueda de la felicidad a una muerte horrenda y quieren que se repita en nosotros su mismo final, nos desean de compañía, por añoranza, venganza o envidia. Pero cualquiera de las tres razones son injustas. Al carajo con ellos.

He comenzado a llorar, los otros claman por su familia, no puedo irme de este mundo sin cumplir la misión de ser escritor, no puedo pasar por él sin dejar mi huella, grito el nombre de mi madre, aunque no pueda dejar de llorar igual que los otros que hablan en voz alta, se despiden de su familia, después de cansarse de rogar a esos santos sordos que no hacen ni el intento por salvarnos. Las olas son de tres y cuatro metros y cada choque con la estructura de madera y metal lo siento como en mis propios huesos, nos empujan a su antojo, y todo se repite una y otra vez, esta última ola parece que nos vira, gritamos, me hace sentir tan ínfimo, tan disminuido, incapaz de enfrentar una hormiga, y cierro los ojos, que sea lo que Dios quiera, digo, y tengo la sensación de ser una hoja a la deriva, quizá menos, nada; sé que no he sabido cuidar de mi vida, y comprendo que en estas circunstancias ya he dejado de existir. Ahora, Dios debería darnos el poder de dividir en dos el mar, igual que se lo ordenó a Moisés cuando huía con su pueblo del fararón egipcio y su ejercito, y los vientos comiencen a empujar las aguas hasta convertirlas en dos murallas inexpugnables, y caminando, podamos hacer la travesía.

Pero no ocurre, porque no hay un Moisés entre nosotros, ni somos parte del pueblo hebreo, ni a donde vamos es la tierra prometida. Ya apenas siento las manos. Ahora mi cuerpo se remonta, asciendo, todo se eleva, cambia de lugar, trepo una cuesta invisible, con desesperación quiero contener el vuelo, parar esa sensación interior de que los órganos se corren de lugar, hay un momento, un punto, una línea divisoria, pequeños instantes en que permanecemos inertes, en que todo se detiene, nada sucede, quedamos suspendidos en un punto oscuro del tiempo, del espacio, que no podemos reconocer; estos segundos asustan más, supongo que la muerte debe tener ese poder de persuasión, esa inmovilidad, la gota que al chocar se convierte en otras decenas de gotas, y éstas en otras tantas hasta que dejan de existir, y gritamos, son gritos dispersos, largos alaridos que recorren la noche, que rebotan entre el mar y el cielo y nuestros cuerpos, como si esa fuerza que expulsamos al exterior fuera a impedir el ascenso o la caída, aliviará los golpes con las maderas o los remos; pero con un movimiento enérgico de la batuta comenzamos a descender, el regreso del viaje interminable, nos precipitamos y cada vez con más velocidad, y me vienen a la mente las clases que recibí sobre la fuerza de gravedad, nunca la había entendido mejor, la caída, el traslado de nuestros cuerpos, la incógnita de si la estructura soportará el golpe al chocar contra el agua, y el impacto es tan violento que volvemos a subir, pero ahora sin balsa, la soga se me ha escapado de la mano, pienso que podemos caer al mar, y volvemos a sentir las maderas de la balsa cuando nos sacude y provocan fuertes dolores que pronto se olvidan por otros más intensos.

Toscano grita que las olas no pueden chocar con la balsa de frente ni de costado porque se vira, debemos mantenerla de tal manera que el impacto siempre sea por una esquina, al principio a nadie le interesa absolutamente nada; pero el poco instinto de conservación que nos queda nos hace despertar, palparnos para asegurar que aún existimos, mirar a nuestro alrededor, y vigilar por dónde se acercan las olas, y gritamos cada vez que nos parece que alguna viene sobre nosotros, y ponemos la embarcación de manera tal que no nos vuelque. El agua cae como si fuera de una catarata, nos golpea la cabeza y los hombros, las gotas duelen y pesan igual que pedradas, quizá sean granizos.

Julio vuelve a soltarse y queda desmayado, deseo sujetarlo, pero veo que salta como una pelota que apenas pesa y su cuerpo, que recibe el impulso sin reaccionar, entra en el agua como si siempre hubiese pertenecido allí, y me asusto más, grito que Julio está en el agua pero nadie me hace caso, todos siguen tensos y vigilando las olas.

Las olas siguen levantando la balsa como una montaña rusa hasta caer, sentimos el golpe contra las olas y me duelen las manos, los brazos, las piernas, la mandíbula de apretarla, la espalda y la cabeza; mojados por completo, vomitamos uno encima de los otros y de las cosas que llevamos, quiero espantar la oscuridad de mis ojos por la necesidad de saber que no estoy solo, no soportaría quedarme sólo sobre esta balsa. Las ráfagas de viento chocan con nuestros cuerpos, entran por mis oídos, los ojos, cada poro, hasta llegar a mi alma, nos empujan, y es tanta cantidad la que se agolpa en mi respiración que no puedo hacerlo, me falta el aire y jadeo, siento que la ventolera me levanta, traspasa mi cuerpo por huecos que no puedo localizar y me hincan como flechas, me palpo, hundo los dedos, en mi desesperación me araño en un intento por cubrirlos y evitar que el aire continúe ensartando mis huesos, tejiendo un paño que luego le regalará al mar, para que a la deriva mi cuerpo se interponga, cubra la frialdad de la luna y no traspase sus aguas. Temo que el viento me eleve y me haga sentir como un papel sin destino, empujado al antojo del torbellino que en cada soplo es como el chillido de una bandada de pájaros que nos atacan.

Un remo golpea a Pablito en la espalda antes de caer al agua; esta vez no aviso, no tiene sentido, a nadie le importa porque la lucha es no caer uno, escucho los gritos del Polizón por todas partes. Recuerdo su deseo de tener una walkman y escuchar a Celia Cruz y Willy Chirino. Tengo miedo, miedo de que todos se ahoguen y no quede una persona con quien compartir tanta soledad. De estar mucho rato haciendo esfuerzos para mantenerme aferrado a la embarcación, pierdo sensibilidad en las manos, los brazos, las piernas, no me siento el cuerpo. La noche, mis compañeros y yo giramos como en un tiovivo, entre saltos y golpes, mi cuerpo va y viene, hasta que siento un impacto fuerte en la cabeza y algo caliente y agradable que contrarresta con toda la violencia me recorre la cara como una caricia; tengo sueño, cierro los ojos, quiero descansar, escapar de esta agonía, nada me importa, yo no me importo, una sombra oscura se apodera de mi pensamiento y lentamente me voy apagando.

Nunca supe cuando terminó la tempestad. Estoy seguro de que me despertó el insoportable silencio, un barreno de nada que taladró mi mente, aquella tranquilidad idílica era imposible de soportar después de tanta agonía. Abro los ojos, el cielo está despejado y es hermoso, las nubes son intensamente azules y rayadas por el sol con franjas amarillas. Tengo deseos de llorar porque no logro entender la naturaleza, la siento como un monstruo sádico que nos tortura, que juega con nuestro sufrimiento y que no se puede hacer nada para protegernos de él, somos simples títeres que respondemos al movimiento de los hilos. Recuerdo el farol y asustado lo busco. Está a mi lado.

Mis compañeros aún duermen. Me duele la cabeza y no puedo recordar cuándo pasó todo, cuándo terminó. Con los dedos localizo de dónde me viene la molestia, es una herida en la cabeza que me hizo el remo, al tocarla me aumenta el dolor. Tengo el pecho vomitado por los últimos alimentos que comí. Los labios resecos. Busco los pomos de agua y no están. Presiento que todo se ha terminado para nosotros y que la muerte que nos espera será peor que las dentelladas de los tiburones. Siento como un llanto que baja del cielo, pienso que alguien degolló la noche pasada, y ahora finge como un gato adolorido que desea pasar de incógnito para que no lo echen de la casa.

La balsa choca ligeramente con algunos obstáculos que se apartan con rapidez. Levanto la vista y observo a mis compañeros, ojerosos y golpeados. El mar está apacible, parece una burla después de darnos semejante susto, una invitación a que entremos a nadar. Y la impresión que me sobrecoge es cuando surge ante mí la imagen de un campo de flores segado, aplastado. Alrededor de nosotros flotan cuerpos humanos y balsas vacías o pedazos de ellas, un verdadero cementerio. Me obligo a observar la escena, parece un campo de batalla.

Manolo dice que no vio algo así ni en Angola. Si cambiamos las balsas por caballos, las tablas y remos por pedazos de carretas y fusiles, y esos cuerpos flotando a la deriva, sería como una reproducción de la batalla de Waterloo. Intento contar los cadáveres pero se juntan y separan y vuelvo a confundirlos, la barbilla me tiembla, las lágrimas me molestan como pequeñas piedrecitas o cristalitos; me siento sobre la balsa y mirando a mi alrededor comprendo que a partir de hoy ya no seremos los mismos. Me paso la mano por la cabeza para aliviar el dolor. Unos sollozos que no puedo evitar se me escapan. Los otros se reaniman poco a poco aunque se mantienen mudos. Reconozco la balsa que iba llena de gente, está ladeada con muchos neumáticos sueltos; me pregunto si algunos de los cadáveres son los de la pareja que auxiliamos, alguien asegura que sí. Veo a un cuerpo que se mueve como si tuviera estertores, lo señalo, digo que está vivo, otros también lo aseguran, hasta que se ven las aletas de los tiburones, me invade una sensación de pánico que sobrepasa los límites de la desesperación. Dinky no puede evitarlo y la cara se le estruja, y se lastima el pómulo que tiene hinchado por la partidura del remo, y vuelve a sangrar, mientras suelta un grito de impotencia que rompe la aparente quietud y nos asusta.

Siento tanta rabia de ver aquellos cuerpos de todos los tamaños que nunca serán enterrados, a los que sus familiares no podrán acompañar. Recuerdo en voz alta que una vez leí que los muertos en el mar se mantienen vagando porque no se resignan a abandonar su viaje, siguen buscando su destino. Como Martí que cuando vio al niño Lino Figueredo entrar al presidio, dijo que "hasta este momento me había explicado todo, hasta el absurdo de mí mismo, pero ante aquel rostro inocente, he perdido la razón". Creo que mientras miro esos cadáveres dejo de tener lógica, pensamientos coherentes, una rabia me crece hasta los puños, porque como el Maestro, he perdido mi razón, y junto con él, nos iremos a llorar a los pies de Dios.

—En el agua me pareció sentir —explica Roberto—, que mi cuerpo pesaba más de lo normal.

Y todos coinciden en esa sensación de estar acompañados por algo grande, sobrenatural.

—Desde el fondo alguien me halaba —asegura Dinky—, era como si otra fuerza me empujara hacia abajo.

—Quizá sean las vidas truncas que se dedican a virar las balsas para tener compañía —dice Toscano, se asusta y luego tiembla de pánico—, he perdido mis Guerreros. Ahora sí que no me siento asegurado, con el resguardo no será suficiente —y se palpa la bolsita.

—No te preocupes, Negro —le dice Luis para consolarlo—, que nunca la tuviste segura, y ahora que no tenemos agua, mucho menos.

Y Toscano mira la tabla donde está escrito el nombre de Santiago, y se acerca y la arranca con rabia y la tira al agua, dice que son muchas las probabilidades de que estemos embrujados por ese viejo, resulta que están pasando las mismas vicisitudes que les había contado yo antes de salir al mar; que no pretendía ser héroe como el viejo, ni que le hicieran un libro, simplemente deseaba alcanzar las playas de Miami, ¿será eso mucho pedir?, y nadie le responde, miro cómo la tabla se separa y se pierde; y ante mí surge el nylon de color verde donde guardaba los libros, quiero acercarme, intentar alcanzarlo, una alegría me ha llenado de emoción, estiro el cuerpo, me pongo nervioso y saco el cuerpo de la balsa más de lo aconsejado; pero ahora no escucho las palabras de los otros para que deje los libros. Sin pensar grito, les digo que regresen. Llamo, clamo por los libros como si fueran vidas que estuviera salvando. Me inclino más.

—No expongas tu vida a cambio de unos libros —me dice Dinky.

Sospecho que el nylon se aleja, temo que los perderé. Y me dejo caer en el agua, y todos gritan, estiran sus brazos para sostenerme, hacerme regresar a la balsa, pero ya he dado varias brazadas y sostengo la envoltura. Ahora regreso a la balsa. Apenas me acerco me suben por los hombros. Sostengo el nylon.

—Eres un suicida —asegura Manolo.

—Este es el más loco de todos nosotros —dice Toscano.

Abro el nylon y los libros están húmedos, hojeo el diario y la tinta de algunas palabras se han corrido, son ilegibles, pero puede salvarse la libreta para poder continuar escribiendo.

—Siempre en esa bobería de los libros —me dice Luis, pero no reparo en sus palabras, continúo como si no hubiese hablado—. Acaso nos sucederá igual que a Chaplin, pero en este caso nos comeremos los libros.

—Vete al carajo —le digo y no puedo evitar mantener los ojos llorosos.

—Total, no es mi problema —responde Luis y levanta los hombros.

Recuerdo a Carlos, seguramente que no pudo salvarse. Si se hubiera quedado con nosotros, con seguridad se hubiera ahogado también. Para él este camino fue errado desde el comienzo. Rememoro sus palabras, su crítica constante contra el gobierno. Nunca supe con exactitud a qué se refería con la palabra épica cuando dijo que nuestra generación no la tenía. Pensé preguntarle en algún momento en que tuviéramos una conversación aparte, no quería que los demás empezaran con las bromas de que me estaba adoctrinando, como hacían con todo el que se le acercara; pero al menos compartía con él la idea de que desde la niñez nos sentaron frente al televisor para cocinarnos con imágenes negativas de tiempos pasados. Nos repetían diariamente qué estaba bien y qué estaba mal, qué se debía hacer y qué no; y llegamos a la juventud odiando aquel animado con los personajes: *"Sí se puede y No se puede"*. Nos aburrimos de tantos mensajes codificados. Ya habíamos crecido, pero insistían en darnos la comida con cucharaditas. Tantos años con los ojos vendados nos ayudaron a caminar en la oscuridad, a encontrar el concepto de la equidad y de nuestros derechos.

Después que me definí, lo discutí varias veces con mis amigos y con mi profesor de filosofía antes que lo expulsaran.

—Tenemos nuestras propias imágenes, aunque ignoremos cuando se formaron —le dije en aquella última clase—. Desde que tengo uso de razón recuerdo las representaciones que nos hacían rechazar el pasado; pero, a semejanza de estas que tanto nos aburrieron —dije olvidándome del lugar, del sistema que regía nuestra vida y de los alumnos que lo defendían, sobre todo de Rolando, el más extremista—, como la de aquellos niños descalzos que jugaban en callejones insalubres, yo tengo la de otros niños de mi tiempo que tampoco tenían zapatos para ir a la escuela ni dinero para garantizar el desayuno en el estómago y la merienda.

—En mi memoria guardo las terribles fotografías, gastadas por el tiempo, de los enfermos mentales de Mazorra que encerraban desnudos en celdas de castigo donde no penetraba la luz —dijo otro alumno—, y la oscuridad de tantos días los hacía perderse en el delirio de su locura; a cambio, ahora, tengo la imagen presente, diaria, de la caída de un hombre al vacío, la experiencia del recluso dentro de su celda de castigo: el chinchorro, perdido también en la oscuridad y el hambre, como le había sucedido a mi padre cuando se negó a pertenecer a cualquiera de las organizaciones revolucionarias que fundaba el nuevo sistema.

Y recordé a mi amigo Ariel, aún conservo en el recuerdo que se pasó la niñez visitando Mazorra para recibir largas sesiones de electroshocks, en esos días no se podía jugar con él, y nos miraba apagado con sus ojos opacos y tristísimos, tratando de contarnos cómo lo habían quemado por dentro; lo duro es que no lo entendíamos, estábamos convencidos de que era por su bien, hasta que en la adolescencia murió por un tumor en el cerebro.

–La televisión nos enseñó también los cadáveres torturados que lanzaron los testaferros de la dictadura por las esquinas de la ciudad –dijo otro alumno–. No vivimos el asalto al cuartel Moncada. Y luego los atacantes andando entre el marabú y las montañas cercanas a Santiago hasta que fueron apresados. Ni escuchamos el juicio de Fidel ni su alegato de defensa. En cambio, tuvimos el proceso de la Causa número 1 y los juicios y encarcelamientos contra los disidentes. El desembarco del Granma, aquellos hombres descendiendo con el agua por el pecho para luego ser atacados, masacrados en Alegría de Pío. Los autos de policía persiguiendo a José Antonio Echeverría por las cercanías de la Universidad. Hoy en cambio, tenemos las víctimas del remolcador 13 de Marzo. Los autos de policía persiguiendo a los asesinos de Rolando Pérez Quintosa. Los disparos a los balseros que se iban por Cojímar, gran parte de la población de Regla volcada en las calles exigiendo justicia por la masacre de esos hijos. Cercos para atrapar a infiltrados por la costa de Caibarién. Los cadáveres que llegan a las playas mordidos por tiburones. Operativos en el barrio y arrestos masivos por el lanzamiento de cócteles Molotov.

No tuvimos Camarioca –dijo una voz que salió del fondo del aula–, no estábamos allí; pero en cambio presenciamos la estampida por Mariel, y ésta de la que ahora formamos parte. Tampoco éramos parte de la población que tumbó el águila del monumento al Maine, ni cómo quitaron a algunos próceres de la independencia que alguien catalogó de traidores; pero sí vimos por televisión cómo en Europa fueron destruidas las estatuas de Lenin y de tantos otros que nos obligaron a adorar.

—No estábamos cuando los rebeldes entraron a La Habana —habló una muchacha, que por su timidez, nos sorprendió—, el pueblo corriendo delirante alrededor de los tanques, con los brazos extendidos tratando de rozar a los héroes. Pero sí observamos a los que corrieron detrás de los camiones con los brazos abiertos para tocar, quizá por última vez, a sus hijos, esposos y hermanos que partían asustados, abrazados a las balsas que los llevarían al otro lado, la línea divisoria de dos sistemas políticos irreconciliables.

—Tampoco pudimos estar en Girón, ni ver aviones derribados, ni el humo ni los presos que luego fueron cambiados por compotas para los niños —aseguró un estudiante de mi derecha—. Pero tuvimos Etiopía y Angola y recibimos a nuestros muertos, amigos del barrio que hoy cuelgan en el mural de los mártires. Sí estábamos cuando un avión lleno de jóvenes esgrimistas fue sepultado en el mar, lo único que habían hecho era traer casi todas las medallas del campeonato en el pecho. Y también supimos de las avionetas de los Hermanos al Rescate que luego de lanzarnos algunas octavillas y hacer varias piruetas en el aire, fueron derribadas por aviones Mig 23.

Nos habíamos olvidado que estábamos en la escuela, que aquello no quedaría allí, o quizá no lo olvidamos, simplemente no importaba, era más necesario decirlo que evadir el castigo. El profesor escuchaba en silencio, sólo nos miraba a los ojos, y no sé por qué, pero que lo hiciera nos estimulaba, creo que deseábamos hacerlo sentir orgulloso de nosotros.

—Por la televisión mostraron a estudiantes embestidos por tanques cisternas, y que arrastrados por los chorros de agua, corrían por la calle San Lázaro clamando por la Revolución —dijo el gordo, aquel que siempre recibía nuestras burlas, apodos que después de aquel día no se repitieron—; pero a semejanza hubo un 5 de agosto, y muchos jóvenes desilusionados y a la vez llenos de esperanzas, corrían por las calles, cansados de la Revolución y se robaban las lanchas, los remolcadores y los aviones.

—Nos emocionó ver por la televisión a los jóvenes que se lanzaron a interrumpir el juego de pelota en el Estadio Latinoamericano con un cartel de: Abajo Batista —dijo la muchacha, que a mi gusto era la más linda del aula–. Tan parecido a aquel joven que interrumpió un juego en la Ciudad Deportiva, y en plena televisión, alzando un cartel para exigir democracia.

—Por la orilla de la Universidad aún se conservan los carteles de: "Abajo la dictadura" —le dije al profesor–. Por mi barrio aparece diariamente pintado en las paredes: "Abajo el socialismo".

—Todos ustedes son unos mierdas —dijo Rolando que formaba parte del secretariado de los jóvenes comunistas–. Esto no se va a quedar así. Cada uno tendrá que repetir toda esas sandeces que dijeron delante del Director.

—Sólo son opiniones —le dijo el profesor–. Pueden que sean hasta mentiras.

—Usted sabrá —le respondió Rolando, y corrió hasta la pizarra y escribió: Viva la Revolución. Algunos que se habían mantenido en silencio aplaudieron. Los otros, los que habíamos hablado, nos asustamos.

—¿Cómo van a comparar un juicio de narcotraficantes con el Moncada? —dijo Rolando.

—Nadie ha comparado nada —le aseguré–. Sólo hemos dicho los acontecimientos que se vivieron por la generación que nos antecede y las vivencias nuestras. Por ende, no podemos coincidir en las mismas ambiciones ni necesidades. Nosotros vivimos este tiempo —le dije–, y como tú, equivocados o no, queremos defenderlo, construirlo y enmendarlo.

Rolando salió del aula camino a la Dirección.

Luego echaron al profesor del Ministerio de Educación. Y a nosotros, nos hicieron cartas de advertencia, y dos hombres estuvieron por nuestros barrios, indagando con los vecinos.

Luis busca su mochila desesperadamente, no está, pregunta si la vieron, y sigue buscando en los mismos lugares que revisó antes, sabe que no está, pero no quiere reconocerlo, dice que tiene que encontrarla, allí está la insulina. Se sienta y nos mira como si todo se hubiese acabado para él. Ahora tengo deseos de decirle que mi insulina son los libros, las notas que pongo en el diario. Y Luis mira hacia todas partes, ahora también se lanzaría al agua para alcanzar su medicina. Pero se palpa el bolsillo y saca un pomito que había guardado antes de la tormenta, también tiene una jeringuilla, la besa, dice, ojalá que alcance hasta que nos encuentren. Pienso que ya es suficiente. Sin hablar con nadie recojo un remo de los tantos que hay a la deriva y comienzo a remar para alejarme; los otros hacen lo mismo. Nadie sabe exactamente el rumbo que tomamos. No hay preguntas. No nos interesa. La necesidad es huir de aquí, ya no importa si llegamos o regresamos; lo que nos urge en este instante es eso, salvarnos. Y cerramos los ojos, no queremos ver más calamidades, no vinimos a esto, que se vayan los muertos a buscar su paz en el fondo del mar; a veces siento cómo el remo choca, golpea algún cuerpo fofo, hinchado; evito mirar, me repito que ya he visto suficiente. Luis avisa que hay un cuerpo que nos persigue, lo buscamos con la vista y es cierto, está boca abajo y no se separa, avanza a la misma velocidad de la balsa. Manolo reconoce por la ropa que es Julio, sigue amarrado con una soga a la balsa. Dinky se desespera y con un cuchillo corta la soga, el cuerpo se hunde como si alguien lo halara. Inmediatamente sentimos el silbido, nos callamos y encontramos de dónde proviene, es por el lugar donde el Gordo cortó la soga, el cuchillo traspasó la lona y penetró en la cámara; la balsa comienza a inclinarse. Toscano le grita ofensas y lo agarra por el cuello y lo aprieta, el Dinky se defiende, lo empuja y logra apartarlo, pide perdón, dice que fue sin querer, que no pensó que podría suceder. Manolo le indica que vaya para el lado contrario, es el que más pesa y puede virar la balsa; lo hace temblando, con los ojos asustados. La herida del pómulo continúa sangrándole. Buscamos en los restos de balsas que nos circundan una cámara suelta y la amarramos al lado inclinado, la levanta solo un poco, Manolo dice en tono de chiste que si nos llevamos todas esas cámaras para Cuba nos haremos ricos; pero nadie se ríe, permanecemos callados como si no hubiera dicho nada. Volvemos a remar, ahora se avanza con más lentitud, no se hacen comentarios, sólo se escucha el sonido de los remos. Comienzo a pasar las hojas del diario para que el sol las vaya secando. Tengo la enguatada manchada, busco en el bolsillo y recuerdo la vitamina C.

Pasa mucho rato y todavía nos mantenemos remando hasta que creemos desfallecer; entonces alguien sugiere detenernos para descansar, y el resto, con ansiedad y pánico, responde que no. No deseamos pensar. No remar significa tiempo para pensar, padecer la sed que comienza a hacer su estrago.

Tengo la boca reseca y miro hacia todas partes por si hay una balsa a la deriva con algún tanque de agua dentro. Pero no aparece nada. Los labios comienzan a cuartearse.

Pienso en Carlos, quizá lo amarraron a la balsa y pudo resistir la tempestad. Aunque no sé qué es peor en una tormenta, si estar amarrado o suelto. Creo que amarrado es una muerte más segura.

Toscano el negro estaba obsesionado con el cuidado de sus Guerreros y ahora, después de perderlos en la tormenta, se aferra a su resguardo porque es lo único que le queda. Su madre le dijo que mientras permaneciera con él no le sucedería nada. Lo tenía en el fondo del bolsillo ensartado con un alfiler; a cada rato lo toca para asegurarse de que aún está allí. Aunque los demás se burlaran, él continuaría con los consejos de su padrino: "a cada tramo disuelva en el viento un poco de polvo alrededor de la balsa". Era cascarilla con varios palos de monte rayados en un guayo: *abre camino, yo puedo más que tú, siete rayos, vencedor* y otros. Aunque después de la tormenta se mojó y cuando sopla caen pedacitos como de aserrín.

Orula descifró que sus designios eran en tierras lejanas, que sus antepasados habían sufrido mucho desde su llegada como esclavos, que era descendiente de sangre azul, hubo en sus ancestros un príncipe de tribu que prohibió la descendencia hasta el regreso o serían maldecidos; las generaciones siguientes arrastraron el maleficio. Sabía, por sus abuelos, que la suerte nunca rozó a su familia, estaban cubiertos de desgracias, accidentes, enfermedades, muerte; no llegó a conocer a su padre porque murió antes de que él naciera. No recuerda, ni en su niñez, haber sido feliz, siempre fue rechazado por todos y enviado de una escuela a otra por mala conducta. Estuvo vagando hasta que fue llamado por el Servicio Militar Obligatorio. Por su pésima actitud también fue expulsado de varias unidades militares, se pasaba la mayor parte del tiempo en los calabozos. El otro tiempo era preparando la próxima fuga. Al final, una comisión decidió darle baja por trastornos psíquicos.

Vuelve a sentir el resguardo pegado a su pierna derecha. Una ola choca contra la balsa y le lanza agua al rostro. Se pasa la lengua por los labios y se limpia el sabor del salitre.

Al principio me parece una alucinación, quizá por el dolor de cabeza, el hambre, la sed, tanta agonía y ansiedad, todo junto para crear figuras invisibles. Cierro los ojos y me sacudo, temo estar volviéndome loco, pero lo que parecía un dibujo va cambiando de color y se hace nítido, aviso a los otros que un barco se acerca y reaccionan y levantan la cabeza, después se sientan y movemos las manos y gritamos, estamos entusiasmados, queremos subir a algo seguro, sentir que pisamos sobre una superficie sólida. Toscano comienza a agradecerles a los santos. Luis y Dinky se abrazan emocionados y sin querer le lastimo al Gordo el pómulo que de inmediato cubre y protege con su mano.

Al ver la bandera digo que es un barco cubano de pesca, con la idea de que desistan de sus señales de auxilio, y los otros siguen haciendo gestos para que vengan a auxiliarnos; entonces repito que es un barco cubano de pesca que retorna a puerto; pero se hacen los sordos y les pregunto si quieren volver y sin pensarlo mueven la cabeza; ya es bastante experiencia, no tocarán más el agua, lo juran. Miro a Roberto buscando apoyo para hacerlos desistir; pero él también mueve las manos angustiado, se queda mirándome.

–Ésta no es la oportunidad –me asegura–. Nos equivocamos –me da la espalda y sigue haciendo señas.

Manolo busca desesperado una bengala, Dinky le advierte que no insista en buscarlas porque también se perdieron como todo lo demás, pero el otro continúa nervioso la búsqueda, no quiere escuchar al Gordo, dice que si no la encuentra se irán. Y me sorprendo moviendo los brazos, también estoy alegre y confundido. Tengo miedo. Luis asegura que viene hacia nosotros, hasta que nos percatamos de que su intención es no detenerse, que intenta embestirnos. Toscano grita que rememos, y consternados hacemos mover la balsa hasta que la embarcación nos pasa cerca, entre silbidos y gritos de que queremos regresar, y comienza un oleaje que nos recuerda la tormenta, nos sujetamos para no caer al agua, estamos asustados y nos miramos, necesitamos que alguien nos diga qué se hace en estos casos, veo el casco del barco, tiene la pintura caída y el oxido lo corroe, se rema para apartarnos otro poco, volvemos a gritarles que somos emigrados económicos, nunca estuvimos en contra del gobierno; pero no les interesamos, vemos sus rostros risueños asomados en la cubierta y nos hacen señas con el dedo del medio, y no le hacemos caso, Luis grita que somos revolucionarios, comunistas si quieren, pero por favor, escúchennos; y se alejan ante nuestros ojos húmedos por la emoción de pensar que regresaríamos. Dinky grita para pedir que nos tiren un pomo de agua. Lo hace con la voz rajada y termina con un por favor, sólo un poco de agua.

Luego, cuando estamos seguros de que no van a detenerse, de que nos dejarán allí sin importarles qué pueda sucedernos, nos cagamos en sus madres, maricones, Roberto el Turista levanta el remo y golpea con fuerza el aire, quedamos observando el barco hasta que desaparece, a cada rato nos acordamos y la impotencia nos hace volver a ofenderlos y luego nos callamos, se nos va pasando y hablamos de varias cosas que no vienen al caso.

Buscamos los alimentos, la carne está ácida, fermentada, al probarla da picazón en la boca; los cigarros mojados, y nadie puede entender cómo el agua llegó adentro del nylon. Luis amenaza con fumarse la vela porque no es capaz de soportar las ganas de fumar. Estamos un rato mirándonos, pensando qué se puede hacer, sin encontrar otra opción que no sea la de remar, pero de regreso, antes de que se acaben las pocas energías que nos quedan.

−Proseguir es una locura −asegura el Dinky−. Nadie sabe dónde carajo estamos, aunque con seguridad más cerca de Cuba que de la Florida.

Sin ánimos nos ponemos nuevamente en posición y remamos de vuelta a nuestra tierra. Lo hacemos en silencio, creo que por vergüenza: llegar a tierra sería salvar las vidas a medias, porque seguiríamos inconformes; de todas formas ya tenemos muerto un pedazo de nosotros por esas escenas que presenciamos, soportaremos las burlas, y que nos tilden de amarillos, flojos, rajados. Me echo agua salada en la herida, temo que se infecte y entonces, todo estaría perdido para mí. Roberto señala un punto negro que crece con lentitud hacia nuestra dirección.

−Es un apache. El hombre más valiente del mundo −dice Manolo.

Va en un neumático solo, en short, con diecisiete o dieciocho años, sin agua, con una jabita de nylon llena de pan mojado y remando con las manos. Se nos acerca y pregunta si tenemos brújula, le respondemos que sí, pregunta si va bien en el rumbo, volvemos a responderle que sí, entonces pide que lo dejemos descansar sujetándose a nuestra balsa para después seguir. Toscano le propone si quiere regresar con nosotros, y nos mira sorprendido.

−¿Virar?

Muevo la cabeza asintiendo, y él niega con los ojos inmensos como si estuviéramos locos por decirlo.

—Aunque me muera voy a seguir camino. Allá atrás no se me ha perdido nada, nací en el lugar equivocado, lo mío era en el Jackson Memorial Hospital.

Trato de que comprenda que va hacia una muerte segura. Roberto le describe los horrores vistos, aquel cementerio donde los tiburones hacían su fiesta; pero continúa negando con movimientos de cabeza.

—No y no —dice.

Decido quedarme callado y no meterme en lo que no me importa, que se joda, que se jodan todos, me critico por estarle queriendo salvar la vida a otro cuando la mía estoy más cerca de perderla que de salvarla. No digo más nada. Los labios me arden y comienzan a sangrar cuando le paso la mano, con la lengua descubro que se han formado pequeñas grietas. Roberto me advierte que si me paso la lengua será peor. Le miro los suyos y están mejores que los míos pero pronto comenzarán a sangrar también. Los otros están por el mismo estilo. Estamos jodidos, digo en voz baja, pero los otros me escuchan y me dicen que hay que seguir, que tenemos que avanzar hasta la última gota de energía.

Al rato el muchacho avisa que ya es bastante, esta vez nos mantenemos en silencio, creo que lo aceptaríamos sobre la balsa con tal de que no siga, proseguir era un suicidio, y se despide para continuar con sus brazadas hasta perdérsenos de vista.

—Ese hombre se puede dar por muerto —asegura el Dinky—, en la primera tempestad el mar se lo tragará de un bocado.

De todas formas nos molesta o humilla tanta valentía en un solo hombre. Toscano dice que seguramente el muchacho lo que tiene es miedo, terror de regresar por alguna represalia.

Me pregunto qué cantidad de odio acumulado hay que tener para que se accione ese mecanismo, ese resorte que incita a escapar y dejarlo todo, que nada, ni terminar en las profundidades del mar o dentro del estómago de un tiburón, pueda persuadirte y espantar la locura, ¿cuáles y cuántos traumas tendrá acumulados?

Roberto dice que el muchacho le recuerda el velorio de uno de los abogados más famosos de La Habana, Aramís Taboada, quien después de un proceso de soborno cumplía prisión, y los gritos de la esposa, que no aceptaba aquella muerte misteriosa. Ella levantaba a su hijo de ocho años para que mirara el cadáver de su padre y no lo olvidara nunca, porque algún día, le gritaba, tendría que vengarlo, y le pedía al niño que jurara, y él lo hacía por disciplina entre el pánico y los sollozos. Ahora viven en Miami, tal vez algún día llegue a ser un político extremista al que también tendrán que escucharle sus discursos, o dirigirá un grupo terrorista.

Continuamos remando varias horas hasta que perdemos la noción del tiempo. Quedamos sumidos en un profundo silencio. Ya hartos de tanto mar y del agotamiento, soltamos los remos para acostarnos, la tarde ha caído y cerramos los ojos. Me pongo de almohada una bota de Julio el Cadete que había amarrado por los cordones a uno de los maderos, miro el lugar donde venía sentado Pablito el Polizón. Memorizo y nadie los ha mencionado después que desaparecieron en la tormenta, quizá porque hemos evitado hacer comentarios; me estremece pensar en las madres, en sus velas encendidas para que sus muertos y guías protectores los acompañen por el buen camino y los protejan de los malos ojos y de los espíritus malignos. Pablito había forzado su suerte, nunca debió subirse a esta balsa ajena, con suerte ajena, con otro destino donde no estuvo incluido.

Por la noche Luis avisa de otro barco y nos parece que sí, que lo estamos viendo, pero a veces se nos pierde, y miramos tanto en la oscuridad que cada vez vemos menos, a veces podía asegurar que una luz daba señalizaciones. Toscano cree ver el muro del malecón y Manolo dice que es verdad, ve el hotel Habana Libre, y seguimos remando, hasta que pasa un rato y ya no hay nada, y comprendemos que son alucinaciones y volvemos a cerrar los ojos para esperar que amanezca.

Dinky pide que lo atiendan, dice que la resaca no deja que avancemos y nos sacará cada vez más y nos vamos a deshidratar en medio del camino sin llegar a un lado ni a otro; la solución es que él lo intente sólo en una cámara, lo iba a lograr, había sido salvavidas durante muchos años y tenía el entrenamiento físico.

—¿Estás loco? —dice Roberto mientras se le acerca—, no vas a poder llegar.

—Haré la prueba, creo que podré hacerlo porque estamos cerca, aunque aún no sé de qué ni de quién.

Mira al horizonte, pero regresa la vista sobre Roberto.

—Además, ¿qué otra alternativa queda? —dice, y el silencio que sigue nos sobrecoge.

Avisará a los Guardacostas para que vengan a recogernos. Preparamos la cámara que estaba amarrada a la que él había cortado y la balsa vuelve a ladearse, nos alejamos de esa esquina, nos arrinconamos en el lado contrario, y ayudamos al Dinky a sentarse en el medio de la cámara, maniobra harto difícil por su inmenso corpachón; estoy tan cerca de él que puedo sentir su respiración, su aliento y el olor ácido del sudor. Me le acerco. Quiero verle sus ojos. Aunque sea imposible por la oscuridad, pero al menos imaginármelos. Y siento su mirada fija en cada parte de nosotros como si supiera que nunca más volverá a vernos. Entonces me le pego.

—¿Estás seguro que deseas hacer esto?

—¿Acaso se te ocurre otra cosa?

Y no puedo contestar, sólo quedo en silencio y mirándole a los ojos.

—Recuerda, no te pases la mano por el pómulo —le digo—, se te puede embarrar de sangre y luego llevarla al agua y provoques a los tiburones y salgan a buscar el rastro.

Entonces, como si fuera un detalle que se le había olvidado, se asusta, mira hacia todos lados intentando buscar ayuda; pero sabe que ya es tarde, nadie se prestará para bajarlo de la cámara porque desde hacía unos minutos, se había convertido en la única posibilidad de que sobreviviera el grupo.

Traga en seco y esquiva la conversación y con el pie se impulsa para separarse de la balsa. Quiero estirar el brazo para alcanzarlo pero con seguridad los demás no me lo permitirán, la realidad es que no hay otra alternativa. Escucho el chapoteo de sus brazos en el agua y el sonido se pierde en la oscuridad que parece una gran boca que nos traga para iniciar un viaje al estómago de este gran monstruo vivo, el más grande que ha creado la naturaleza: siento su respiración, su jadeo, el hambre insaciable que no merma por muchas balsas que absorba. Ya no se perciben los golpes de la cámara sobre el agua, sólo un largo silencio. Es duro luchar contra algo invencible, a lo que ni siquiera se le pueden ripostar los golpes.

Después de permanecer un rato callado Manolo interrumpe:

—En Angola fue más fácil. Estuve en muchos campos minados, pero jamás sentí el miedo que tengo ahora.

Todos lo miramos. Percibimos el temblor con que salen sus palabras. Nos parece que tiene más miedo que los demás. Insiste que prefiere estar en medio de un combate que aquí, porque en la guerra las cosas se pueden ver con astucia y sagacidad; dependía del grado de preparación y el talento de cada uno. Aquí es distinto, todo depende de algo que no se ve, que no se espera, y no hay nada que se pueda hacer para evitarlo. Y se pasa la mano por la cabeza varias veces.

—Si el mar tuviese minas, yo les garantizaba la vida —nos dice, y permanece un rato sin quitar la vista del lugar por donde el Dinky desapareció.

—Siempre hemos estado asociados a la muerte —asegura Roberto—: desde que asomas por primera vez a una escuela primaria te anuncian una posible agresión del imperialismo yanqui y muestran fotos e imágenes de archivos de ataques aéreos, infiltraciones, desembarcos, explosiones y espionaje; asistes a clases de preparación militar, te enseñan a marchar, a subsistir en situaciones difíciles, te hacen practicar las evacuaciones y cuando suenan las sirenas sales corriendo como si las bombas o el ataque químico fueran un hecho real, y entras a los refugios que cavaron por la ciudad y la humedad de esos huecos te provoca corisa y falta de aire –dice y se acuesta sobre la balsa–. Te adaptas a pensar que en cualquier momento te caerá una bomba en la cabeza o un balcón de los edificios antiguos de la ciudad, y como es tan difícil vivir en estado de alerta y permanecer preocupados por algo que nunca parece llegar, te acostumbras y ni siquiera piensas en el peligro, aprendes a convivir con él y, al final, lo ignoras.

Para un cubano, la visita de la muerte llega por primera vez a los diecisiete años –prosigue Manolo–, con el Servicio Militar, en el que eliges la misión internacionalista para restar un año de permanencia en el Ejército, o por el orgullo de la familia de tener un pariente en alguna guerra lejana; después, si regresas de burlar la muerte cotidiana, la vuelves a encontrar sentada en muchas puertas cubanas, allí están los amigos, sin otra alternativa que echarse al mar, extendiéndote la invitación para que los acompañes; si a todo esto le sumas que la variante de emigrar puede significar salvar el pellejo, que la posible guerra: civil o contra los yanquis, gane quien gane, no te sorprenda dentro de esta Isla en la que no tienes para dónde correr a protegerte, después de tantos eslabones, descubres que la cadena no tiene extremos, es un círculo vicioso que podrías repetir decenas de veces y trillar el camino, hacerte un gran delincuente que conoce muchas estaciones de policías y prisiones –lo dice con rabia–. Entonces cómo no llegar a la determinación de que el único camino posible es el mar, el mismo espacio que habito ahora, antes tan anhelado y ahora tan temido y repudiado. Desconfío de este aparente aburrimiento que nos rodea, de esta monotonía de hechos irrelevantes, que somos dichosos por habernos salvado.

Nos quedamos en silencio.

El ardor de los labios se ha convertido en dolor y va tomando intensidad. Las fuerzas comienzan a faltar y ningún pensamiento por positivo que sea nos anima. Hace casi veinticuatro horas que no orino. El miedo se alió a la travesía desde el primer momento en que decidimos cometer esta locura. Me prometo que si de ésta logro salvar mi vida, no dejaré que nadie cometa el error de lanzarse al mar en balsa. Rezo a todos los santos, porque ahora no se sabe cuál de ellos extenderá su mano salvadora y nos guíe hasta tierra firme, y así poder quitarme estas ganas de saltar y correr sobre algo sólido que me sostenga el cuerpo sin temor a perder el equilibrio. Deseo pedirle a Toscano que vuelva a soplar su cascarilla, que me perdone las burlas, que les rece a sus Guerreros aunque estén en el fondo del mar, si son buenos guardianes como él dice, aún deben ser fieles y protegerlo; cualquier cosa con tal de que nos saque de esta situación. Pero no digo nada, prefiero quedarme callado tragándome el miedo, los gritos y las lágrimas, saber que sólo yo estoy consciente de ser un pendejo; además, sé que la tormenta, al llevarse la cascarilla, nos dejó desprovistos de toda protección. Y me vuelvo a preguntar qué hacía Martí en la playa, qué quiso decirme y yo no capté.

Es tanto el silencio, la espera, que a veces movemos la cabeza con rapidez como buscando algo a nuestras espaldas, aguzamos el oído porque nos parece haber escuchado una voz, una conversación, quizá un rezo, un murmullo, apenas una señal de que estamos cerca de algún ser vivo, de que no terminaré en el fondo de este océano, pero sólo percibimos nuevamente el silencio, perenne compañero de esta expedición. Miro a mi alrededor, a estos hombres tan inútiles; somos un grupo de miedosos, cobardes que lloriquean por sus vidas, que no quieren otra cosa que no sea sobrevivir, renunciar a la idea de cruzar noventa millas sobre esta balsa que se asemeja a una caja de fósforos. Me arrepiento por haber abandonado la oportunidad de permanecer con los pies en tierra y sentir a mi madre despertándome en las mañanas con caricias y un vaso de leche caliente; en estos momentos quiero esas cosas en las que, desde mi nacimiento, nunca reparé por su rutina y que ahora extraño. Me nace el deseo de regresar, de recuperar las costumbres de siempre, no quiero cambiar nada, no me importaría que la situación social y política del país empeore, juro que no le haré caso a esa sensación, que llega a la paranoia, de constante vigilancia sobre mi persona; juro que ni siquiera apagaré el televisor cuando algo no me guste, no diré injurias sobre el sistema, tampoco de la radio, mantendré las puertas cerradas para tampoco escuchar las quejas de la casa vecina; juro que les sonreiré a los policías cuando me miren con mala cara, le daré los buenos días al Jefe de Sector cuando se me acerque.

—¿Cuándo conseguirás trabajo? O te apuras en resolverlo o te aplico la peligrosidad.

Moveré la cabeza asintiendo, responderé que pronto, tengo un pariente que me lo está gestionando, no se preocupe, jefe, y contestará, como siempre, que sí se preocupa, que ése es su trabajo y para eso le pagan, y mantendré la sonrisa afable, tonta, ingenua, y me dará la espalda para dejarme atemorizado por la amenaza de esos cuatro años en una prisión recóndita trabajando por todo el tiempo que no lo he hecho.

La noche es fría y la neblina nos cubre como una sábana empercudida. La humedad nos afloja los pellejos de los labios y se despegan después de que el calor del sol nos los quemara, pero no se deben de halar porque se abriría una herida. Lo más natural para nuestro tiempo, es que cuando oscurece se enciendan luces, pero nadie a nuestro alrededor ha prendido ni siquiera una vela. Los faroles de los autos tampoco han tirado su reflejo contra la ventana, según recordaba en la niñez, y nos poníamos a inventar figuras que se movían dentro de la habitación. Tampoco escuchamos el sonido de sus claxon. Ni las fichas del juego de dominó plantado en la esquina por los viejos de siempre. Los niños, luego de varios llamados de sus madres, no guardan las carriolas anhelando que vuelva a amanecer para proseguir el juego. No entienden para qué se inventó la noche, el sueño, los días entre semanas, la escuela y sus asignaturas. Sólo quieren que la vida sea un eterno fin de semana, y que los padres de los amigos no decidan permutar, menos irse a otro país. Nada de eso ha ocurrido esta noche, sólo ha llegado, extraña, ajena, distinta.

Ya ha transcurrido una hora de la salida del Dinky, cuando sentimos varios gritos; al principio miro a los otros esperando alguna reacción por si son imaginaciones mías y no me digan pendejo y se rían; pero enseguida los otros levantan la cabeza buscando la dirección de las voces. Pronuncian nuestros nombres y nos percatamos de que es Dinky llamándonos. Pide auxilio, que lo ayuden, que se ahoga, increíblemente quedamos inmóviles, como si no escucháramos. Pregunto qué pasa, y en sus respuestas descubro que tienen tanto miedo como yo: temen ver al Dinky faltándole un brazo o una pierna; de esa manera no serviría, sería alargar una vida por gusto. Entonces descubro que todos estaban conscientes del peligro de la sangre que le brotaba del pómulo.

—Recuerden que por inútil picó la cámara —dice Luis—. Mejor es dejar que se ahogue y descanse. De todas formas, que podemos ofrecerle.

Siguen sus gritos desesperados, clamando por nosotros.

—Quizá no tiene nada. Su voz es fuerte todavía —digo—. Recuerden también que nos hará falta para remar.

—Ganamos más quitándonos ese peso corporal que su fuerza para remar.

—Mejor nos acercamos y, si está mordido, nos vamos sin recogerlo —digo como si no hubiese escuchado las palabras de Luis.

Nadie se opone, hasta que alguien mueve un remo, dos remos, cuatro, lo hacemos como si no quisiéramos llegar. Remamos guiándonos por su voz hasta que respondemos:

—Sí, somos nosotros, ¿qué te pasa?

Está llorando de frío o de miedo, a veces se ríe, supongo que sea por la alegría de encontrarnos, no sabe explicar cuando le preguntamos por qué llora. Las palabras no se entienden por el temblor de la mandíbula.

Le pedimos que nos cuente qué pasó, pero se niega, quiere que nos acerquemos, insistimos en que nos cuente y dice que a la cámara se le escapó el aire hasta que se hundió.

—¿Te ha mordido algún pez?

—No. Mejor no hablen más mierda y acaben de acercarse antes de que eso me suceda de verdad.

Pienso en lo bueno que sería tener una linterna; en la dificultad de hablar con otro sin poder ver las expresiones de su rostro, los movimientos de su boca; por eso descubro que soy un poco sordo, no me había percatado de que necesito estar muy cerca del que habla o ver el movimiento de los labios para entender. Permanecemos en silencio, sin saber qué hacer, hasta que alguien vuelve a mover un remo.

—Antes de subirlo hay que examinarlo —aconseja Manolo—, cerciorarnos de que no está mordido.

—¿Por qué no botas ese farol inútil? —me dice Toscano molesto—. Me enferma verte cargando con ese pedazo de chatarra.

No digo nada. No quiero compararlo con sus Guerreros que eran otros trozos de hierro inútiles. Prefiero persistir en el intento de ubicación a través de la voz. Se nos hace difícil pegarnos, porque las corrientes nos llevan por direcciones distintas, insistimos hasta que casi lo tenemos al alcance de nuestros remos.

—Levanta los brazos —le dice Toscano pero él no entiende—. Que levantes los brazos para nosotros verlos —repite.

Pero con la oscuridad no podría vérselos ni él mismo.

—Golpea fuerte el agua —le pide Roberto.

Y lo hace molesto, escuchamos el chapoteo desesperado de sus brazos en el agua y hacemos el esfuerzo final por acercarnos. Roberto intenta persuadirlo de que no se desespere y quiera subir a la balsa por el lado ladeado, te ayudaremos. Y lo primero que hace es lanzarse sobre un costado de la balsa, precisamente por la parte que le falta una cámara, y la hala tan violentamente que perdemos el equilibrio y nos vamos levantando, como si se repitiera la tormenta, hasta caer al agua fría que tanto tememos por las historias de tiburones. La frialdad del agua me sube hasta el pecho y luego hasta la cabeza, me sumerjo, el peso de mi cuerpo es el lastre, y muevo los brazos y las piernas con rapidez para detener la caída y subir a flote como Pipín y Déborah Andollo en sus competiciones de inmersión; temo que el oxígeno de mis pulmones no me alcance para ascender a la superficie y en la desesperación pierda fuerzas y todo se vuelva como un sueño que me abre los brazos y me acoge y confunde con un pez; le temo a la oscuridad y recuerdo a Rey y su cobardía y a Willy avergonzado por tener un padre pendejo. Abro los ojos y no puedo distinguir nada y el frío me entra al interior de los párpados y siento que se me hielan y vuelvo a cerrarlos, continúo pateando y dando brazadas para ascender a la superficie, quiero gritar, llorar, abrazar a mi madre, decirle que tengo miedo, frío, que me duerma en el sillón y luego me acueste en la cama sin enterarme y se quede conmigo, sentir el calor de su mano acariciando mis piernas, mis hombros; pero todo parece insuficiente, el cuerpo se me cansa o me congelo, una paz me asalta, dejo de escuchar las burbujas cuando salen del oído. Me parece que es el final. Hasta aquí llego. Ahora no sé en cuál dirección está la superficie, pero increíblemente ya no me importa. Todo me deja de interesar. Abro los brazos y me dejo llevar por el capricho de las corrientes marinas. Y una luz cambia el color del agua, veo mis manos, miro a todas partes hasta que descubro que el farol que cuelga de mi cintura está encendido, otra vez irradia esa luz diferente, y localizo la superficie, veo los pies de alguien que patea. Y comienzo el ascenso. Me surge una fuerza de algún lugar escondido y que yo ignoraba. Cuando pensé que nunca llegaría logro sacar la cabeza del agua y respiro ansioso, abro la boca para obtener la mayor bocanada de oxígeno, mis pulmones se han quedado sin reservas y temo volver a hundirme con ellos vacíos, muerdo y trago, mi cuerpo vuelve a hundirse, pero esta vez logro salir de inmediato y permanecer a flote, busco a los otros que también se quejan del frío, gritan auxilio, dan zarpazos con los brazos sobre el agua buscando la balsa. El farol aún cuelga de mi cintura pero está apagado. Grito que para dónde fue la balsa, no la encontramos, la hemos perdido, ahora sí que se nos acabaron las oportunidades, estoy llorando inconsolablemente, todos lo hacen, ¿qué tiempo podremos permanecer flotando, sin que un tiburón nos moleste? No sé qué hacer, hacia dónde nadar. Presiento que es el final. Roberto dice que aún está amarrado a la balsa, y la hala y grita que la tocó, y no entendemos, nuestras mentes no coordinan ideas, luego dice que la tiene sujeta, y comprendo que se trata de la balsa, y una alegría infinita me hace nadar en dirección a la voz pero el espacio me parece interminable, sé que cada minuto que permanezca dentro del agua aumenta la posibilidad de que lleguen los tiburones, que en la noche será imposible verlos acercarse, aunque estar consciente de su proximidad tampoco ayudaría de mucho. Siento la voz del Turista a mi lado, estiro la mano para tocarlo y palpo la balsa, me sorprendo y tengo deseos de besarla, amarla, acariciarla y de tener un orgasmo sobre ella, sus cámaras hinchadas de aire que confundiría con los muslos de mi novia. Roberto dice que está virada. Rápidamente logramos ponerla boca arriba y subirnos.

Revisamos y se han perdido las pocas cosas que salvamos en la tormenta, nos quedamos sin mochilas, ni brújula, el cuchillo, pérdidas irreparables; pero recuerdo el cuchillo del Turista y miro su cintura y aún está allí. Busco mi farol, lo examino, lo sacudo para sacarle restos de agua.

—Por poco nos jodemos —dice Roberto.

Miro al Gordo casi con odio, con deseos de volver a lanzarlo al mar y dejarlo allí, en aquella muerte perra que estoy convencido que él merece. Nos abrazamos buscando calor, apenas una brizna de calor humano que nos asegure que estamos vivos, de que aún por nuestras venas corre sangre, que no se ha helado ni sucederá, que Dios está de nuestra parte, que éstas no son más que pruebas para que sepamos apreciar la posibilidad de llegar. El Dinky está llorando y nadie lo consuela. Todos tenemos deseos de llorar también y soportamos apretando el culo y aguantando la respiración, como hacen los hombres cuando saben que hay que joderse. Luis le dice que parece una lechona llorando, que por lo menos sea hombrecito una vez en su vida; pero el Gordo sigue gimiendo. A veces siento compasión por ver un hombre tan grande y fuerte en esas condiciones, otras veces no me da lástima y lo que deseo es golpearlo por todo el daño que nos ha hecho.

Continuamos remando para aprovechar el rumbo que llevamos y evitar alguna corriente que nos saque al golfo y aleje la posibilidad de que nos rescaten. Los remos se mueven sin ánimo, a Dinky se le cierran los ojos por el sueño y el cansancio. Luis comienza a ofenderlo, le grita Gordo inútil, pareces una vieja que no puede ni con su alma y él lo ignora porque realmente no tiene fuerzas ni para discutir; Toscano le dice que se eche para atrás para poder mover los pies mientras rema. Y el Gordo se traslada y antes de llegar, Luis lo empuja cuando pasa por su lado y el Dinky pierde el equilibrio y cae de espaldas sobre la balsa, que la hace saltar violentamente al igual que nosotros, y estamos asustados de nuevo, agarrándonos a lo que podemos por el temor de que vuelva a virarse. El Gordo no se ha quejado, se queda allí dormido. Levantamos los remos y nos acomodados para dormir también. La luna se pega a nuestros párpados como una lámpara de interrogatorio a la que llegamos a acostumbrarnos y a querer, por ser lo único que nos brinda un poco de luz, en medio de esta inmensa cueva cuya salida no acabamos de descubrir. El rocío nos humedece el cuerpo y el pelo, a veces me paso la lengua por los labios y los brazos para saciar la sed. Pienso que la suerte no me acompaña, que quizá sea por culpa mía que los otros estén sufriendo. No quiero pensar más, mejor me duermo y me olvido de la sensación del contacto del agua fría con mi piel, creo que no podría volver a soportarlo, si volviera a ocurrir moriría de un infarto masivo antes de llegar al agua.

Siento sobre la piel el intenso calor del día que contrasta con el frío que aún duerme en nuestros huesos y que no pudimos espantar en toda la noche y me despierto sobresaltado, miro hacia todos lados asegurándome de que estoy vivo y que podré sobrevivir.

El amanecer no provoca ninguna alegría, pronto estará el sol con su implacable resplandor y nos hará quemaduras. Tengo los labios en carne viva y el dolor es intenso. Tenemos hambre pero nadie lo menciona. Dinky sigue durmiendo y Toscano lo llama para que reme; pero el Gordo no se mueve, duerme con placer y exhibe una sonrisa. Luis no está conforme y se lanza sobre él, y la balsa se inclina con rapidez y nos sujetamos, le coge los pies y con mucha dificultad los saca al agua.

–Lo voy a tirar para el agua –nos dice–, para qué hace falta una vieja gorda que todo lo hace mal.

–Estate tranquilo Luis –le grita Manolo y lo sujeta.

Pero Luis empuja a Manolo que cae de espalda encima del Dinky, y con rapidez el Zapa se levanta y le riposta con un puñetazo que le hace retroceder, y un pie de Luis se le enreda con el remo y pierde el equilibrio y cae al agua como un saco de escombros y salpica y la balsa se mueve con violencia y pensamos que otra vez se virará. El Gordo grita desde sus sueños porque piensa que va a caer. Me sujeto de la balsa como si fuera del útero de mi madre, no quiero mojarme, la idea me aterra, Luis se ha hundido y reaparece con rapidez gritando de susto, por la expresión de su rostro sabemos que al percibir el agua fría es como si le entrara corriente de alto voltaje en su cuerpo, dice ofensas e intenta acercarse a la embarcación. Manolo coge un remo para golpearlo en la cabeza y Luis retrocede, huye, se detiene alejado de la balsa. Roberto advierte que pueden volver a virarla.

–Recuerden que es la hora de desayuno de los tiburones –advierte el Negro–. Apúrate en decidir porque ahorita le darán un halón hacia abajo y no volveremos a verlo completo.

Manolo hace un recorrido por la superficie buscando aletas. Luis también mira nervioso a su alrededor, a veces mete la cabeza debajo del agua para mirar y cerciorarse de que no se acerca ningún peligro, siento cómo le suenan los dientes por el frío y el miedo; dice algo que no se le entiende, creo que pide que lo dejen subir:

—No quiero morirme.

—Estás en el lugar equivocado. Te hice lo mismo que querías hacer con el Gordo —le recuerda Manolo—. Ahora te vas a joder porque nosotros nos vamos sin ti.

Toscano está asustado y mira al Zapa:

—Se está acabando el tiempo de la suerte —le advierte.

Todos estamos nerviosos y miramos también a Manolo tratando de interceder.

—No queremos seguir perdiendo personas y delante de nosotros menos —le digo—, ya estamos hartos de muertes, ya cumplimos la cuota asignada para balseros.

—Que se joda —dice Manolo con determinación.

—De todas formas, se va a morir pronto —le recuerda Toscano—. Cuando se le acabe el poquito de insulina que le queda se va del juego.

Luis comienza a gimotear, explica que se va a estar tranquilo y va a hacer lo que ellos quieran, que en realidad no iba a tirar al Dinky, que somos del barrio, algunos nos hemos criado juntos, sólo quería asustarlo para que remara por el bien de todos, pero por favor, no me dejen más tiempo aquí. Toscano toca a Manolo por el brazo, yo lo toco por una pierna y hago gestos con la mano con la intención de que se aplaque. Entonces Manolo baja el remo y se sienta y Luis el Carne aprovecha y se acerca, pero temeroso, vigilándolo. Se sube con cautela y se sienta en la esquina más alejada del Zapa, se quita la camisa y el pantalón, luego los estira para que se sequen.

La balsa está un rato moviéndose a la deriva. Todos permanecemos pensativos, mirando al cielo con la vista fija, sin saber qué hacer. Digo, por decir algo, que hay que remar pero ni yo mismo puedo levantar el remo. Tengo calentura y tiemblo. La sed me angustia y me altera más. Al Dinky no se le cierra la herida. Está dormido y comienza a delirar, llama a sus hijos como si fueran a salvarlo, después pide agua. Toscano el Negro comenta que estamos en la cuarentena, que esa fiebre la pasan todos los balseros y que se debe a la humedad de la noche y a las enguatadas mojadas que llevamos puestas, y luego el sol constante sobre nosotros. A Manolo se le pegan los labios cuando habla. No sé si seguimos con sueño o queremos dormir para que el tiempo pase con rapidez. Nos juntamos para hacer un amasijo de carne, porque el calor del otro es lo único que nos quita un poco los temblores. Y nadie recuerda la frase de que el calor de los hombres hincha, y si la pensaron no les importa. Nos dormimos. Es un sueño lento, de esos en los que parece que el tiempo se ha detenido en un instante y has sido condenado a vivirlo eternamente. Damos vueltas, me dan patadas que devuelvo con fuerza hasta sentir un quejido de dolor ajeno que alivia el mío. Pasamos muchas horas sumidos en el sueño. No queremos abrir los ojos y encontrarnos sobre esta balsa con nuestras miserias. Preferimos seguir durmiendo.

Tengo el cuerpo sudoroso y la incomodidad me hace sentarme en la balsa. Me sorprende que hayamos estado tantas horas dormidos, así estuvimos todo el día de ayer y la noche y ha vuelto a amanecer. En mi pequeño espacio me bajo el pantalón y corrijo, boto flema verde. Ahora nadie se queja como las otras veces en que se prefería no respirar, mirar hacia otro lado para no ver las caras sudorosas, apretadas de pujar, y los cojones colgando. Meto la mano en el agua y me lavo, me arde pero prefiero tener el culo irritado y no sucio. A veces vuelvo a dormirme pero por intervalos me despierto. El sol se hace intenso y los otros se despiertan sudorosos también y con más sed. Una sed que se hace insoportable. Extrañamente, recobro el ánimo perdido en las últimas horas por presenciar un día más, que mi vida se alargue aunque sea por otro día, a pesar de que aún no conservo todas las esperanzas de que viviré para contarlo; despierto a los que aún duermen y se palpan el rostro para convencerse de que no están muertos. El Negro hace un chiste y Manolo se ríe. Dinky, descaradamente, hace otro como si ya hubiese olvidado el terror que lo asedió anteanoche, y todo lo que nos hizo sufrir y con las manos toma pequeños sorbos de agua salada. Asegura que no puede soportar la sed. Roberto le dice que eso es peor; pero el Gordo continúa como si no lo escuchara. Luis lo mira con rencor pero no dice nada. Lo cierto es que la balsa continúa al pairo, una deriva sin destino garantizado. Creo que en estos momentos a nadie le importa mucho. Desde hace rato no levantamos la vista buscando tierra. Sólo vivimos el instante del presente. Creo que eso nos basta por ahora.

Una vez más comenzamos a remar, esta vez más fuerte, y a pesar de comprender que es inútil, insistimos, como una manía incontrolable. Unos hombres que mueren no se resignan a que suceda sin hacer nada por evitarlo. Al menos supongo que esa es la razón que nos alienta. Es como si allá en el fondo, una ínfima brasa tomara fuerza.

El dolor de cabeza se me intensifica, será por el sol aunque tengo la herida tapada con un trapo. Levantamos los remos con poca fuerza, sin ganas, lo hacemos por inercia. Dinky vomita bilis y recuerdo la flema que corregí en la mañana. Me huelo la mano con la que me eché agua y siento la peste aún impregnada, quizá debajo de las uñas. Dinky abre la boca y sale un ruido que me recuerda a un hipopótamo, parece que escupirá su estómago y los dientes y la vida, pero solo suelta ese líquido viscoso que casi se niega a salir, y cuando lo hace se estira igual que un elástico que se pega a su barbilla y luego a su ropa. Nadie le hace caso. Sólo lo observamos como algo tan normal, por estos minutos, como perder la existencia.

Las olas nos devuelven como si estuvieran conscientes y fueran cómplices del gobierno que, desde que tenemos uso de razón, repite que quien abandone el país es considerado un traidor a su patria y a su gente. Cosa que me duele porque a pesar de haberlo hecho, estoy seguro de que siempre seré incapaz de hacer algo en contra de la Revolución; en principio porque me considero un anarquista; la política y sus funcionarios me parecen la gran mierda, y si me presionan un poco --pues alguien dijo que el anarquismo no existía, se considera imposible que un ser humano que razone, aunque sea con el mínimo, lo pueda ejercer, y en última instancia, también la anarquía era una posición política--, entonces, en ese caso, me quedo como un socialdemócrata.

En el fondo, y no se lo he dicho a nadie, me siento un revolucionario con muchas dudas y pocas cosas materiales, sabiendo también que eso no es todo y que es una gran contradicción; pero es que los sueños, de cierto modo, se convierten en cosas materiales desde el momento mismo en que se quieren hacer realidad. Claro que temo equivocarme y apostar por algo que la historia no me perdonará y que mis nietos ocultarían a sus amigos por considerar que había traicionado lo más bello que el hombre quiso construir, por no entender las imperfecciones lógicas de los humanos, sus errores: escapó hacia una vida mejor, tuvo un estudio con computadora y un printer láser maravilloso, un televisor con muchos canales y un video para repasar las películas que más le gustaron, un auto moderno, quizá una casa con piscina, y tantas otras mierdas, sin llegar a contar que pude gritar mi punto de vista sin temor, que escribí sin que el subconsciente me presionara para que baje la parada y no critique, me burle o ironice con las ideas y el proceder del gobierno. Cuando levante el teléfono no tendré paranoia, pues siempre pensé que alguien espiaba. No forraré los libros prohibidos para ocultar el título y el nombre del autor. En las votaciones electorales no tendré la mirada acusadora de la oficialidad por no seguirles el juego. No viviré con la zozobra que alguien tocará a la puerta, me enseñará un carné y una orden judicial y se llevarán mi computadora sin dejarme salvar mis libros inéditos. Eso me aterraba. En caso de que sucediera estaba dispuesto a dejar que me mataran pero defendiendo mis historias, que siento un pedazo de mí.

Cierta vez perdí el original de un cuento inédito hecho en máquina de escribir, en ese entonces aún no se usaba en Cuba la computadora, y no tenía ni siquiera un borrador, y busqué papel por papel, rincón por rincón, hasta en el más ínfimo espacio. A veces despertaba en la madrugada y en mi desesperación pensaba en algún lugar que quizá no hubiera buscado, lo había pasado por alto, y encendía las luces y buscaba nuevamente en el resto de la casa. Así sucedió por más de un año sin que mermara mi obsesión por encontrarlo; hasta que un día me decidí, porque el temor de superarme a mi mismo, hacerlo igual o mejor que el perdido, era una labor aterradora. Y lo escribí porque estaba consciente de que esa agonía iba a padecerla mientras durara la pérdida, lo que sería por siempre. Pensaba en Hemingway y en Carpentier que habían perdido en algún momento de su vida algunos manuscritos. Sólo de pensarlo me asusta.

Así y todo temo que dentro de cien años digan que fui un intelectual que no expresó la Revolución, al menos como ellos querían; quizá le temo a los jueces de la posteridad. Puede que los futuros gobiernos sean peores que el actual, pero eso tampoco es razón para dejar de repudiarlo; si así fuera, y la Isla arrastraría por siempre la maldición de los presidentes caudillos, entonces seré un eterno conflicto para el poder que esté de turno.

En realidad mis sueños, anhelos y propósitos, en resumen, lo que me empuja a dar el brinco, es que simplemente quiero tener oportunidades, desde lo más profundo de mi espiritualidad hasta lo más superficial. Poder disponer de mi vida cada día sin que los medios de difusión me contaminen la decisión, cansado de leer en los periódicos la próxima tarea que de alguna manera estoy obligado a realizar, que en los spot televisivos te dicen cada paso que realizarás como si fueras un bebé que hay que enseñar a caminar, y que cuidan para que no se lastime, porque papá siempre quiere lo mejor para el nene. Quiero tener algún día la posibilidad de elegir un presidente entre tantos, casi con la certeza de que en unos sufragios multipartidistas, votaría por el mismo hombre que me hacía abandonar la Isla a mí y a la casi totalidad de mi familia, para unirnos a la minoría de Miami a la que realmente no le importa qué se hace en Cuba, con qué sacrificios se ha sobrevivido, ni los matices de las ideas o los proyectos en que se trabajan; no, lo único que les importa es ejercer su mandato, sus ideas, crear otro poder, tan parecido a este que ahora detestamos. Y vuelvo al comienzo, no creo en los que dejo ni en los que me reciben. Los tan conocidos extremos que se dan la mano.

En la Isla, al menos, nos convertimos en un pueblo de una sola clase, sin ricos ni pobres, los humildes, una masa amorfa y empercudida sin jabones, cariados por la falta de pasta dental y con los huesos deshechos por la escasa alimentación. Allá, nos convertimos en la misma masa, quizá limpia, pero donde debemos pagar hasta el aire que respiramos.

Me pregunto constantemente qué hizo esta Isla para merecer tanto castigo, cuándo va a detenerse esta historia de sacrificios desde los tiempos de la conquista. Debo creerle a Rosita, mi vecina, que desde la hora del desayuno grita que este castigo es de Dios porque lo echamos a un lado en el cincuenta y nueve, para adorar a otro hombre como a él. Y así se mantiene repitiendo su cantaleta a la hora del almuerzo y la comida y antes de acostarse, cuando no tiene el vaso de leche que religiosamente se tomó por generaciones en su familia y ahora le exige su estómago. Pero nunca quise creerle eso porque entonces qué justificación tienen el hambre y la emigración que ha padecido esta Isla desde que Cristóbal Colón se asomó a ella. Entonces habrá que cagarse en la madre de nuestros presidentes desde Guáimaro hasta nuestros días.

Y remamos como si fuéramos autómatas. Ya no pensamos. ¿Para qué? no tiene lógica hacerlo. Al principio nos aburriríamos; después comenzaríamos a discutir, echarnos la culpa unos a otros por considerarnos culpables de esta desgracia. Al final, terminaríamos comiéndonos unos a otros. Y a eso le tememos. Hemos comenzado a mirarnos con recelo. Nos aterra que otro se nos acerque. Ya no queremos que nadie nos haga un favor. Preferimos verlos lejos, la mayor cantidad de centímetros posibles.

Aunque no quiera que lo descubran, Roberto Pérez, el Turista, mira aún desconfiado, sabe que no significa nada para esas personas que lo rodean en la balsa, simplemente es un extraño, un tipo ajeno que les cayó de casualidad, alguien que les impusieron. Supone que esos hombres que lo acompañan si tuvieran la oportunidad de comérselo para salvar sus vidas lo harían sin ningún tipo de remordimiento. Confía en que lo único que puede salvarlo es el cuchillo comando que guarda en la cintura, a veces lo palpa con la mano porque sentirlo ahí lo hace estar seguro.

Sigue vigilando a sus acompañantes, a los que reman y a los que descansan; le parece que no le harán daño. De todas formas no descuida su vigilancia a cada movimiento, gestos y hasta maneras de pensar, está atento y dispuesto a salvarlos o morir juntos, ellos deciden. Comenzaron a decirle el Turista por el hecho de haber cruzado de balsa y no le desagrada, no le importa.

Mira a lo lejos, a la raya que no termina y es inalcanzable como los sueños. A veces se pregunta si es cierto que existen los Estados Unidos, si alguien no los habrá engañado y no es más que un juego del gobierno para quitarse de encima a los que piensan en contra del proceso.

Es de tarde, pero la luna ha salido temprano y rodó hasta encaramarse sobre ellos, y una bandada de aves se acercan a picotearla.

Comienzo a sentir mareos, ganas de vomitar, serán las bilis porque debo tener el estómago vacío, pero las náuseas se van haciendo más intensas y me imagino haciendo el mismo sonido que el Dinky y embarrando mi ropa. También siento mi cuerpo seco, ya no sudo y la lengua es áspera como una lija de carpintero. Quiero regresar, que mi mente y mi cuerpo sean fuertes, lo necesario para que los otros acompañantes me brinden el respeto que necesito en estos momentos.

Escucho que me preguntan qué me pasa, no puedo responder,

quiero pero no dispongo de los medios para hacerlo, creo que solo puedo mover las manos, he perdido la vista y no sé en cuál posición me encuentro, supongo que estoy acostado sobre la balsa. Y me sujeto, temo que me lancen al agua sin que pueda evitarlo.

Manolo me da algo para beber que siento amargo y caliente como el café, y lentamente vuelve mi visión, sí, estoy acostado sobre la balsa. Manolo sostiene la mitad de un pomo picado, de los que traímos con agua, dentro hay un líquido amarillo.

—¿Qué es?

Y no me quieren responder, se mantienen mirando hacia otro lado menos para mí. Alcanzo el pomo y huelo.

—¿Quién fue el que orinó?

Todos miran a Manolo.

—Llevabas mucho rato en la fatiga —me dice Roberto.

Muevo los hombros.

—No importa —digo—, pero cuando Manolo caiga en fatiga me dejan darle del mío.

Los otros se ríen menos el Zapa, que mueve la cabeza negando.

—Si me sucede me dejan así, y cuando estorbe me tiran al agua para que los tiburones se sirvan o ustedes mismos me comen; pero no me den a probar orina, sólo el olor me revuelve el estómago.

—No me interesa lo que tú quieras —le aseguro—. A mí nadie me preguntó tampoco. Así que tendrás que joderte como yo.

—No seas mal agradecido que te salvé la vida. Yo soy tu médico de cabecera.

—Sí, lo de cabecera lo dirás porque por esa otra cabeza fue que salió la orina —le digo y los otros ríen.

Luego pasamos otro rato en silencio. Es una tortura ver tanta agua y no poder tomarla. Roberto alcanza el pomo que tenía la orina, lo mete en el agua y lo enjuaga, a veces lo huele y vuelve a meterlo en el agua, después se va para una esquina de la balsa y se concentra y orina dentro del pomo. Nos miramos interrogantes porque nadie tiene fatiga, y respira profundo, traga un sorbo largo, respira, otro sorbo y otro hasta que se acaba. Está un rato de espalda a nosotros que no decimos nada, esperamos. Luego se vuelve y pregunta cualquier cosa que nadie responde, está llorando.

—Ya me siento mejor —dice—, me faltaba poco tiempo para una fatiga. Y no quería el meado de nadie.

Toscano estira el brazo y alcanza el pomo, luego hace el mismo movimiento de Roberto: se va para una esquina de la balsa, orina y se llena los pulmones de aire y traga grandes buches. Después le siguen Luis y el Dinky, el último es Manolo, me mira antes de hacerlo y dice que me quedaré con las ganas porque no va a probar del mío. Levanto los hombros y digo que así tendré más para mí. Pero esta vez nadie se ríe. Continúa la calma. Escuchamos cuando el chorro choca contra el fondo del plástico. Hace espuma como si fuera cerveza. Después lo mete en el agua.

—Lo haré tipo refrigerio.

—¿Por qué no lo hiciste cuando me diste a mí, cabrón?

—Lo tuyo era de urgencia —me responde.

Escucho un ruido en el agua y antes de imaginarme qué sería, miro y veo el brazo de Toscano que regresa con un pez vivo. Roberto se lanza para ayudar a sujetarlo y no se le escape y vuelva al agua. Ya está seguro y reímos.

—¡Coño negro, tú eres un lámpara! —le dice Roberto—. ¿Cómo se te ocurrió esto?

Toscano explica que cerca de su casa hay una presa y desde niño jugaba a atrapar los peces. Muchas veces resultaba. El pescado era un Torito chiquito y me pareció el alimento más apetecible de mi vida. Manolo asegura que la masa del pescado contiene agua dulce. Luis dice que los peces tienen una vejiga natatoria que sirve para que floten, allí hay agua dulce también. El Negro le pide a Luis que lo abra él mismo.

Y Luis lo va rompiendo con los dedos, va extrayendo la masa limpia y la divide en pequeños grupos que vamos tomando para chupar y masticar.

—Al menos no hay que tomar más orina —digo y el resto mueve la cabeza aprobando.

—¿Y ustedes creen que con esto ya tenemos el problema resuelto? —me contradice el Negro.

—¿A qué te refieres, Toscano? —se me adelanta Manolo.

—Debemos abandonar la idea de regresar a Cuba —dice el Negro—. El mar no deja ni que nos acerquemos. No hay más alternativa que reintentar llegar a los Estados Unidos.

No hay comentarios. Pasamos un rato pensando en las palabras del Negro. El sol nos ha puesto la piel roja y nos arde, la fiebre aparece y desaparece y nunca sabemos cuándo tenemos o no. Tenemos los estómagos vacíos y ninguna esperanza de ingerir alimentos, salvo algún que otro pez, que nos sabe al mejor de los manjares. Aunque Toscano ha intentado atrapar más peces sin poder lograrlo.

Para dar ánimos, hablo de alcanzar al apache.

—¿Por qué un hombre sólo sobre un neumático y en peores condiciones tiene más coraje y optimismo que seis hombres sobre una balsa de varios neumáticos?

Pero los otros me miran como si estuviera loco, como si me creyera que aún el apache existe.

Estamos muchas horas remando, gastando las últimas fuerzas antes de caer desfallecidos. Luis avistó otra balsa que se acerca con prisa, tiene un pequeño motor. Le hacemos señas y se detienen como a cincuenta metros de la nuestra. Son tres tipos y están vestidos de iyawó. Toscano les dice que llevamos varios días sin agua y sin comer porque una tormenta nos viró la balsa y perdimos las provisiones y la brújula. Se mantienen en silencio, expectantes, sin permitir que la balsa se les acerque, convencidos de que no pueden hacer nada por nosotros. Insistimos que son nuestro único y último recurso, que después de ellos sólo nos quedará la muerte, lenta, agonizante.

Todavía siguen con los rostros indolentes hasta que Toscano habla del verdadero sentido de la religión, señala que en lo alto hay un supuesto jefe poderoso que lo observa todo, juzga todo, dice ser religioso y por eso, antes de que se nos virara la balsa compartía con los desposeídos que encontramos en el camino. Nos miramos desconfiados por la mentira, explica que una tormenta le robó sus Guerreros y para probar lo que dice, saca del bolsillo el papel, casi desintegrado por las tantas veces que se mojó, donde envolvía la cascarilla. Toscano insiste en que Olofi y Orula premian las buenas acciones y expone varias leyendas con moralejas. Me mantengo mirando al Negro que se me está pareciendo a un cabrón pastor evangelista.

Los de la otra embarcación quedan aturdidos, indecisos, conversan entre sí y, por los gestos, es evidente que no se ponen de acuerdo y el tiempo pasa sobre nuestros estómagos. Nos responden que les quedan tres panes con jamón, pueden darnos uno, además nos darán un pomo plástico con dos litros de agua. La alegría nos invade como si fuéramos unos niños a quienes prometen juguetes. Hacemos el intento por arrimarnos y gritan que mejor no lo intentemos, no dejarán que nadie se les acerque y menos si son más numerosos que ellos y uno levanta el brazo enseñando un revólver 38 cañón largo. Quedamos en silencio, desconcertados, mirándonos entre sí y luego a la balsa vecina, al pan que imaginamos.

Manolo les propone ir nadando. Todos lo miramos, nadie le dice que es peligroso, que puede ser una ida sin regreso. Nadie sugiere otra posibilidad de hacerlo porque simplemente no existe. Ya habíamos pensando en todas las variantes, que por cierto, eran muy pocas. Los iyawó no responden. El sonido del agua chocando contra la balsa es nítido. Manolo observa en espera de una señal de aceptación. Pero aquellos supuestos salvadores de nuestras vidas, o los culpables de alargar por unas horas más nuestra muerte, seguían conversando. Hasta que uno de ellos hace un movimiento con el brazo para que se acerque. Manolo se quita la ropa. Mientras lo hace, miramos a los alrededores buscando alguna aleta de tiburón que frustre las esperanzas de poder alcanzar aquel pan y el pomo de agua.

–Parece no haber peligro –dice Manolo y asentimos temeroso de que se arrepienta.

Mira detenido nuestros rostros, en los labios asoma una ligera sonrisa que reprime.

–En la guerra vi esos rostros a diario. Había un momento en que me convertía en un dios.

Nos mantenemos callados porque ahora no interesan esas historias, preferimos verlo en acción.

–Quizá un día se lo cuente... –y mueve los hombros–. Pero ya sé que este no es el momento ideal ¿verdad?

Y movemos la cabeza aceptando, ahora no podemos mentirle ni a él ni a nosotros, aunque sabemos su necesidad de fabular y de ser líder, pero eso en estos momentos no es lo que importa. Entonces se deja caer en el agua y nos mira buscando la aprobación nuestra de que no vemos peligro. Entra la cabeza bajo el agua y gira en círculo. Sale y se sacude el agua del pelo. Y avanza hacia los iyawó. Clavamos los ojos en su espalda y la esperanza en sus brazadas, lo hace con rapidez, no sabemos si por el miedo o por el hambre, el tiempo nos parece infinito. Hasta que llega a la otra balsa donde le entregan un nylon anudado para que no le entre agua, además del pomo amarrado con una soga. Manolo lo sujeta con la boca como un perro San Bernardo que viniera en nuestro auxilio. Tengo la desconfianza de que se detenga entre las balsas y quiera comerse el pan solo y luego tomarse toda el agua. Si lo hace seré el primero en remar para alejarnos y dejarlo en este lugar. Me cercioro de que no haya peligro, alguna aleta de tiburón que amenace con jodernos la oportunidad de comer el pan. De lo que sí estoy seguro es que si se detiene, me lanzo al agua para que me dé una parte. El regreso nos desespera más. Se demora, es como si se acercara en cámara lenta, todos movemos los brazos para darle ánimo. Hasta que se sujeta del borde de nuestra balsa. Lo ayudamos a subir y rompemos la jabita y vemos esa belleza de pan que deja escapar por sus bordes las lascas de jamón y queso, el olor sale del nylon con fuerza y siento que mi boca reseca comienza a llenarse de saliva al igual que la de los otros, porque saben que pronto podrán comer y luego beberán algunos sorbos de agua potable.

—Los iyawó tenían una decena de panes —asegura Manolo—. Tuve deseos de subir y tirarlos al agua, pero las fuerzas no me daban para tanto.

Estamos un rato mirando el pan y el líquido como juega con las paredes del pomo, cerramos los ojos y respiramos el olor agradable y recordamos las veces que lo comimos. Bajo la vista de todos se mide el pan por partes iguales, Manolo lo corta con un hilo y cada uno va llevando su pedazo para una esquina de la balsa.

Primero contemplo el mío, tengo miedo de que al comerlo se me acabe porque sé que aquel pequeño pedazo no hará la más mínima sombra en el estómago, que se embullará y exigirá más sin comprender la situación. Le paso el dedo con suavidad por la superficie, lo huelo y cierro los ojos para que esa agradable sensación penetre con fuerza en mi mente y los pulmones. Con la uña voy levantando una ínfima porción de la cáscara del pan, la deposito con cuidado sobre mi lengua y voy jugando con ella de un lado a otro de mi paladar, siento que se derrite, se deshace. Con pequeños pellizcos lo hago desaparecer, lo absorbo, le busco la quintaesencia del sabor, de manera que cada partícula vaya llenando mi imaginación, mantengo los ojos cerrados para continuar concentrado, captando todas las sensaciones, el tiempo me parece infinito y no me importa, nada me importa, salvo que este placer sea eterno, hasta que vuelvo a buscar y no hay más, busco en el piso de la balsa, entre mis dedos, no es posible que se haya acabado tan rápido, tengo deseos de llorar, de pedir más sin que me avergüence que los otros se burlen y me digan flojo, hambriento, maricón de estómago, jamaliche, que seguramente pierdo el trasero si caigo en el tanque; no, no me importa que me ofendan por otro pedacito, por la mitad de un pedacito, y miro a los otros con el deseo de arrebatarlo, pero encuentro en sus ojos las mismas intenciones, un brillo que no es humano y que me asusta; recojo las piernas, por simple instinto de conservación, para poder patear en caso de que me quieran agredir, hasta que las miradas coinciden en la servilleta manchada de mostaza y quizá de mantequilla. Cuando voy a lanzarme a cogerla, Manolo y Toscano lo hacen también y se adueñan de ella; Dinky dice que por favor, compartan con los demás, y quedan mirándose y al parecer acceden, y Manolo la pone sobre su rodilla y vuelve a medir por partes iguales y la va rasgando, y volvemos a la misma esquina donde estábamos antes. Pongo el papel sobre mi lengua y trato de mojarlo con la poca saliva que me queda; cuando está húmedo comienzo a masticarlo, a saborear el sabor impregnado en la servilleta hasta que lo hago bajar por mi garganta consciente de que es una pérdida irreparable, y que mis ojos saltarán como leones enjaulados buscando una nueva presa. Los labios nos sangran y duelen. Luego repartimos el agua por buches, tres por persona, para guardar un poco.

Mi primer sorbo lo hago largo bajo la mirada del resto que me cuenta y dice: UNO, y todos los brazos se estiran para que me detenga. Siento que baja por mi garganta, que apenas humedece el desierto que llevo dentro.

En el segundo sorbo hago y hacen lo mismo cuando me cuentan: DOS.

Para el tercer trago, retengo el líquido en la boca para irlo dejando caer suavemente. Cuando todos terminamos nuestra ración de agua, quedamos mirando el pomo con ganas de volver a comenzar pero ya no queda ni una gota.

Los integrantes de la otra balsa quedaron expectantes, se divertían por nuestra hambre insaciable y la sed. Nadie se molestó con ellos, sabíamos que nos habían salvado la vida, o al menos, nos la habían alargado por un día más. Toscano les dijo que si tenían un cigarro y un poco de café entonces el mismísimo Olofi vendría a darles una medalla. Y los tipos rieron, el Negro les cayó en gracia. Nos aconsejaron que mejor nos guiemos por ellos y les sigamos el rumbo por su brújula para no perdernos. Aceptamos y se comienza a remar tras ellos. Pero sé que es imposible, encienden el motor que de inmediato nos separa, los aleja, nos hacen envidiarlos. Aún nos sentimos muy débiles. Los tornillos de la balsa se han despegado y bailan como si se divirtieran con nuestra cara cada vez que nos imaginamos que se desarma y continuamos a la deriva cada uno con su neumático y por su lado.

A la hora, ya hemos perdido de vista a la balsa de los iyawó. Remar nos ha quitado la poca energía que pudimos recuperar con aquel pedacito de pan y los sorbos de agua. Nuestras fuerzas están en las últimas y la noche se nos viene encima. La avioneta vuelve a pasar rasante y se pierde en el horizonte. Se levantan los remos y nos acostamos para estirar los cuerpos.

—Que sea lo que Olofi quiera —dice Toscano.

Lo escuchamos con la mirada perdida en algún punto lejano tratando de desentrañar los misterios que nos depararán las horas siguientes. Para ser más preciso, le temo a otra tormenta. Volver a vivir los sustos, los peligros de perder la vida, la desesperación por sobrevivir, sentir la angustia y mover los brazos y el resto del cuerpo como si se quisiera volar, levantar el cuerpo y alejarnos lo más posible de esta realidad; además, ver a mis compañeros caer en el agua sin que vuelvan a emerger. Luego, con la suerte de haber librado la muerte, olvidarlos a ellos por disciplina, por necesidad porque esta balsa no aguanta todo el peso de la añoranza por los que dejamos en tierra, y luego por los que se quedan en estas aguas. Hacernos los olvidadizos, salvo sus gritos, que sabemos que nunca podremos olvidarlos, y no reparar en aquellos que dicen confundir los nombres de los que no están. Tampoco queremos ver más cuerpos flotando a nuestro alrededor.

—Temo que nos agarre la corriente del Atlántico —repito las palabras que escuché en tierra de un viejo pescador—, allí no nos recogerá nadie. —Y los otros me miran interrogantes porque saben que no conozco un carajo de leyes marinas.

—Negro, ¿por qué no vuelves a intentar sorprender un pez?

—Ya me cansé de hacerlo —dice Toscano—. Que lo intente otro.

—¡Pero qué tú crees que hemos estado haciendo hasta ahora! —le responde Luis.

La noche llega y esa oscuridad, como las anteriores, nos aterra. Aunque estemos mil días en esta aventura, no recibiremos la noche con los brazos abiertos; aunque por contradicción, la luz del día, los rayos solares, son los que nos van matando en pocas horas.

Roberto se guía por la estrella Polar; pero a las seis de la mañana se quedará sin punto de referencia y volveremos a navegar sin rumbo exacto. Miro a nuestro alrededor, busco alguna balsa, trato de imaginar que no estamos solos, me invade una tristeza, unos deseos de llorar, de clamar por la familia. Qué horrible es verse en este lugar tan desamparado, rodeado del infinito, tener la sensación de estar en otro mundo por esa monotonía de ver noche, día, sol y oscuridad, esa obsesión de ver el mar limpio como un desierto. Se me ocurre que quizá estemos muertos y los cuerpos se niegan a reconocerlo, quizá nuestras almas ya nos abandonaron, solo faltaría el desgaste físico; puede que los de la otra balsa también perecieran en la tormenta y compartimos con la materia después que sus espíritus se separaran. No comento con los otros mis pensamientos porque me echarían al agua sin llegar a responderme.

Al amanecer todos estamos dormidos. Ya nadie avisa. En toda la mañana no remamos. Varias veces Toscano intentó sorprender un pez pero no pudo lograrlo. El resto también, pero fallamos siempre. Apenas nos dirigimos la palabra. Al medio día sentimos el castigo del sol, su ensañamiento sobre nuestros cuerpos. El miedo a perder todas las fuerzas o la conciencia, es nuestro mayor peligro. Aunque en ese caso, Luis nos lleva la delantera, es el más propenso de todos a quedar inútil, incapaz de poder defenderse.

Cuando llega la tarde y el sol se oculta detrás de esa línea del horizonte que parece inalcanzable, uno quiere escapar de ese manto oscuro que comienza a cubrirnos; como en un acto de magia vas desapareciendo junto con los otros, los ojos se apagan hasta quedarnos completamente ciegos, nos invade el pesimismo, la pregunta gastada de cuándo llegaremos, la indisposición, el mal carácter, las discusiones por cosas tontas, intrascendentes; prefiero permanecer en silencio, ignorarlos porque presiento que si me molestan los voy a agredir. Tenemos una desilusión total por las cosas y por esta travesía, coincidimos en que nunca se debió cometer esta locura, seguramente los norteamericanos nos están dejando morir para no recogernos y evitarse la carga de tantos desamparados a los que hay que dar casa y comida. Nos quejamos de la ardentía en la piel, la mayor parte la mantenemos cubierta con los trapos que salvamos pero el sol nos azota la cara y el cuello y las manos y los pies. Alcanzo el pomo de agua vacío y lo alzo sobre mi boca hasta ponerlo vertical y apenas cae una gota. Relamo el borde del hueco. El hambre debiera haber regresado y eso me preocupa. Comprendo, por la poca fuerza que poseo, que la falta de alimento nos está matando. Pero no siento el vacío en mi interior, esa ansiedad por comer; más bien mantengo un estado de inapetencia. Pienso en manjares y creo que me sabrían insípidos. En peores condiciones está Luis, él lo sabe y se descubre por la angustia que se le refleja en el rostro. No podremos evitar tener que asistir a una muerte lenta, temo que en algún momento, para que no sufra, tengamos que ayudar apurando su desenlace. Esa tarea no la haré yo, me advierto. Luego no podría olvidarlo y estaré por el resto de mi vida perseguido por ese recuerdo y sufriría tanto como un asesino. Pero Luis ya no está con nosotros, al menos consciente, sus movimientos son de alguien como drogado o muy borracho, y vira los ojos en blanco, y deja la boca abierta y ladeada. Tiene todo el cuerpo sudado, y creo que la muerte le llegará por allí, es evidente que soltará hasta la última gota de líquido de su cuerpo por los poros. Del rostro le salen gotas como si fueran escupidas. Y decido no mirarlo más, no logro nada con sufrir si en definitiva su vida se irá sin que podamos salvarla.

Descubro que ya todos han hecho lo mismo. Se entretienen con cualquier cosa que les brinde la posibilidad de pensar, un intento de olvidar lo que tenemos delante, acostado allí, permitiendo que su vida escape con lentitud. Pero pienso que si un día necesito describir una muerte, no perdonaría haber desaprovechado esta oportunidad. Y lo miro, me obligo a observar, quiero descubrir cuándo escapa su último aliento, dicen que abren la boca para dejarlo salir, y ahí va el espíritu. Siempre escuché que los buenos actores son aquellos que saben escenificar la muerte sin hacer muecas ni gestos bruscos. También dicen que cuando estudian actuación los obligan a ir a los hospitales para que observen a los pacientes, que no tienen familia, hasta que mueren.

—¿Y esta película hay que verla hasta el final? —la voz de Manolo quiebra el silencio.

Todos nos mantenemos mirándolo.

—¿Y qué coño quieres? —le respondo.

—Ya se sabe que el tipo no se salvará. Yo sé por experiencia que haremos crisis con esta agonía. Y en el ejército, en plena guerra, no lo aprendí en teoría, hay que salvar a los soldados vivos, a esos hay que cuidarlos en lo físico y psicológico.

—Pero si todos estamos muertos, Manolo —asegura Roberto.

—No. Hasta que eso no ocurra estamos vivos. En la guerra…

—Déjanos tranquilos con tu guerra, Manolo. No jodas más con eso —le dice Toscano.

—Lo digo por el bien de todos —asegura Manolo.

—Por el bien de todos mantente callado —le pide Toscano.

—No seas rencoroso —interviene el Dinky.

—Mira, alégrate que no hayas sido tú, porque él —y Manolo señala a Luis—, te hubiese tirado desde el primer momento.

Manolo mueve los hombros y se acuesta en la balsa con las manos de almohada como si estuviera en la playa y feliz, hace un gesto de: allá ustedes. Y pasamos varias horas en silencio, sólo escuchando la respiración jadeante de Luis, sus temblores y espuma que le sale por la boca.

La noche nos cubre, y el mar se convierte en una pradera, un niño como yo, que nos mira, según Neruda, guía un rebaño de carneros. Siento el sonido de los cascabeles que les cuelgan. El niño lleva una vara que levanta cuando algún animal intenta salirse y alejarse del grupo. Nos pasa por el lado de la balsa y con un gesto nos saluda sin detenerse. Después se aleja hasta perderse en la bruma. Nadie ha dicho nada. Comprendo que solo yo lo he visto perderse entre las colinas.

Toda la noche remamos con lentitud, por momentos sin saber por qué o para qué, ni hacia dónde, era un movimiento mecánico, como el de respirar, que no podíamos dejar de hacer; nos vendría bien que alguien contara una anécdota, algún cuento que al menos nos alimentara el alma, pero no había ánimo para conversar; los gestos eran pesados, lentos, como si los brazos fueran lingotes de hierro, ya no sentía el dolor esporádico de las piernas, ahora era un dolor intenso y múltiple, salía de cada partícula del cuerpo, aunque no me desagradaba sentirlo, eso me hacía espantar la idea de que mi materia vagaba sin alma, que el espíritu se había elevado, separado de la carne y nos dejaba en la más completa soledad. Por eso, tras cada ademán, sentía un dolor acalambrado que me recorría de punta a punta, como si los músculos fueran a reventar, estallando en mil pedazos hasta verlos incrustados en las cámaras y en el remo, otros tantos flotarían y los peces vendrían a morderlos. Suponemos que Luis se mantenga igual, está en una esquina de la balsa y nadie se ha acercado a ver si aún sigue con vida. En la mañana lo sabremos. Cuando la noche no me permitió seguir la secuencia de la muerte, me mortifiqué un poco, ya no podría presenciar el último aliento, ese boquear que avisa el ultimátum, ese filo de hacha que se hace en el rostro.

Seguramente que Manolo insistirá con la eutanasia, para luego tener que lanzarlo al mar. Supongo que Toscano dirá algunas palabras religiosas para que sea recibido en el más allá por los dioses.

Como siempre ocurre cuando oscurece, a nuestro alrededor surgen siluetas, montañas, palmas, caballos, allá en las nubes, se dibujan vitrales que cambian como un caleidoscopio, y me parece ver un parque, una pareja pasea con un niño, en el centro de ambos, tomado por sus manos, un perro salta a su derredor; luego ladra, avisa y se oculta cuando descubre que se acerca el Hombre del saco, que llega, echa en la bolsa mis ilusiones, las esperanzas, todas las figuras dibujadas en este espejismo. Busco y ya no están. Al menos me había olvidado por varios minutos del hambre y la angustia que tengo. Me había olvidado de todos y de mí. Aprieto los dientes, tengo deseos de gritar, golpear hasta que me sangren los puños. Temo que mis dientes se quiebren. Me duele la mandíbula y comprendo que todo lo que haga o sienta, será inútil, nada me sacará de esta noche inerte.

Roberto dice que va a quitarse un peso de encima. Y se aleja hacia la esquina contraria de donde estamos. Quedamos extrañados porque de dónde va a sacar excremento después de tantas horas sin comer. Y se acerca a Luis porque es el único lugar que no hemos visitado desde que lo pusimos allí. Roberto se acuesta con delicadeza, como si no lo quisiera despertar, se tapa con un trapo y por el movimiento sabemos que se masturba. Y nos mantenemos callados, no sé si por complejo, por no ser testigo, o por respeto del hombre que llora por mujer, quizá, sus últimas lágrimas blancas como la luna que nos vigila. Después sentimos sus espasmos. Sacude el cuerpo con estertores, y un quejido profundo nos llega como un lamento. Entonces pasa un rato.

Y lo vemos acercarse sin mirarnos. Seguramente que por vergüenza, y se sienta mirando hacia la oscuridad. Manolo le sigue y va en busca del espacio escogido para ese menester. También esperamos en silencio, hasta que patea como si tuviera un bicho picándole por las piernas. Le sigue el Dinky, después yo y Toscano. Lo hacemos como si al expulsar el semen estuviéramos despojándonos de todas las miserias vividas en las últimas horas. No se puede negar que estamos más agotados, como si se hubiera cambiado el último aliento por un minuto de placer. Nos acostamos y, sin proponérnoslo, quedamos mirando la luna que se mece suavemente, hasta que nos quedamos dormidos.

Por la mañana seguíamos remando, nadie festejó el amanecer, el sol ya no era bienvenido; ciertamente, la noche tampoco, todo era una tortura, ni siquiera levantamos la cabeza para mirar hacia dónde nos dirigimos, creo que ya no importa. Nos fue increíble descubrir que Luis aún seguía con vida, esa escala de peor nos parecía infinita, los estertores son violentos.

Una gaviota solitaria, planea con evidencia de cansancio. Nos cruza por encima varias veces, cada vez más lenta y descendiendo. Dejamos de remar cuando comprendemos que necesita descanso. Nos reunimos en la popa, y ella baja inmediatamente y se posa en estribor. Está asustada y fatigada. Nos vigila. Como si supiera que estamos hambrientos y que seríamos capaces de atraparla y comerla sin cocinar. Pero nos mantenemos inertes, algo en sus ojos nos mantiene sin movernos para no ahuyentarla. Observamos su belleza. Quedamos extasiados por media hora. Luego la gaviota se mueve hasta subirse sobre el cuerpo de Luis. Temo que le pique los ojos. Pero no digo nada ni me muevo tampoco. Y se acuesta sobre el pecho del enfermo, así está un rato. Después decide proseguir su vuelo, y abre sus alas y levanta. Antes de alejarse hace varios círculos alrededor de la balsa. Hasta que se pierde en el horizonte. Todo este tiempo sin hacer comentarios. Hasta que decidimos seguir camino nosotros también.

Manolo pide un cigarro por enésima vez, no quiere más que un cigarro, y vuelve a preguntarle al Negro si no habrá quedado alguno regado, ¿te revisaste los bolsillos?, y con tremenda paciencia Toscano se palpa, se los vira tratando de encontrar algo aunque él sepa que no hay nada. Cuando descubre que la búsqueda es infructuosa, Manolo pone rostro compungido:

—No aguanto más —dice y se mueve impaciente.

Veo a lo lejos un bulto, parece un edificio, pero continúo callado, sé que son alucinaciones como otras tantas que he tenido, vuelvo a bajar la cabeza, me fijo en mis pies, son rojos y están hinchados, las uñas se han puesto negras y comienzan a levantarse, el vello de los brazos ha desaparecido.

—Hay una mancha —dice Toscano.

Y tengo deseos de reír por burla, gritarle estúpido, ¿si no se da cuenta que es mentira?, ¿que si estaba ausente y llegó ahora a la balsa?, ¿dónde estuvo todos estos días cuando vimos otros tantos espejismos?

—¿Qué cosa podría ser aquello? —señala Roberto al mismo lugar.

Y levanto la vista cansado de escuchar tonterías, quiero ofender, empujarlos y no percibir más sus voces, que todo acabe, los miro y pienso que es una fantasía colectiva, porque están observando hacia el mismo lugar, no quieren señalar, temen que desaparezca como otras veces, ya no lo hacemos por el ridículo y luego la burla, esas pequeñas cosas ya no importan, no lo hacemos porque aunque pensemos que es mentira queremos que se mantengan allí, que nos hagan compañía, una ilusión transitoria que haga perdurar por un rato más el optimismo, la esperanza de que viviremos, que no seremos alimento de nadie, no importa que estemos conscientes del engaño, sería como el pez inalcanzable del delfín.

—Quizá son construcciones en tierra o un barco —dice Toscano.

Y no le contesto, yo también deseo creérmelo. Se izan unas torres en forma de grúas que me parecen bellísimas, verdaderas obras de arte, estructuras puestas allí por la mano de Dios y que hizo emerger desde las profundidades del mar, ahora mismo, y para nosotros, creó en segundos lo que antes le costó seis días. Y el temor de volver a estar viendo visiones va desapareciendo, lo señalamos, nos movemos, y continúa allí, erguida y para siempre. Toscano le dice a Luis que mire, pero por supuesto, ya no puede hacerlo.

Algo se acerca y las torres se mantienen a lo lejos. Manolo advierte que puede ser otro barco y que hay que tener cuidado con que intenten chocarnos. Dinky dice que podemos estar locos y no sea nada. De todas formas quedamos en silencio, atentos para defender nuestras vidas, o lo que acaso hemos salvado de ellas, nadie se mueve, los ojos rígidos, las manos crispadas; Toscano reza y a veces se persigna; yo pienso en la vieja, mi lugar común, no puedo evitarlo, soy el centro de su vida, y ella es el centro de la mía; hasta que el bulto oscuro crece, por su tamaño deducimos que no es un barco mercante, aunque tampoco es una lancha común, se aproxima con prisa y no hay dudas de que viene hacia nosotros, y Dinky sonríe cuando identifica la bandera, es una lancha de los Guardacostas norteamericanos. Ya no seremos espectadores ante la muerte de Luis. Supongo que nunca tendré la oportunidad de presenciar la muerte como esta vez. Mis descripciones serán inexpertas.

Estamos alegres por la seguridad de que ya no moriremos en alta mar. Una fuerza que teníamos escondida en no sabemos qué lugar, nos ha surgido a todos. Toscano comienza a tocar rumba sobre sus piernas, y canta. Manolo le sigue y hace de claves.

Yo por mi parte se lo agradezco a mi madre, sé que no ha dejado de pensar en mí, de orar, cómo podré quitarle esta preocupación lo más rápido posible, cómo le aviso que llegué. Toscano mira al cielo y agradece, por supuesto, a los santos, y besa el resguardo. Me le acerco a Luis.

—Te salvaste flaco —pero tiene los ojos opacos.

Y ya no estoy seguro de que se haya salvado. Sería una mierda que se muera frente a las costas de nuestro destino. Si al final eso es lo que va a suceder, mejor le hubiéramos hecho caso a Manolo de lanzarlo al mar moribundo.

—Coño, Luis, soporta un poquito —le digo lloroso—. Aférrate a tus huesos y no te vayas.

Ahora sabemos que las torres son de Cayo Maratón, increíblemente nos faltaba sólo un pedacito para tocar tierra. La lancha se nos acerca y tiran una escalera de soga. Decimos que tenemos un enfermo y bajan una cesta donde podemos acostar a Luis y luego lo suben a cubierta. Vemos cómo elevan el cuerpo sin que él pueda saberlo, está completamente sudoroso y una espuma blanca le sale de la boca.

Un militar nos hace una señal para que subamos. Me aseguro una vez más de tener mi farol conmigo. Y escalamos como gatos desesperados, nos parece increíble habernos salvado. Al llegar a la cubierta ya Luis no está, y los soldados nos reciben apuntándonos con armas largas y nos piden que nos echemos de cara contra el piso, nadie entiende pero lo hacemos, nos revisan, nos van palpando cada rincón de nuestro cuerpo en busca de armas, y cuando palpan el cuchillo de Roberto se apartan y le apuntan con el cañón pegado a la cabeza hasta que se lo sacan de la cintura. Roberto dice que es un recuerdo pero no se lo devuelven. A mí me quitan el farol y vigilo qué le hacen, temo que intenten tirarlo al mar. Si lo hacen me bajo, seguiré en balsa para las costas. Veo que lo depositan sobre una mesita.

Cuando terminan de registrarnos y están seguros de que no le reportamos ningún peligro, dejan de apuntarnos y nos permiten ponernos de pie. Miro la balsa con un sentimiento maternal porque, a pesar de todo, fue como una madre cuidando a sus cachorros. Un oficial norteamericano saca un pincho y al ponchar las cámaras vemos como la armazón supuestamente resistente se hunde con rapidez. Yo respiro fuerte mientras miro los rostros alegres de mis acompañantes, seguros ya de poder pisar la "yuma", aunque aún se nos refleje el nerviosismo, supongo que pasarán días, meses, hasta años, para poder exorcizar esta pesadilla, esta experiencia que nos rozó la locura.

El oficial pregunta si hay más enfermos o heridos y nos dan toallas para que nos sequemos y cremas para la piel y pomadas de antibiótico para pequeñas heridas y para que las uñas de los pies no se enfermen por permanecer tantos días entre el agua y el sol. El Dinky se pone antibiótico en la herida del pómulo, luego una curita que le tapa la herida y hace un gesto de dolor.

Nos entregan un short y pulóver a cada uno y el resto de la ropa vieja la echan dentro de un *nylon* negro. Manolo y Toscano les piden cigarros a los soldados que llevan de inmediato a los labios y dan largas chupadas como si quisieran ahogarse. Nos reparten varios pomos de agua que bebemos hasta sentir que podríamos reventar.

Me le acerco a un oficial, le digo que el farol no ofrece peligro, que es un recuerdo y quiero mantenerlo conmigo. Lo revisa y luego me lo entrega. Entonces le enseño la herida, y ordena que me lleven a la enfermería. El paramédico, cubierto con bata blanca (debajo tiene su uniforme militar), me dice que ya no puede coser, pero me cura y me la cierra con puntos de mariposas, después me inyecta. No pregunto nada, él sólo hace los gestos y yo acepto con resignación. Por ahora no puedo quejarme, podemos considerarnos dichosos. Le pido pastillas para el dolor de cabeza y dice que no hará falta, en la inyección están el antibiótico y el calmante. Pregunto por Luis, el enfermo grave que subió antes que nosotros, y me señala una tela verde, miro y detrás está él dormido, mientras le pasan suero lo van monitoreando con los equipos.

—Estamos haciendo todo lo posible por traerlo de vuelta —dice el paramédico—. Hay que moverlo rápido para un lugar con el equipamiento que garantice su recuperación.

Al regresar me guían por varias puertas y descubro que allí adentro no cabe una persona más, está repleto de balseros que nos miran todavía aterrados por sus experiencias personales; es evidente que no fue un paseo para nadie, rostros demacrados que reflejan en sus miradas las experiencias vividas en el trayecto hasta llegar aquí. Hay varios niños llorando.

Nos trasladan hacia lo que suponíamos un edificio, que en realidad es el barco madre. Al subir nos van registrando uno a uno y botan al agua todo lo que llevamos en los bolsillos. Manolo nos avisa y vemos como suben, con mucho cuidado, a Luis, que sigue sin conocimiento. Cuando Toscano pasa el detector de metales, suena y enseña la bolsita con el resguardo, los guardias se la piden y él se niega, dice que no es nada malo, lo tiene por religión, le piden observarlo, si es lo que él dice se lo devolverán de inmediato, y el Negro lo extiende receloso, inseguro, el guardia lo palpa sin miedo, como si fuera un juguete, pero busca con profesionalidad, lo huele, con una tijera corta uno de sus bordes y Toscano se mueve molesto, hace un gesto de fastidio, cuando lo abren, sacan de adentro un pedazo de plomo con un hueco en el medio, junto a un conito envuelto en hilos de distintos colores, cortan los hilos también, y el Negro hace ademán de alcanzarlo, ya es bastante, pero otro soldado se interpone, dice que tienen que hacerlo así o no puede subir al barco, son las reglas de seguridad, y Toscano mueve los hombros con un gesto de resignación, y rompen los hilos que amarran a varios tipos de palos escogidos por los santeros. Se lo devuelven y le dicen que puede retirarse hacia el interior del barco.

Conmigo hacen la misma historia con el farol, vuelvo a repetir lo mismo y luego de revisarlo me lo entregan.

Cuando Dinky pasa por el detector suena también y se asusta, nos mira pidiendo que lo ayudemos, nos sorprendemos porque no sabíamos que el Gordo era religioso también, después que se burló tanto de Toscano. Y lo vemos sacar con miedo una bolsita más grande que la del Negro, la entrega sin dejarnos de mirar, el oficial la abre y saca varias cadenas de oro con dijes de piedras, monedas doradas que nunca había visto, sortijas con brillantes, una verdadera fortuna.

—Es un egoísta de mierda —asegura Toscano—, con una sola prenda de esa se hubiera evitado el hambre que pasamos, seguramente que algún balsero la hubiera canjeado por alimentos y agua.

El resto del grupo apoya al Negro, dice que no merece compartir con nosotros. El oficial le devuelve la bolsita. Y nos alejamos sin dejar que el Gordo se nos una. Ahora tendrá la vida en un peligro constante, cuando los maleantes sepan de la fortuna que lleva encima tratarán de quitársela y ninguno de nosotros lo ayudará.

Por la desesperación de ir a conocer al vecino de los padres del Chiqui y dueño de la lancha, Rafael estaba despierto mucho antes de que amaneciera, a cada rato miraba el reloj y le parecía que avanzaba con más lentitud que lo normal. Rey ya se había levantado para ordeñar las vacas. Como Rafael dormía al lado de la ventana, pudo escuchar, por intervalos, el sonido del líquido al chocar con el fondo del cubo. Su esposa Gisela hervía un jarro de leche y hacía café. Después de desayunar Rafael se fue con Chiqui hasta la ciudad a conocer al dueño de la embarcación.

—¡Ojalá no sea una encerrona y nos delate! —dijo desconfiado Rafael.
En todo el camino esa fue su preocupación.

—Sabes —le dijo al Chiqui—, muchos pescadores después que venden la lancha y guardan el dinero, denuncian en la policía a los compradores.

El otro no le contestaba con palabras, sólo movía la cabeza negando en señal de desacuerdo, no en este caso porque le conocía.

Por los cuidados de jardinería y sus paredes pintadas, parecía una casa atendida. Chiqui llamó a Molina, y su voz rompió la tranquilidad de la mañana. Varios perros ladraron y una vecina miró por la ventana. Alguien contestó y esperaron. Luego abrieron la puerta y se saludaron. El tipo era flaco y alto como una pértiga y a Rafael no le gustó que llevara un cuchillo en la cintura, a pesar de conocer la costumbre campesina. Cuando entraron a la casa fue a buscar los planos de la lancha aclarando que estaba completamente reparada y que esa misma semana había hecho la gestión en la Capitanía del puerto para la inscripción y la entrega del folio, que es como la chapa de un auto, les especificó, sin ella no se puede navegar. Allí le informaron que muy pronto se lo darían, quizá dentro de doce días, para el veintiuno del propio mes. Advirtió que tenía otras personas interesadas en la lancha y no tenía compromisos con ninguna, la vendería a quien primero le entregara el dinero. Rafael pensó en los pro y los contra de esa oportunidad, llegó a la conclusión de que ese hombre era amigo del padre de Chiqui, lo que era una garantía de que no iría a la policía después que le dieran el dinero. El precio era de noventa y cinco mil pesos. La cifra sobrecogió a Rafael, pero ya estaba preparado para algo así.

—¿Cuándo podré verla? —indagó Rafael.

—Si no están apurados podríamos hacerlo ahora.

Aceptó, y se fueron para el río. Lo hicieron caminando, pues no querían levantar sospecha con la chapa de la moto que delata su procedencia de la capital. Varias cuadras antes, Molina se detuvo para preparar las respuestas que les darían a los pescadores porque al ver personas extrañas en el río, siempre comenzaban a interrogarlos. Molina advirtió que no confiaran en nadie, el que menos imaginen los jode, hasta a los niños los ponen a escuchar lo que conversan los adultos en el río para después informar; la mayoría nadan en silencio hasta pegarse al casco del barco, así han podido descubrir algunos planes de salida ilegal o ventas de lanchas con esa finalidad.

—Si preguntaran, ustedes son sobrinos míos que viven en mi pueblo, allá en Cidra, son hijos de mi hermana mayor, buenos estudiantes y, sobre todo, revolucionarios.

Chiqui y Rafael movían constantemente la cabeza aceptando, manteniendo una actitud seria, o asustados por la cantidad de precauciones que debían tomar. Antes de llegar, el aire les trajo los primeros olores del río: pescado expuesto muchas horas al sol y a madera húmeda.

Nos reparten comida, cigarros, agua y mantas. En el interior del barco hay cerca de tres mil balseros y otro dice que caben hasta cuatro mil. Hay algo en esto que no me gusta, los demás están preocupados aunque no dicen nada tampoco. ¿Por qué nos mantienen en alta mar y no nos trasladan a tierra? Se camina bastante para llegar a la cocina, hacemos una cola larga para recoger unos frijoles plásticos que a pesar del hambre no podemos comer. Después hago como los demás, busco un rincón para acostarme un rato, me amarro el farol a una trabilla del pantalón. Varios niños juegan cerca de nosotros y saltan por encima de los que duermen. Algunos padres salen a buscarlos, los toman por las manos y los regresan a sus espacios. Todos los dolores de los golpes, los gestos bruscos, las tensiones musculares, salen y se acrecientan. A veces nos movemos como ancianos con reumas. Al rato me duermo, por momentos me despierto, siempre alguien grita, clama que lo salven, yo grito también, y siento el alarido que escapa por mi boca, quiero cerrarla pero ya es tarde, a nadie le importa, no me hacen caso, me vuelvo a acostar y me tapo, siento el corazón latiendo con fuerza, como si quisiera rajarme el pecho, pero no pienso en lo que soñaba porque es un alivio saber que no es más que un sueño, no quiero recordar, cierro los ojos y me entrego al vacío, una caída que provoca el cansancio y la tensión de tantos días.

Por la mañana abrimos los ojos al escuchar una voz por altoparlante avisando que se nos informará de inmediato. Y vemos a un oficial que por la forma de hablar reconocemos que es hispano, dice: "Cubanos, ustedes saben que nadie viajará a los Estados Unidos por una ley del presidente Clinton, tienen que estacionarse en la Base militar de Guantánamo en Cuba; allí serán procesados, seleccionados, y de acuerdo con lo que arrojen las investigaciones, viajarán a los Estados Unidos o se trasladarán a terceros países". Las palabras finales apenas se escucharon por la expresión de sorpresa y queja de la mayoría que esperamos. Después de que el oficial se retira, quedamos intercambiando ideas;

algunos dicen que eso demorará días, otros que a lo sumo un mes, un pequeño grupo advierte que eso puede demorar años como los que viajaron en el ochenta por Mariel, dicen que hay países que todavía los tienen viviendo en carpas, y han pasado catorce años, otros niegan, dice que no es lo mismo, con nosotros será distinto. De todas formas lo más importante, y en eso coincidimos con el resto, es la posibilidad de pisar tierra de una vez y para siempre.

Caminamos por los recovecos del barco, conocemos a mucha gente. Toscano se acerca a los tres tipos vestidos de iyawó que nos dieron el pan con jamón y los dos litros de agua, los miro agradecido.

—Mi nombre es Joaquín.

Me brinda un pomo de agua bien fría que había conseguido en la cocina del barco. Me doy varios buches y le devuelvo la botella. Aprovecha para contarme cómo fue que los recogieron y las pocas horas que estuvieron en su travesía.

—Sabes —me dice—, es un alivio verlos... Desde que los dejamos allí, sin yo saber lo que me ocurriría después, porque es un rasgo de mí que he conocido en las últimas horas, no podía estar tranquilo con mi conciencia, de cierta forma me sentía un asesino. Teníamos más panes. De hecho cuando nos recogieron y hundieron la embarcación, quedaron alimentos y algunos pomos de agua. Y entonces pensaba que quizá ustedes no pudieron sobrevivir gracias al egoísmo nuestro. Y estaba seguro de que arrastraría por el resto de mi vida la culpa de haberlos abandonado. Cada metro que me fui alejando, me sentía más miserable.

—No te preocupes, nos salvaron la vida —le aclaro—. Pero te digo más. En caso de no haber sobrevivido, tampoco ustedes eran los culpables.

—Sólo digo que la parte que nos tocó, pudimos haberla hecho mejor.

—Eso pasa —le digo—. Creo que lo importante es darnos cuenta. Al menos ayuda a conocernos para luego ser mejores.

—¿Crees que haya otra oportunidad de ser mejores?

—Siempre las habrá —le afirmo—, y entre cubanos más. De eso puedes estar seguro. Lo que sí sabemos es que no podremos ser asesinos, nuestras conciencias no nos dejarían.

—Así que la Cosa Nostra no puede contar con nosotros para ajustar sus cuentas.

Luego de la risa nos despedimos. Antes me extiende el pomo de agua.

—Quédate con él —me dice—, a ver si voy pagando lo que debo.

Lo tomo y me alejo hasta llegar a la borda para ver cómo suben a los otros rescatados. Me gusta mirarles el rostro, descubrirles sus pensamientos, sus miedos, el terror que vivieron para luego convertirlo en literatura. Vienen deshechos, algunos no pueden caminar y los llevan a la enfermería para ponerles sueros. Cuando eso sucede la gente se llena de tristeza, se crea un silencio que permite escuchar los pasos y los suspiros; en ese momento hasta me parece sentir, en mi propio rostro, las lágrimas de otros y luego estrellarse en el piso de cubierta.

Pasa un rato y todavía no deseo ni puedo conversar, me mantengo mirando al horizonte, imaginando el número de cadáveres que andan sumergidos entre tantos peces, entre ellos Julio y Pablito, la cuota que aportamos, el convite de nuestra balsa; pienso en la suerte, a quién le toca y cómo se selecciona. Pienso en sus familiares, en lo que les gustaría poner flores en alguna tumba, acariciar una lápida, palpar, sentir que al menos, algo de ellos está ahí, escuchándolos. A veces pasa el Dinky tratando de acercarse, saber si ya lo perdonamos, pero siempre lo ignoramos y sigue de largo.

—A los nuestros, si están vivos, no se abandonan —nos sorprende Manolo—. Hay que rescatar a Luis.

Nadie entiende nada y movemos los hombros o ponemos caras de estúpidos.

—Debemos llegar hasta la enfermería y cerciorarnos de que el nuestro está en óptimas condiciones.

Intento explicar que cuando me llevaron a la enfermería de la lancha lo estaban atendiendo como a un príncipe.

—Quizá lo estaban preparando para estudiarlo —repite Manolo.

—¿Estudiarlo? —Roberto nos mira entre risueño y sorprendido.

—Sí, que no piensen que es un conejillo de laboratorio.

—Pero si tú querías tirarlo al agua.

—¿Y quieres una muerte más digna que esa? —asegura Manolo—. La honra es lo que importa. Es lo único que nos llevamos cuando morimos.

Y Manolo insiste en que tenemos que averiguar. Llegar hasta donde tienen a Luis. Y echa a caminar por uno de los pasillos y lo seguimos. Queremos saber qué coño quiere hacer, a dónde quiere llegar. De todas formas, tenemos un pacto de protegernos. Tampoco perdemos nada con preguntar a los marines. Y abre una puerta por la cual pasamos, después subimos una escalera. No hay nadie. Toscano intenta preguntar y Manolo le pone la mano en la boca.

—Ahora no, Negro.

Y seguimos por los pasillos. Hay varias oficinas y están cerradas, seguimos y quedamos paralizados cuando vemos varias soldados con fusiles apuntándonos. Alzamos los brazos. Nos estaban esperando. Nos llevan para un cuarto.

—¿Qué intentaban hacer ustedes? —pregunta el oficial de mayor rango.

—Extrañamos a nuestro amigo —le explico—. Deseamos saber cómo está de su enfermedad.

—¿Seguro que esa era la intención?

Entonces comprendo que sospechan que quisiéramos apropiarnos del barco.

—Sólo eso, se lo juro —digo tratando de ser convincente.

—¿Nunca les han informado cómo va el estado de recuperación de su amigo?

—Nunca, por mucho que preguntemos —asegura Toscano.

Se mantiene observándonos, luego hace un gesto con la mano y nos llevan de regreso.

—Si los volvemos a sorprender fuera de su área, no respondo qué podría sucederles —nos advierte el sargento.

Movemos la cabeza aceptando y digo que respetaremos la disciplina. No responde. Sólo mueve la cabeza para que salgamos de su vista. Y eso hacemos. Nos confundimos con el resto de los balseros. Y pasamos un rato sin dirigirnos la palabra, todos pensando cada detalle de lo sucedido.

Manolo el zapador nunca había estado más convencido de que su lugar estaba sobre aquella balsa y hacer la travesía, que correr el riesgo de perder su vida valía la pena, de todas formas se ha pasado los años jugando con esa posibilidad para al final vivir como un miserable. Había agotado las variantes para mantener a su familia. Fue chofer de rastras, se pasaba la mayor parte del tiempo en la carretera. Luego lo llamaron los del partido y el sindicato y le pidieron que aceptara una misión internacionalista; sabía de muchos que ponían pretextos, pero en la base de camiones lo catalogarían de cobarde y nunca tendría derecho a un camión nuevo ni a piezas de repuesto. Aceptó. Veintiocho meses en aquella selva que era demasiado para cualquier ser humano. Regresó cubierto de medallas, que con el tiempo, fue olvidando lustrar y exhibir a los que le visitaban. Hasta que fueron su vergüenza y las escondió debajo de la cama de las niñas porque los amigos se burlaban; había expuesto su vida en vano y luego no podían resolverle ningún problema. Después de tantos meses entre la maleza, sobreviviendo a tantos peligros, de forzar su mente al máximo para rechazar lo que amenazara con quitarle la vida, después de aprender que morir en aquel lugar no era relevante, que lo raro era permanecer vivo, no podía acostumbrarse a la vida de la ciudad; andaba de un lado a otro buscando qué hacer porque los camiones donde trabajaba se descontinuaron, la fábrica también había cerrado porque tras treinta años de producción descubrieron que no era rentable. Por eso nadie lo recibió como héroe.

Sus antiguos compañeros no se enteraron del regreso, de sus proezas. En la puerta de la fábrica había un custodio desconocido que lo miró sospechosamente y lo persiguió con la mirada a lo largo de la cerca que delimitaba el área.

Al llegar al río, Molina saludó a varios carpinteros de ribera que cuando fueron a contestarle el saludo, y advirtieron la presencia de sus invitados, evitaron mirarlos, seguramente para no verse comprometidos, con rapidez se tornaron sombríos y mantuvieron la cabeza baja, como si no hubieran reparado en ellos. Quizá no querían ser testigos de algo en que pudieran verse envueltos: una investigación policial, cosa que ya era común, según contó Molina. A mucha gente se les tomaba preso o eran investigados por el solo hecho de asomarse en el río. El lugar es una zona vedada, prohibida para supuestos curiosos, amantes de la naturaleza, recién iniciados en la pesca, bañistas, extraviados, parejas que buscan un rincón solitario en la noche, compradores de pescado, turistas. Las autoridades desean que el lugar sea un espejismo, ignorado, inexistente.

Se alejaban de la carpintería saludando a los vecinos que también los miraron como sospechosos. Molina se percató de la desconfianza y anunció, con la intención de que todos lo escucharan, que sus sobrinos vinieron a romper su tranquilidad, que hacía años que su hermana no los mandaba, y aquí me ven, haciendo el papel de tío bueno.

Los niños corrían por el lugar en su aparente juego desorganizado, pero siempre sin acercarse a ellos. Desde lejos Rafael buscó la lancha con el nombre de "Ernestico", era la sexta. Parecía tener buenas condiciones porque sus maderas se veían nuevas. Quiso hacerle una seña al Chiqui pero ya la miraba, y pensó que con tanto interés podía delatar las verdaderas intenciones de su presencia en el lugar. Continuaron detrás de Molina, que al llegar a su barco, se quitó la camisa para presentarlos al dueño de la embarcación vecina, volvió a decir bien alto que sus sobrinos lo visitaban y los trajo a sudar al barco para que aprendan que el trabajo ennoblece al hombre. El vecino movió la cabeza un poco desconfiado como quien dice: no sé nada, no he visto nada, mirándolos detenidamente, inseguro, preguntándose si debía creerle o no porque era muy difícil encontrar en estos tiempos a verdaderos pescadores deportivos, pues se había destapado una fiebre por abandonar el país con tantos adeptos como nuestro deporte nacional, dijo el vecino.

Subieron a la lancha, y el bamboleo hizo inevitable que las otras, con un aviso enviado por las aguas, comenzaran a moverse también, como un manotazo de agua contra sus cascos inutilizados por tanto río y poco mar, y se inició un despertar de maderas húmedas, un arrullo, luego un canto. Rafael se sintió culpable de que echaran a volar las aves que descansaban sobre sus mástiles blancos, el aleteo y los graznidos rompieron la quietud y el silencio acostumbrado de las riberas del río, una gran orquesta que anunciaba la llegada de los desconocidos. El ambiente general se les oponía y a su vez los denunciaba por venir a entorpecer su cotidianidad.

Después de mirar hacia ambos lados de la lancha y asegurarse de que no había espías escuchando desde el agua, bajaron al camarote y Molina se les acercó al oído y dijo en voz baja que su vecino estaba desmovilizado del Ejército, un chivatón redomado, ése es capaz de delatar hasta a su propia madre.

Molina fingía limpiar la lancha y los supuestos sobrinos lo ayudaron, luego arrancó el motor y pasearon por el río, a veces aceleraba para demostrar el estado del equipo que parecía en óptimas condiciones. El vecino los vigilaba desde su embarcación. Rafael le prometió a Molina que al día siguiente se iría para La Habana a buscar el dinero y al regreso se lo entregaría; el otro, por la amistad que tenía con el Chiqui y su padre, aceptó esperar sólo una semana, luego quedaba libre para venderla al primero que apareciera.

En las siguientes dos noches, el barco continúa llenándose; cuando paseamos por sus salones para estirar las piernas y espantar el aburrimiento sentimos el vaho sofocante que desprenden las personas por la falta de higiene, el poco oxígeno y el aire caliente que se acumula dentro de esta caja de metal, y no deseas respirar, aguantas el aire de tus pulmones y no lo sueltas hasta alejarte, alcanzar una ventana por donde corra una brisa fresca y limpia. El barco está lleno de personajes de todas las razas y de todas las clases sociales, desde un médico hasta delincuentes. Me recuerda el barco que construyó Noé para llenarlos de todos los animales, aunque nosotros no podríamos permanecer un año dentro de este casco, nos comeríamos uno por uno hasta extinguirnos.

Cuando nadie lo espera se encienden los motores. Las gaviotas que descansan sobre su estructura graznan y levantan el vuelo, planean y luego mueven sus alas como si las hubieran recién descubierto. El barco vibra hasta que los pistones emparejan, emprende la marcha y toma su rumbo definitivo. Se grita de alegría, otros prefieren bailar, nosotros nos abrazamos, porque a pesar de que no vamos hacia Miami, al menos nos tranquiliza que nos depositen en tierra firme. Me cubro la herida con la mano por temor a que me lastimen. Nos asomamos en cubierta y vemos cómo va rompiendo la inercia, las olas comienzan a abrirse, el barco se encaja en el agua, se hunde y levanta oleaje, cada vez son más altas las olas y sentimos el vaivén hasta que aumenta la velocidad, y ya no percibimos el movimiento que provoca mareo porque ha emparejado; de todas formas no puedo dejar de mirar con tristeza la tierra del norte que me prometí, mientras nos alejamos comprendo que los sueños se aplazan. Algunas gaviotas se alejan y las envidio. Navegamos en sentido contrario, en dirección a la Base de Guantánamo.

Me sorprendo al ver a Roberto conversando con Rolando. En ese momento camino cerca de ellos y siento indecisión de acercarme o no.

—Qué, compadre, ¿no quiere saludarme? —me dice Rolando.

—Vete al carajo —le respondo definitivamente.

Ladea la cabeza y sonríe, como un ¡qué le vamos a hacer!

—Más se perdió en la guerra —me grita.

Ya no le respondo, no me interesa hacerlo. Me alejo en un intento de olvidarlo. Después de un rato de marcha la emoción va pasando, nos sentamos a recordar a los familiares que dejamos, sus preocupaciones, estamos conscientes de la velocidad con que cambian nuestras vidas, cada hecho es un paso hacia algún lugar desconocido y un paso de alejamiento de la niñez. Transcurren varias horas y el calor es insoportable, sabemos que es inútil tanto sufrimiento, por qué llevarnos a un lugar tan lejos si estamos casi en las costas de la Florida, y vuelve la ansiedad, un desespero desmedido que nos iguala a los enfermos mentales: deseos de comernos las uñas, de rascarnos la cabeza constantemente; y uno se sorprende hablando consigo mismo.

Luis se nos acerca sonriente como si nunca le hubiese sucedido nada, dice que hubiese preferido quedarse en la enfermería; pero le dijeron que ya estaba bien y lo botaron para que se uniera con el resto. Enseña como trofeo un nylon con insulina y jeringuillas. Luego saluda a los tres iyawó que andan con Toscano como si fueran los mosqueteros de la religión Yorubá. Joaquín me mira recordando la conversación que sostuvimos.

Camino por las áreas permitidas. Estoy cansado de ver la línea perenne del horizonte y muevo la cabeza para mirarla verticalmente y cambiar el paisaje. A veces me acuesto y rezo por dormirme y permanecer así hasta que toquemos tierra firme; pero al rato ya estoy de nuevo mirando por cubierta, buscando un indicio de que pronto tendré la oportunidad de borrar este presente. Por fin el barco baja la aceleración de sus máquinas y algo me recorre el cuerpo como un corrientazo. La alegría es contagiosa y grito y bailo junto con los demás. La tierra, digo. El barco continúa moviéndose con poca velocidad y gritamos aún más, la piel se me eriza, Toscano me abraza, yo lo aprieto y luego tengo que hacerlo también con sus tres hermanos de religión. Se han pegado a nuestro grupo como si nos conocieran de toda la vida, como si hubieran hecho la travesía en nuestra balsa. Descubro que aunque les agradezco que hayan compartido aquel pan y el pomo de agua, no los acepto porque no sufrieron en el mar como la mayoría de los que nos encontramos dentro de este barco. Lo que une a los hombres que navegamos aquí, es el sufrimiento que de alguna manera nos tocó vivir y compartir, menos a ellos que hicieron su travesía como si fueran en primera clase. Y no es envidia.

Desde que se divisa la costa comenzamos a ir de un lado a otro de cubierta, para descartar la probabilidad de un engaño, se teme que nos lleven a territorio cubano y nos devuelvan a las autoridades, o por algún convenio entre los gobiernos, nos hagan descender en una playa desolada y nos dejen allí sin ninguna posibilidad de supervivencia.

Según el barco se acerca, esa idea se va desechando. Como hay de todos los rincones de la Isla, Manolo pregunta a los balseros si reconocen el lugar, pero se mantienen en silencio, por lo tanto, continúa Manolo:

—Señoras y señores, ladies and gentlemen, tovarichi —y la gente protesta con chiflidos cuando reconocen el idioma ruso, Toscano le da un cocotazo y Manolo pide disculpas—, ok, me equivoqué —dice—, les presento un pedacito de la tierra prometida, aunque esté en Cuba, es norteamericana, algo es algo, ¿no?

Y los balseros aplauden de alegría; saben que el hecho de llegar hasta aquí es como haber vuelto a nacer, burlamos las posibilidades de muerte que nos tendieron. Sentirnos escogidos entre miles, de alguna manera fuimos iluminados por los dioses y hay que ser agradecidos. A la gente se le va quitando el entusiasmo y el rostro se les entristece porque vuelven a evocar las imágenes que han estado evitando desde que subieron a este artefacto.

—No aprietes Manolo —le pide Toscano y se le acerca—. No jodas a esta gente, no son una tropa ni van hacia ningún combate. Borra de tu mente a Angola. Esto es otra cosa.

Y Manolo quiere apartarlo para continuar, pero Toscano lo hala por el brazo y lo vuelve a interrumpir y baila con él, que se deja llevar y se queda con las ganas de continuar hablándole a la multitud.

Al llegar a la boca de la bahía retienen el barco dos horas. Por la desesperación nos parece que el tiempo no avanza. Dos balseros discuten pero no se fajan, están ofendiéndose un rato, luego se cansan y ya no dicen nada, sólo se vigilan de reojo, con malestar; hasta que el práctico sale a buscarnos y luego guía el barco entre las minas. No podemos evitar que las observemos asustados, a veces parece que chocarán contra la estructura de hierro, entonces varios soldados, que se mantienen atentos con unas varas largas, las rechazan.

Manolo mira también las minas pero de otra forma, habla en voz baja, hay algo en él que me atemoriza; las acecha con efusividad, les conversa. Según nos alejamos, el Zapa se va corriendo por la cubierta para permanecer cerca de ellas, como si fueran un imán que lo atrajera; no sé por qué lo sigo, quiero detenerme, dejarlo solo pero no lo hago; llega a la popa y las contempla con dolor, busca algo que no logro entender, mueve la mirada hasta que se fija en mí como si acabara de verme por primera vez, abre los ojos intentando explicar sus sentimientos; y no sé por qué alzo los hombros, quiero decirle que no entiendo lo que busca, y cambia el rostro, mi gesto lo ha mortificado.

—No comprendes nada —y se va molesto.

El práctico abre camino empujándolas con los pinchos. Manolo, ahora un poco alejado de mí, dice a los otros balseros que los soldados les tienen miedo, que son unos cobardes y unos déspotas por la forma en que las tratan, y mientras se queja y critica los ojos se le humedecen.

Dinky, que está cerca de nosotros, se sujeta la barriga, por los gestos sabemos que son dolores de estómago por la hartera que ha tenido desde que nos recogieron. Luis lo acusa de ser un cochinito de alcancía. Ahora el Gordo corre hacia el baño. El barco sigue avanzando lentamente, como si no quisiera acabar de anclar. Se detiene y varios marines lanzan sogas que otros amarran abajo. Luego Dinky regresa sudando y con la cara arrugada por los retorcijones en la barriga, nos mira con rostro suplicante pero fingimos que no advertimos nada, dice que esos barcos de hierro le hacen recordar los tres años en el Servicio Militar que pasó dentro de un tanque de hierro, que desde entonces padece de claustrofobia. Percibo el olor que dejé en la orilla de la playa al subirme a la balsa: cuando el aire de mar se junta con el de tierra es un olor diferente al de mar y tierra adentro, los olores son una alquimia que varían con los sentimientos, los sueños y las lágrimas, sobre todo las lágrimas; a este olor a costa, para ser igual al de la playa donde dejamos a la familia cuando salimos en la balsa, le faltan algunas gotas de lágrimas de una madre, algunos sueños frustrados de juventud, y mucho miedo.

Por los altoparlantes nos ordenan bajar del barco, hay varias guaguas esperándonos y muchos *rangers* que nos vigilan. Según vamos llegando a tierra nos revisan el cuerpo con unos aparatos buscando metales que sirvan de armas. Y levanto el farol y me dejan pasarlo.

Todavía estamos contentos, a veces saltamos y golpeamos la tierra con los pies para recuperar la sensación de firmeza. Las imágenes acogedoras de la ciudad que vemos nos hacen creer que estaremos cómodos; aunque no sea una gran ciudad, podríamos vivirla por el resto de nuestras vidas.

Varios balseros comienzan a tocar rumba en los asientos, en las paredes de la guagua, con palmadas, y se entonan canciones populares. Al ver aquella hilera de guaguas que sale de la urbe y se pierden entre el polvo de la carretera, van dejando de cantar, las miradas clavadas a través de los cristales y los rostros extrañados no entienden nada, ¿por qué nos alejan? Cuando estamos convencidos de que por el follaje tupido y después el monte cerrado no se va hacia ningún lugar civilizado, nos damos cuenta que nos marginan, como a leprosos en la Edad Media. Nos hacemos preguntas que nadie puede responder.

Luego aparecen los campamentos de los haitianos. Algunos cubanos se burlan, dicen que parecen cerdos por la manera en que viven, nos miran en silencio desde sus carpas de lona, varios niños corren por el borde de la cerca y nos saludan, sus cuerpos negros brillan por el sol que reverbera en sus pieles, y cuando ríen resaltan sus hileras de dientes; pero las guaguas continúan otro rato en medio del polvo, nuestro silencio y las miradas asustadas, la asfixia por el vapor que se desprende del techo y las paredes cocinadas por los rayos solares le recuerdan a Manolo las caravanas en Angola. Llevamos el torso desnudo y mojado, las gotas de sudor nos corren desde la cabeza hasta la cintura y se impregnan en el pantalón. La herida en la cabeza me molesta.

De repente, los ómnibus se detienen y alguien dice aquí es, y al bajar veo los campamentos rodeados de alambradas con púas como cuchillos, se me parecen a los campos de concentración construidos por los alemanes para los hebreos o los judíos, de las películas rusas. Y ahora nosotros somos los "jodíos" de esta época.

Los soldados norteamericanos hacen recorridos por los espacios que separan las alambradas de los campamentos, están pertrechados con armamentos antimotines y perros. Me pregunto si ya están predispuestos. Veo a varios cubanos que llegaron antes, discuten por la comida sin respetar mujeres ni niños, se empujan, se ofenden y se abalanzan, todos contra todos, se golpean sin mirar a quién lastiman, un señor de edad avanzada pierde el equilibrio por un empujón y se estrella contra el piso y el cubo donde pretendía echar el alimento se le escapa de la mano y gatea para alcanzarlo; pero otro cae con fuerza sobre la vasija y la quiebra, el anciano molesto golpea sin fuerza a la persona que aún descansa encima de los pedazos de cubo y que no comprende por qué lo agreden, intenta protegerse con los antebrazos, pero se desespera y se defiende y antes de escapar le asesta un golpe fulminante al mentón del viejo que lo obliga a quedar tendido en el piso; nadie le presta atención, comienzan a pisotearlo, pero no se queja, sólo se mueve por el impulso de los que chocan contra su cuerpo.

Siento deseos de correr a rescatarlo, y él sigue sin responder a los golpes y las pisadas. Luis me sujeta por el brazo.

—No te busques problemas —me aconseja—, aquí Superman llora y pierde la capa.

Luego sonríe y queda expectante ante la confusión y los movimientos violentos de los que continúan luchando por alcanzar los alimentos. En las caras de los que observan hay ansiedad, miedo, un grupo que permanece a nuestro lado se divierte como si mirara un duelo de gladiadores, pero a la mayoría se les ve triste, como si no quisieran estar allí presenciando la escena, y ríen porque están nerviosos. Entonces se me quitan los deseos de seguir y me agacho, cierro los ojos; aquí hay que fajarse para poder comer, es la ley del más fuerte, ésos son los únicos que sobreviven, dice Luis que avanza hacia el desorden con los puños cerrados; vuelvo a mirarlos, parecen perros fajados por un hueso.

Los guardias que custodian los ómnibus nos guían hacia otras casas de campaña donde nos reparten jolongos con sábanas, jabones, cubos y cartuchos de espaguetis sin cocinar. Nos hacen saber las reglas del juego, como dice el soldado latino: debemos formar grupos de hasta dieciocho personas que son la capacidad de las tiendas. Nos miramos desconfiados, con el inmenso deseo de estar solos los que viajamos en nuestra balsa. Pero no queda más remedio que escoger, somos cinco y los tres iyawó hacemos ocho, así que sólo buscamos seis más para no estar apretados, entre ellos una mujer embarazada con su marido, otra pareja y una niña. Me le acerco a Roberto y le pido de favor que no vaya a poner al tipo del barco.

—Me dijo que era amigo tuyo; pero que estabas bravo con él.

—Dile de mi parte que se vaya al carajo. No lo quiero cerca de mí.

Roberto levanta los hombros:

—Se me acercó en el barco y como parece buena gente.

—Esos son los peores —le digo—. Entonces puedes hacerme el favor de no agregarlo.

—No te preocupes, él no es mi problema.

Aún no hemos llegado a la carpa. Me siento agotado o aturdido.

No tengo ganas de hablar y quisiera no ver a nadie, temo caer en un estado depresivo. Tengo la mente ocupada, repasando cada detalle de los últimos días, las ideas con que vinimos, encontrar la sorpresa de no dejarnos entrar directamente a los Estados Unidos. Y ahora esto, reunirme con tanta delincuencia, sentir tantas personas deshumanizadas que como salvajes se discuten un poco de sancocho.

Nos abren la cerca del campamento y según voy entrando me siento más disminuido. En la carpa nos entregan los catres, Dinky quiere venir con nosotros y Luis le dice que no, que su presencia no es grata y se va con una mueca de llanto. Los soldados regresan, vuelven a cerrar la cerca del campamento y ponen un candado. Dentro de la carpa no hay luz. Al principio me quedo inmóvil, como todos, tratando de adaptarme a esta realidad que se nos ha venido encima sin darnos tiempo a reaccionar. Preparo el catre y me acuesto, quiero que el tiempo pase pronto, trataré de mantener la mente ocupada con recuerdos agradables. Llevo varias horas en tierra y aún tengo la sensación de que floto, de que permanezco en el agua, y los giros que da mi cabeza cuando cierro los ojos son las ondulaciones del mar, y los vuelvo a abrir asustado, temiendo que haya sido un sueño y que aún permanezca en el mar, porque aquellas vivencias me asustan más. Alguien vomita.

Ha sido una larga noche sin dormir, pensando en los antecedentes de esta aventura y luego en esta calamidad que me he encontrado a la llegada al campamento. Y lo peor, me preocupa lo que falta de estancia en este lugar hasta poder salir hacia Miami. Por mucho que pienso no logro descubrir qué, dónde, cuál, era el mensaje con la presencia de Martí allí en la playa. Alcanzo el farol y con ansiedad lo acaricio, como si fuera la lámpara mágica, esperando que también broten respuestas, o un genio, que no es más que José Martí, y me aclare todas las dudas que arrastro desde su aparición. Sé que estuve conminado, convocado, invitado, alertado, a algo que no puedo saber qué es. Y esa incógnita me va royendo, la indecisión debilita mis fuerzas, cada vez más me hace ser impreciso. Soy como un recién nacido que teme caminar y estira los brazos para que alguien lo sujete.

La claridad del amanecer resurge con lentitud. Siempre que se desean las cosas y llegas a un estado de desesperación te parece que se demoran más. Las carpas y la tierra están húmedas por el rocío y dejan escapar el aroma que aspiramos cuando pasa al galope por la ventana. Desde mi catre saco la mano y trato de atrapar un poco de aire fresco, intento echarlo sobre mi rostro, respiro profundamente buscando en la esencia de su aroma, asociaciones, recuerdos que ayuden a trasladarme y me saquen de esta realidad que me circunda y me oprime. Todos permanecen acostados, están despiertos pero sueñan con el futuro porque imaginan que nuestra estancia aquí será corta. Ojalá que sí.

Apenas aclara, aparecen varios guardias repartiendo un cigarro por persona: *one cigarrette*, repiten una vez tras otra para evitar que les pidan más. Los viciosos estiran sus manos temblorosas y los ojos se abren desesperados, tratan de confundirlos para obtener alguno extra, pero los soldados se percatan de su astucia y les golpean el brazo. Cuando se convencen de que ya no podrán recibir otro, se retiran a un rincón de la carpa y lo encienden, le dan largas bocanadas, se inflan de humo y los ojos les crecen como si quisieran salirse, se mantienen un tiempo en el éxtasis y, al terminar de fumar el cigarro casi hasta quemarse los dedos, les desaparece el nerviosismo, los movimientos comienzan a ser pausados. Entonces se están tranquilos por un rato; luego regresa la desesperación por fumar; caminan angustiados por el campamento buscando entretenerse pero nada los calma, saben que no pueden pagar el precio de sesenta y ochenta dólares por cada cajetilla, según nos han contado los que llegaron antes que nosotros; algunos han cambiado cadenas de oro, sortijas y relojes por cigarros. Las colillas tampoco se desechan, con dos o tres se arman brevas con el primer papel que encuentran, y vuelven a fumar desesperados, con el mismo placer que les diera un cigarro Marlboro o Camel. Yo guardo el mío hasta que decido regalarlo.

Por la tarde algunos haitianos que trabajan en la Base y que tienen acceso a las tiendas, compran los cigarros a escondidas de los guardias y los tiran por la cerca y se arma bronca entre los cubanos, y ellos se ríen y fingen tirar más y los balseros buscan en la dirección de sus amagos hasta que descubren la burla, y los balseros los ofenden, lanzan piedras y los negros echan a correr para guarecerse.

Está llegando la hora del almuerzo. Manolo dice que tendremos que reunirnos varios hombres para salir a enfrentarnos con otros grupos y poder traer un poco de comida a las mujeres y niños que aguardan hambrientos en nuestra tienda; quisiera decir que prefiero quedarme, que el ánimo no me acompaña, por la herida no les seré útil, pero sé que no me dejarían terminar y me gritarían cobarde. Tengo la impresión de que tendré que olvidarme de que soy un ser humano para poder subsistir entre esta jauría y estaré obligado a salir, como un lobo más, a buscar mi presa. Roberto dice que ahora es cuando hacía falta el Dinky, podríamos utilizarlo como la muralla china.

Rolando está unido a nuestro grupo. Tengo que soportarlo. Nadie aceptaría que yo esté como un perseguidor, intentando alejarlo constantemente.

Veo acercarse a un oficial rodeado de soldados con armas largas automáticas: "eso no puede continuar, cubanos tienen que hacer fila por cabaña".

Cuando los soldados nos avisan que podemos ir a recoger nuestras raciones salimos preocupados, temiendo que en algún momento comience el desorden. Me saco las manos de los bolsillos para defenderme y no estar indefenso como el viejo del cubo cuando llegamos. La guardia fue reforzada, cada dos metros hay un soldado que nos mira con frialdad. Recogemos la comida sin disturbios y se lleva para la carpa. Está fría, digo, y algunos ríen cínicamente porque piensan que soy muy exigente. En un abrir y cerrar de ojos nos comemos los alimentos. Quedamos mirándonos todavía con hambre. Observamos afuera y aún están los guardias vigilándonos, y el instinto de ir por más desaparece y preferimos quedarnos sentados y soportar el vacío perenne en nuestros estómagos.

Con brusquedad abren la entrada de la carpa y cuando miramos es el Dinky que viene con la cara mojada y sus cosas bajo el brazo. Ya no tiene la curita en el rostro y la herida le ha sanado. Dice que no estará por allá con desconocidos.

—Cuando decidí guardar las prendas, nunca pensé sólo en mí, a la llegada a Miami servirán para conseguirnos trabajo, o qué se imaginan, ¡que allí nos estará esperando Papá Noel para resolvernos los problemas!; tengo planificado comprar varias rastras y manejarlas entre todos.

—Eres un gordo mentiroso —lo acusa Luis.

—Lo de gordo lo acepto, pero lo de mentiroso no.

Y varios de nosotros nos reímos, pero el Gordo lo dijo en serio:

—No quiero risas —repite—, sólo estaba cuidando el futuro, como harían ustedes en caso de tener esa responsabilidad en sus manos —y al ver nuestro silencio suaviza el tono de voz—. Yo soy comilón, pero es cierto que primero hubiese muerto de hambre antes de canjear en el mar las prendas por comida; eso es para cuando lleguemos a Miami, para levantar nuestras economías y no ser esclavos de nadie.

Nos quedamos callados, creo que le estamos creyendo, o queremos creerle. Toscano dice que sería buena idea para comenzar, que se podría hacer un trato, le cuidarían las espaldas en la Base a cambio de que a la llegada se porte como un hermano y les tire un cabo. Y el Dinky mueve la cabeza aceptando.

—Eso —dice—, eso es lo que siempre he deseado hacer.

Toscano le hace jurar que hará lo mismo por sus hermanos de religión que nos salvaron la vida. Y el Gordo acepta también. Joaquín me busca la mirada y sonríe. Levanto los hombros en señal de que todo marcha bien. Y finalmente, Manolo le señala al Dinky un catre vacío, que de inmediato ocupa sonriendo, les da la mano a todos que aceptan sin mucho deseo. Menos a Luis, que sale fuera de la carpa y se aleja diciendo que por poco se muere y no hizo nada por salvarlo. Pero Dinky no le hace caso, repite que era el único que estaba sin ambiente, pues en las carpas se reunieron los familiares, amigos, cabañas llenas de homosexuales, mudos, negros, religiosos, lesbianas, paisanos, alcohólicos, asociaciones fraternales, jineteras, pingueros, políticos, taxistas, presidiarios, rockeros, y motoristas, esto es un circo y hay para escoger espectáculos de cualquier gusto.

Pasa un rato y aparece Toscano con Luis, dice que quieren cruzar para otro campamento. Roberto les advierte que eso es muy arriesgado, han avisado que al que sorprendan fuera de su territorio lo llevarán para un lugar de castigo. Asegura que esos soldados tienen aspecto agresivo, teme que los golpeen y, al menos él, no provocará esa situación. El Negro insiste y discuten los riesgos posibles y las maneras de poder hacerlo. Me alejo para que no cuenten conmigo. Me siento en el exterior de la carpa, escucho cuando comienzan a estudiar el movimiento de los soldados en espera de la oportunidad para cruzar entre las alambradas cazabobo; el sol hace brillar las cuchillas filosas que cuelgan de sus alambres. Un mínimo roce con algunas de ellas bastaría para desangrarte si no te asisten a tiempo. Las alambradas que rodean el campamento me siguen recordando las películas sobre los nazis.

Manolo, que también quiere cruzar, trae dos palos largos y dice que son para levantar el enrollado y puedan pasar por debajo, les quiere demostrar a los yanquis que con los cubanos nadie puede. Y quisiera decirles que no deseo demostrar nada, que mejor permanecemos tranquilos a esperar una mejor ocasión de salir de este lugar, de nada valdrá comenzar de esta manera; pero como siempre, prefiero mantenerme callado, tengo que cuidarme, así se lo prometí a mi madre, olvidarme de los demás, dejar esa manía de querer ayudar a todos y exponer mi pellejo. No me importa nada, y me lo repito muchas veces.

Dinky se queda por su gordura, dice Manolo, y lo mira esperando que proteste, pero el Gordo no lo hace, mueve la cabeza, aceptando, sin ningún deseo de acompañarlos. Avisan al campamento del frente para que busquen dos palos también y levanten la cerca al mismo tiempo, así el movimiento será rápido y no quedaremos en el camino y tampoco se les dará oportunidad a los soldados a que estrenen sus palos con nosotros, asegura Toscano y se pasa la mano por la piel y luego se pone el puño frente a la boca y sopla algo imaginario mientras va abriendo los dedos hasta que quedan extendidos, supongo que lo hace como tratando de espantar la mala suerte, alejando la mala letra, así seguramente diría si le pregunto. Luis se apura en inyectarse la insulina y luego se echa un pomo con una jeringuilla en el bolsillo.

—Nunca se sabe —dice—, siempre tengo que asegurarme.

Del otro campamento responden que de allá también saldrán varios para entrar en el nuestro; le avisan al Dinky para que los espere con la cerca levantada, y éste responde con una mueca como si le estuvieran pidiendo mucho, dice que si se demora la operación, los guardias podrían verlo y después lo sancionarán; saben, por los que llegaron antes que nosotros y cuentan a través de la cerca de los campamentos colindantes, que los castigados no vuelven a cometer indisciplinas por lo asustados que terminan. Cuentan que los entizan con esparadrapo y los meten dentro de un cajón de madera sostenido en sus extremos como un bombo, lo cierran y comienzan a darle vueltas y a golpear con un palo. Manolo lo interrumpe y dice que no sea pendejo y aguante bien fuerte la cerca aunque los guardias vengan, porque si se la deja caer en la espalda le va a pesar más que el castigo de los soldados. Dinky queda mirándolo fijamente, repite que es muy peligroso, que le han contado que permanecer en el interior de aquel cajón es igual que estar dentro de una campana, los oídos retumban, parecen bombas mientras el cuerpo da vueltas como una batidora; esos minutos son interminables, quieres gritar, suplicar que te perdonen, pero no puedes abrir la boca por el esparadrapo, quieres arañar la madera, patearla, eres incapaz siquiera del más mínimo movimiento; cuando terminan de divertirse y abren el cajón no puedes encontrar la salida, realmente no se sabe si estás de frente, boca arriba o boca abajo, no te acuerdas si estás en la tierra o en el mar, ni tu nombre consigues pronunciar. Por lo general sales vomitado, orinado y cagado. Después te arrastran para los calabozos donde te tiran hasta que Dios, o el santo que esté de guardia, autorice que te saquen de ese infierno.

—Eres un tarado, Dinky —dice Manolo—, no te preocupes, por tu gordura no podrán meterte en el cajón.

Y el Zapa se ríe hasta que ve subir la ronda de vigilancia, hace una señal para que levanten la alambrada del otro campamento y al unísono, salen los de aquí y los de allá y se cruzan en el camino y entran por los huecos con rapidez.

Cuando los guardias los descubren comienzan a correr para alcanzarlos. Dinky se asusta y mira hacia atrás buscando ayuda pero no encuentra a nadie, los hombres aún se arrastran por debajo de la alambrada y en su rostro descubro los deseos de soltar el palo y correr para la cabaña, y sin pensarlo voy en su ayuda, y empujo el palo, y miro al Gordo con cara amenazante para que no vaya a dejarme solo, los soldados tratan de halarlos por las piernas, golpearlos con sus bastones, con sus puños y botas. Cuando sobrepasan el enrollado soltamos el palo y corremos asustados a escondernos en la cabaña y confundirnos con el resto. Me acuesto en el catre a esperar que se me pase el susto, estoy sofocado y lentamente logro calmarme.

El Dinky viene hasta mi cama para agradecerme pero no le respondo y mantengo los ojos cerrados, se queda varios minutos observándome, como si tratara de entenderme, vuelvo a oler el mismo sudor ácido que le recorre el cuerpo, de aquella noche en que lo despedimos sobre el neumático, sigue esperando que yo abra los ojos para atenderlo pero no lo hago, hasta que hace un sonido de impaciencia con los labios y se va.

Aprovecho que el Dinky me deja solo y comienzo a escribirle una carta a mi madre:

21 DE AGOSTO DE 1994

...pronto se solucionará esto, aquí las autoridades nos respetan y admiran por haber tenido la osadía de cruzar el mar; saben que el valor tiene un precio, y ése ya lo pagamos. Por favor, no sufra por mi ausencia que le juro que soy feliz, cada minuto que pasa comprendo que fue necesario abandonar la casa, este sacrificio tiene un precio caro, que sabré pagar, pero recibiremos la recompensa a tanto martirio. Eso creo. Extraño hasta las losas que gasté desde las primeras pisadas de mi niñez. A partir del primer minuto que trascurrió después que salí de mi casa, las cosas fueron diferentes, caminar no suena igual, descubro que las pisadas son otras, ajenas, y mi corazón me desobedece, pues le ordeno hacer una cosa y él me debilita sentimentalmente; la luna no suena igual cuando se apaga al amanecer ni cuando se ahoga por el poniente; la ventana que fui alcanzando al crecer, con el sacrificio suyo, hasta rebasarla y poder ver el primer pedacito del mundo que me pareció infinito, también la echo de menos.

Ojalá que pronto pueda ayudarlos, al menos en lo económico, entonces les pediré las tallas de las ropas y los zapatos, sobre todo de mis lindas sobrinas. Ojalá también que no me olviden ni un minuto, como yo no he podido hacerlo con ustedes ni por un instante. Dígale a mi hermanita que no se desespere, yo buscaré la forma de sacarla con las niñas. Que confíe en mí.

Besos a Maribel, y para usted, no me alcanzan todos los mimos que quisiera entregarle, su hijo.

Comienzo otra carta para mi novia:

Mi amor, nunca imaginé que no verte me doliera tanto. Sé que me fui de tu lado sin poder ofrecerte, en toda nuestra relación, una estabilidad económica, y un futuro digno; sólo pude ofrecerte un manojo de cuentos que escribí a tu sombra y los cuales te dediqué. Quizá de ahora en adelante la vida me depare alguna comodidad material, puede que poca, puede que mucha; pero al final de mis días, habré rezado por haber acabado otros manojos de historias y alguna novela, entonces seré un muerto feliz, y tú una viuda resignada con mi partida. Ojalá que sí. Aquí te envío esta estrofa de un poema de Stevenson:

AHORA QUE MI EDAD ESTÁ COLMADA

Ahora que mi edad está
colmada, y yo
de mi sedentaria vida
despertaré para morir,
enterradme y dejad que descanse
bajo el vasto y estrellado cielo.
Gozoso viví y gozoso muero.
Enterradme y dejad que descanse.

Mi niña, quisiera que cierres los párpados y yo quedarme para siempre en esa última imagen, allí, agazapado en tus pupilas, como un guardián, el censor de tu mirada. Y desde adentro fijar tus párpados para no salir jamás.

Por supuesto, sigo siendo tuyo por siempre.

Después de estar mucho rato escribiendo, Dinky me interrumpe y con gestos me avisa que Manolo y Toscano quieren regresar. No respondo. Pero él se mantiene ahí, esperando que lo acompañe. No quiero ir, deseo decirle que lo resuelva él, que tengo miedo, y sus ojos trasmiten súplica. Me imagino a los otros criticándome por mal compañero. O quizá, cuando necesite yo su ayuda entonces me den la espalda, y aquí, nadie subsiste solo. Y me siento obligado a asumir, como un deber que no puedo ignorar. Y guardo la carta y busco los palos para volver a levantar la cazabobo. El farol lo dejo al lado de la cama.

Los guardias están nuevamente entretenidos y me acerco con cara de joven ingenuo que no planifica ninguna maldad. El Gordo hace lo mismo. Manolo, del otro lado de la cerca, hace movimientos desesperados para que aprovechemos el momento y alcemos la cerca. El Dinky le responde con otras señas para que tenga paciencia, si nos apuramos nos joden y se señala el culo. Los guardias están alejados, y avisamos de que se preparen para cruzar. Con rapidez subimos la cerca y primero salen los hombres que están de este lado. Al mismo tiempo, van saliendo de allá los nuestros que coinciden en medio del camino. Todos se lanzan de barriga como los peloteros del equipo Cuba. Mueven los pies igual que las ranas para no herirse con las cuchillas de los alambres que cortan iguales que navajas. Ahora lo hace Manolo, el resto miran desesperados, temerosos de que los guardias los alcancen. Siento, dentro de la angustia porque se acabe la maniobra, una rara tranquilidad, al ver que los guardias no se acercan. Escucho el grito de Toscano alertando que el soldado ya viene, está casi sobre nosotros. Dinky adivina que quiero soltar el palo, miro al hombre que queda debajo de la cerca. El Negro grita que aguantemos un poco más o lo jodemos, al menos hasta que saque la cabeza, y siento que son segundos largos, pareciera que el tiempo se hubiera detenido, la herida me duele y tengo la sensación de que la sangre me volverá a salir. Manolo me ayuda a sujetarlo cuando me parecía que ya lo soltaba. Le gritan que regrese, no le dará tiempo. Pero continúa y mueve los pies con mucha rapidez con la intención de alcanzar a sus compañeros que ya entran por el otro hueco improvisado, y éste, finalmente, logra salir de nuestra alambrada, y cruza el camino, se tira al piso y se arrastra por debajo de la cerca, sus amigos no quieren perderlo, le gritan que se apure, avanza los primeros tramos con los codos, y lo hace rápido, el soldado corre pero parece que llegará tarde, el balsero ha metido el cuerpo completo, pero el otro llega y lo sostiene por el pantalón y lo hala y lo vuelve a sacar al camino y lo golpea incesantemente hasta que logra neutralizarlo. Ya el balsero no se defiende, finge dormir o está desmayado. Después dos guardias lo toman por los pies y se lo llevan a rastras. Su cuerpo va dejando varias rayas en el trayecto del camino: la primera, que es la más ancha, proviene de su cabeza, luego le siguen dos, más tenues, a ambos lados, que salen de la espalda, y, otras dos, un poco más nítidas y desorganizadas de los brazos.

Llego a mi carpa para refugiarme; desde allí veo cómo lo tiran en la parte trasera de un jeep aún sin recobrar el conocimiento, o quizá no quiere, para que no lo vuelvan a golpear, y se lo llevan. Me digo que no lo voy a hacer más, que conmigo no cuenten para repetir esta locura que no le resuelve nada a nadie.

Pasamos la noche asustados, pensando que podría delatarnos. Manolo y Toscano, que fueron los incitadores, se miran en silencio y no hacen comentarios para no demostrar que están apendejados. Ya los conozco y por los ojos sé cuando están cagados de miedo. Oscurece y seguimos sin hablarnos; a veces el Dinky se sopla la nariz para interrumpir el silencio, volvemos a mirarnos y seguimos esperando. Hasta que nos vamos quedando dormidos, y el cansancio y la espera nos sumergen en una pesadilla interminable.

Al amanecer regresa el mismo oficial que siempre viene a organizarnos en los horarios de las comidas, nos asustamos porque tememos que nos reconozcan y tratamos de no darle la cara, cuando llama a reunión nos mantenemos escuchando desde la cabaña por las que harán un censo para dar tarjetas de racionamiento y que un jefe vaya a buscarla, "así evitar que coman doble". Vuelve a irse y quedamos conformes, como siempre ocurre.

Después empezamos a entretenernos viendo a los soldados en su corre corre preparando la invasión a Haití, contando la cantidad de helicópteros con que se van a tirar, los portaaviones, los Hércules cargados al máximo. Varios cubanos les gritan a los soldados para mortificarlos y así despojarse un poco del aburrimiento. Por los vuelos y salidas de barcos constantes imaginamos que aquello sería un combate sangriento. Luego supimos por los periódicos que los haitianos ni siquiera esperaron a que los invadieran, entregaron el país después que el presidente de la junta golpista, Cedré, lo había abandonado. Cada vez que vemos a uno de ellos le gritamos pendejo.

Mientras ocurría la invasión, algo curioso sucedió entre los balseros, la gran mayoría coincidía en que si los norteamericanos atacaban la Isla mientras estuviéramos dentro, lucharíamos en su contra sin importarnos de qué lado estaba la razón o nuestro beneficio. Ningún cubano aceptaba la invasión a la Isla, aunque fuera definitivo para el cambio de sistema, como la mayoría de nosotros deseábamos. Para todos era humillante aceptar esa manera de cambiar la realidad.

A veces se me olvida que estoy fuera de los límites jurídicos de Cuba y me sorprendo haciendo planes para el regreso a casa, a mi tiempo, mi gente, como si estuviera en una escuela al campo y la separación sólo fuera cuestión de días; aunque la Base ahora pertenezca a los norteamericanos no podemos dividirla de nuestros sentimientos: con cerca, guardias y minas, sigue siendo un pedacito de la Isla. Los próceres independentistas de América coincidían en que todo el continente era una sola Patria. En Europa, después de tantas luchas por las fronteras, volverán a convivir como tribus, tendrán una sola moneda y se moverán de un Estado a otro sin pedir permiso.

El amor a la Patria y a la familia se parecen. Por muchos dilemas que se tengan no se pueden sacar de adentro.

Me sorprendo al pensar qué es lo verdadero del amor a la familia?,

¿a quién le pertenezco y quién me pertenece?; ¿cuáles son las reglas que rigen el carácter?, ¿qué me motiva a amar a una persona que prácticamente no conocía y que en realidad debía de odiar o ignorar? ¿Es algo que nace y se mantiene dentro de uno sin advertirlo, y que luego se insubordina a la lógica? ¿Como las ideas que nos sembraron desde la niñez y enseñaron a respetar?

Recordé aquella desilusión que originó el primer síntoma de cambio. Surgió cuando regresaba de un viaje a provincia y el avión hacía su arribo en el aeropuerto de La Habana. Desde el aire el piloto calculaba su maniobra buscando el ángulo de entrada a la pista, y cuando miré por la ventanilla me recreé con el mar que en la distancia tropezaba contra la Isla como una piedra en su camino; entonces, por la ventanilla opuesta a mi asiento, vi el mar que continuaba empecinadamente su viaje luego de vencer el obstáculo. Sorprendido, volví a mirar por mi lado y estaba el mar del Sur, y por el otro, el mar del Norte, a mi derecha veía a Batabanó y por la izquierda se veían la torres de una fábrica en Mariel, y me parecía imposible que desde un punto pudiera ver las orillas opuestas de mi Isla que suponía inmensa: al menos así lo sentía dentro de mí.

A partir de ese momento muchas cosas cambiaron. Algo se movió en mi subconsciente que comenzó a exteriorizar preguntas sobre todo lo que me rodeaba, que nunca me había cuestionado ni escuchado de otros.

El amor a mi Patria era más grande que la Isla, tanto que rozaba otras costas y pensé en algún momento que llegaban a confundirse mis límites de fronteras y sentí que pertenecía a todas partes. Con toda esa gran duda que me aplastaba, lo primero que intenté fue organizar los sentimientos, aclararme, qué cosa era realmente la Patria. Lo que conocíamos como Patria era el suelo, la tierra por donde caminábamos. Por lo tanto, el ser humano nacido sobre ella no era parte de esa Patria; los árboles, las frutas, los ríos, los animales, las flores, tampoco eran la Patria.

Tendría que concluir que no éramos más que objetos, herramientas, adornos, eslabones disponibles para el concepto de Patria, lo cual nos utilizaba a su antojo y conveniencia, sobre todo para los políticos que movían la concepción a su favor. Lo que me parecía injusto que la superficie no estaba al servicio nuestro, sino lo contrario; el territorio no había sido creado para cimentarnos sobre el, aprovecharnos, vivir y sobrevivir como el factor más importante: la raza. Nosotros habíamos sido ideados para que salvaguardáramos los límites, los guardianes del espacio asignado. Y me sentí incómodo.

Y comencé a desconfiar de cierto nacionalismo que se acomodaba a los sistemas y a los gobiernos, como el concepto de Patria. ¿Quién lo habrá inventado? ¿Qué es un país? ¿Quién decidió por mí los límites del suelo madre que debería de amar y por el que debería morir? ¿Acaso el hecho de que unos hombres se le adelantaran a otros en la conquista es suficiente? ¿Si a la Isla de Pinos hubieran llegado los portugueses primero que los españoles, entonces no fuera parte de nuestra Patria? Y sin embargo, ahora habría que morir por ella. Martí escribió una carta desde su destierro en aquella Isla, y se decía lejos de la Patria.

¿En una de las tantas guerras, ahora casi inexplicables que existieron en la época, la mitad de la Isla de Cuba no pudo haber quedado dividida como Haití y Dominicana, que ni siquiera hablan el mismo idioma en aquella misma porción de tierra, sabiendo además, que esta última isla era parte de la nuestra y fue separada hace millones de años por una fenómeno sísmico, y que a su vez la Isla de Cuba también lo fue del resto del continente por un fenómeno similar?

¿Si Jamaica se hubiera mantenido bajo el dominio español fuera parte de la llamada Patria, como lo es ahora la Isla de Pinos? ¿Si las Islas que aún son colonias de las grandes potencias son conminadas a enfrentar una guerra con las Islas vecinas, qué de patriótico tendría? ¿Patria? Entonces, ¿qué es la Patria? ¿Qué es un país? ¿Patria será sentir la extrañeza material del medio donde crecimos? ¿Será la añoranza?

¿Los que viven en Los Ángeles sienten como Patria a México o a los Estados Unidos de América? ¿El mero hecho histórico y geográfico es suficiente para regir los sentimientos humanos? ¿El cielo de un país es importante? ¿De quién son las estrellas? ¿Qué es el cielo? La tierra da vueltas sin cesar y ese forro azul va cubriendo otras porciones de tierra, de Patrias también. ¿El cielo que vemos ahora será el mismo de ayer o de mañana? ¿Y las estrellas no correrán junto al manto oscuro como pegados a una cortina?

¿Cuál es nuestra agua cálida? El agua choca con las paredes del Caribe como una pelota de ping-pong o el balón que entra en la portería como gol después de burlar a Cuba, que juega como portero, y el resto de las Islas como defensas. ¿Quién administra el agua que nos rodea, cómo hacemos para no dejarlas ir y juntarse con las que cruzarán el océano hasta llegar a otro continente y viceversa?

¿Cuál es la tierra que guarda a nuestros antepasados y sus tradiciones, si nuestros ancestros estuvieron durante muchos más siglos en Europa y en África que en América?

¿Qué es la Patria?

¿Cuál es la Patria?

¿Dónde está la Patria?

Sé que son preguntas ingenuas, tontas, puros lugares comunes; pero muchas de sus respuestas han servido de consignas políticas y mucha sangre se derramó por ellas. Yo sabía, o podía entender, que la Patria es el "Ser social", una condición de vida que está en cada instante de nosotros, que nos caracteriza como pueblo. La manera de comer, caminar, hablar, gesticular, hacer el amor, mirar, respirar; pero también llegué a la conclusión de que todos esos detalles vivían dentro de mí, estaban asimilados y eran parte del "yo", entonces, si podía deambular de un lado a otro con todos ellos, me afianzaría a algo más sólido y eterno: pertenecería al partido de la creación, y a una Patria sin límites ni mares ni fronteras adyacentes, definitivamente, como dijo el Apostol:

"Patria es Humanidad".

En una entrevista que le hicieron a Gastón Baquero, el gran poeta cubano que había vivido exiliado en España por más de treinta años, respondió que él nunca se había sentido lejos de la Isla, porque se la había llevado consigo, dentro de sí; todo lo que le interesaba del Universo estaba allí dentro... "Mi país lo llevo conmigo, en mi castillo interior. En cualquier punto del planeta donde uno se encuentre, se está a la misma distancia de las estrellas".

¿Acaso todo no será más que la identidad, aquello que nos rodea desde el nacimiento, las pequeñas costumbres que se juntan y se forman y nos rigen? ¿No será más que los códigos y símbolos con que nos educaron y crecimos y a pesar de nosotros viven en el subconsciente?

Por eso nada vale tanto sacrificio, la verdadera Patria está dentro de uno, en los intereses que podamos perseguir, en nuestras ambiciones y sueños; el resto es pura mierda: *The rest is silence.*

Antes del mediodía reparten las tarjetas de racionamiento y dicen que designemos un jefe para ir a buscar los alimentos. Nos ponemos de acuerdo que debe ser Toscano, tiene chispa y no le da pena exigir que le echen un poco más.

—Total —dice Luis—, para comernos esa comida más fría y tiesa que un muerto.

Realmente aborrecemos el sabor, siempre es un arroz amarillo con perro caliente que cuando llevas varios días ingiriéndolo no hay forma de que te baje por la garganta.

—Algo es algo —asegura Roberto—, no tienen por qué darnos nada.

—No seas tan guatacón con los yanquis —lo critica Manolo—. Por eso no te van a mejorar ni a calentar.

La desilusión va creciendo a medida que pasan los días, cada vez hay más gente que quiere regresar. Nos hemos adaptado a la custodia rigurosa que mantienen alrededor del campamento.

Varios soldados nos llevan en pequeños grupos por cabañas a otra carpa que han levantado como oficina: preguntan de dónde somos, dirección, edad, grado de escolaridad, oficio, vicios: bebidas alcohólicas, si se fuma; nos examinan buscando huellas de drogas, nos vacunan, y entregan una chapa con toda la documentación y un relojito negro cuya esfera es ciega, no se ve nada; adentro hay un número que te identifica en la computadora: cuando hacen un conteo o te detienen y quieren saber quién eres, sacan un aparatico, como una secadora de mano, que de inmediato les da los datos. A pesar de todo, estas humillaciones nos ponen contentos; comprendemos que ese trabajo que se toman no es por gusto, más bien nos brinda la esperanza de que nos llevarán pronto para los Estados Unidos. Otros no creen en promesas y rompen los relojitos por la curiosidad de ver qué hay en su interior; además, dicen, para comprobar que no guardan ningún artefacto explosivo, como han visto en las películas, y los hagan accionar a su antojo. Para tranquilidad de todos son inofensivos, es un enrollado pequeño de cobre con una lámina digital.

Es de noche, y a la única conclusión que podemos llegar es que perdimos un día de nuestras vidas y el aviso de un próximo día que con seguridad, perderemos también.

La noticia que llega y repiten los soldados norteamericanos, es que Clinton no quiere recibirnos y no tendremos otra opción que regresar a Cuba. Se percibe en el ambiente la desesperación que va en aumento, como una olla cuando va acumulando presión. Hoy se cumple el primer mes del día que salimos de Cuba; tengo la sensación que ha pasado un año desde que despegamos de la costa. Nadie llegó preparado mentalmente para estar encerrado más de un mes, cuando lo que andábamos buscando era libertad y ofrecimos el sacrificio de jugar con nuestras vidas. Acostumbrados a vivir en una isla tan pequeña, a ver sus costas varias veces en el día, a viajar en ómnibus atestados de pasajeros y sentirnos oprimidos y con falta de aire, a convivir en hogares con barbacoas donde no cabe ni uno más, a recibir constantes negativas en los intentos legales por abandonar el país, al final, sufrimos el síndrome de la caja de fósforos, padecemos de una claustrofobia delirante, y nos vamos acalorando, asfixiando por este encierro, que es más opresivo y peor que aquel de donde vinimos.

Me pregunto si para otros, el hecho de dar un viaje fuera de sus fronteras políticas, significa el mismo sacrificio del cambio, las añoranzas, si es común a todos los isleños, o en nosotros repercute más porque el sistema socialista hace difícil la salida del país y eso, al final, nos arraiga más, porque somos personas con menos mundos, menos sensaciones de pertenecer, o estar en lugares distantes al nuestro.

Hoy también comienzan las clases en Cuba. Me gustaría acompañar a Maribel a la universidad. Marcar ante los demás que tiene novio para evitar que se le acerquen, cuidar el territorio del macho. Pero nada puedo hacer desde aquí. Nada más que joderme y llenarme de celos y ganas de abrazarla.

Cada vez son más las quejas por la falta de agua, el piso de tierra, los catres insoportables que nos rompen la columna lentamente, y las carpas de lona que cuando se calientan por el sol hacen insoportable mantenerse dentro de ellas porque se convierten en hornos; aquí parece que hace más calor que en el resto de la Isla, es un vapor insoportable que al chocar con la tierra arenosa reverbera y nos quema poco a poco. En toda la Base no hay árboles donde podamos guarecernos y aliviar la sofocación, se anda con trapos amarrados en la cabeza como los árabes, y paños húmedos que vamos pasando por los párpados y los labios para evitar que se recalienten y se rajen o se quemen.

Se comenta que entre los campamentos somos cerca de cuarenta mil cubanos. Para donde quiera que uno mira sólo ve carpas, una detrás de la otra hasta que se nos pierde la vista. Nos quejamos y los soldados no pueden ni quieren atender ninguna reclamación; nos miran como diciéndonos que no seamos mal agradecidos, que cualquier cosa para nosotros está bien, puesto que no tenemos derecho a nada. Lo sabemos, pero la mayoría lo hace por presionar, por mortificar a esta gente a ver si nos sacan lo más rápido posible de aquí.

Estamos sentados alrededor de la cerca, pensando en la familia, en lo que estaríamos haciendo de no haber venido a esta locura, en cuándo se acabará esto.

Una piedra cae cerca de mí, y nos cubrimos pensando que es un entretenimiento del campamento vecino, que quizá quieran echar una guerrita; rápidamente rastreamos a los agresores y los vemos haciendo señas para que la recojamos. Todavía dudoso, Luis busca la piedra que está envuelta en papel: es una nota alentando a una huelga con el propósito de tomar la ciudad, apoderarnos de los barcos y dirigirnos a la Florida, o de lo contrario, presionar para llegar a un acuerdo y acaben de sacarnos de aquí. Desde el otro campamento tratan de convencernos con la idea de que ya en la ciudad, apoderados de las familias norteamericanas que viven allí, no van a tener otro remedio que acceder a nuestras exigencias sin recurrir a la violencia. La hora convenida es a la seis de la tarde, se comenzarán a romper las cercas y unirnos. Al final del aviso, piden que tiremos el papel al campamento siguiente. Sin decir nada, Luis lo envuelve y lo lanza. Creo que de mirarnos ya sabemos lo que cada cual piensa. Cuando me preguntan mi opinión alzo los hombros aturdido; Roberto dice que hay que pensarlo bien, las cosas no se hacen a la ligera, esa gracia puede costarnos la vida, los americanos no se dejarán intimidar, este lugar es estratégico y tendrán mil formas para evitar que lleguemos a la ciudad, este pedazo de tierra lleva treinta y tantos años en pie de guerra al igual que los del lado contrario, y señala con el dedo hacia Caimanera.

Quiero ir al baño aunque no sé a qué, porque el cuerpo no me lo pide. Necesito soledad para pensar, y ése es el único sitio donde encuentro la tranquilidad de una biblioteca. Los baños son plásticos y están apartados, entro y me agacho sobre el hueco sin bajarme el pantalón. Pienso en los peligros que se avecinan y lo que debo hacer para salir ileso, si debo quedarme dentro de la carpa o seguirlos a enfrentar con las manos vacías al ejército más poderoso del mundo. ¿Cómo le podría justificar a mi madre que después de llegar hasta aquí, perdí la vida? Pasa un tiempo que no puedo determinar, y en definitiva no llego a ninguna conclusión y regreso a la carpa. Cuando entro hacen silencio. Manolo se acerca y me dice que necesitan saber si estoy con ellos o en contra de ellos, así, sin términos medios, que es como deciden los hombres de verdad. No demoro la respuesta y digo la única posible, no tengo otra, aunque no puedo dejar de reconocer que quisiera tener una alternativa: estoy con ustedes, siempre con ustedes. Manolo y el resto sonríen, me tira el brazo por el hombro, sabía que no ibas a fallar.

A las seis de la tarde el campamento Noviembre II, que está frente al nuestro, derriba las cercas y les tira piedras a los soldados que retroceden en desbandada; el campamento la India hace lo mismo; Luis y Toscano comienzan a sentirse eufóricos y sueltan pinga y cojones y saltan por la excitación, Roberto me asegura que pensándolo bien, no dejan otra alternativa, ahora sí nos vamos para la Yuma o le hacemos otra Revolución del lado de acá. Alguien le aconseja que no lo repita ni jugando. Roberto aclara que es un chiste de humor negro, pero ya nadie lo atiende; miramos caer las cercas de los demás campamentos o cómo ponen mesas de madera sobre las alambradas hasta hacerse una masa compacta que me recuerda las marchas en la Plaza de la Revolución, a Fidel moviendo las manos constantemente con los grandes prismáticos colgados del cuello.

Alguien me toca por el hombro. Me vuelvo y no logro identificar a la persona que me sonríe, pregunta si no lo reconozco, respondo que no, dice que es Norberto, mi primo de Cruces, el hijo de mi tía Margarita. Primero hace una mueca, después le tiembla el mentón, los labios, los pómulos, arruga la frente y se echa a llorar; me cuenta que no pudo despedirse de su mamá, fue algo rápido, un embullo sorpresivo en el que no tuvo tiempo de llegar hasta la casa, porque con el camión se iba la balsa, también iba su hermana Gloria que había decidido irse con el novio a espaldas de mi tía. Además de la emoción por irse, se sintió obligado a acompañar a su hermana, aunque fuera cuatro años mayor que él, y temía por su vida en una travesía tan peligrosa. Pensó que en unos días podría comunicarse con su mamá, pero las cosas se complicaron, jamás llegaron a Miami. Le escribió una carta a mí tía pero aún no ha recibido respuesta, ahora tiene cargo de conciencia. Imagino a mi tía preocupada por sus hijos, y saco de mi bolsa una pastilla para que se calme porque no puede contener el llanto. Le pregunto por mi prima y dice que al llegar se peleó del novio que se puso celoso con un guardia gringo que la enamoraba. Dice que el tipo vino hace dos días a buscarla y luego ella no había regresado. Estaba preocupado por su paradero.

Lo invito a convivir en mi carpa y cuando aparezca la prima la traemos también, y contento, igual que un niño, con sus quince años. Busca sus pertenencias, lo ubico en un catre cerca del mío y me mira sonriente, lo ayudo a acomodarse. Siento a mi primo como un animalito indefenso y tengo deseos de acariciarlo igual que a un niño chiquito, pero pienso en lo que dirán los otros cuando nos vean tocándonos y quieran hacernos bromas.

Se corre la voz de que se nombre a cinco líderes y que se reúnan en el campamento Ma. Calla. Todos hacemos silencio. Venimos de un lugar donde constantemente sobran las oportunidades de ser mártires. Nadie levanta el brazo cuando vuelven a preguntar quién se brinda para representarnos. Pienso que a los líderes siempre les va peor, voy a decir que nunca he servido para mediador.

—¿Acaso no hay hombres aquí para que me representen? —veo a la mujer que habla que comienza a ponérsele el rostro rojo por la ira—. Si es así me avisan, que entonces me basto sola.

Enseguida se levantan varios brazos y la mujer, emocionada o asustada, se echa a llorar y se abraza a su bebé. Escucho una voz que viene desde mi espalda diciendo que quién la había mandado a venir para ahora estar empujando a los que no conoce. Tengo deseos de virarme y decirle que tipos como ellos debían de haberse ahogado en el mar, pero me hago el que no escuché, realmente no debe importarme, no son horas de hacerme el abogado de las causas justas, porque apenas soy un ser humano, soy un preso, un perro, nada; además, quién defendió a Julio o a Pablito junto con aquella cantidad de personas que flotaban a la deriva, vayan todos al carajo, después de haber visto tanta fatalidad no entiendo por qué tengo que solidarizarme con lo ajeno, consciente o inconsciente debo convertirme en un hombre duro, capaz de enfrentar la soledad, los malos sentimientos, el desinterés del capitalismo por el hombre. Asumirlo puede ser la única manera que logre subsistir y vencer; por lo tanto, me obligo a mirar a la mujer como algo sin importancia.

Después de varias propuestas escogemos a cinco líderes, no me sorprende reconocer a Rolando como uno de ellos. Luego se reúnen con el resto de los representantes y se van a conspirar. Nos sentamos porque la espera nos pareció larga, evidentemente no se ponen de acuerdo, dijo Toscano. Observo a las personas que me rodean mientras esperamos el aviso para dirigirnos hacia la ciudad, están tensos y temerosos por lo que puede avecinarse. Cuando los líderes terminan de planificar la estrategia, gritan que el primer objetivo es llegar a la ciudad, después tomar por asalto los barcos y, al final dirigirnos a Miami; pero que lo más importante es que decidieron dónde volverían a verse, hacer un estado mayor en cada punto que lleguemos, porque tomar los barcos no será fácil; por lo tanto, se haría un plan para no perder inútilmente vidas humanas, levantan los brazos con un gesto de avance, lo hacen con rapidez y emocionados. Busco el farol y vuelvo a amarrarlo a la trabilla del pantalón.

Y comenzamos a mover aquella marea de balseros que enfila por la carretera buscando la ciudad, una estampida de miles de personas desesperadas y obstinadas. Varios jeeps de los militares de la Base escapan a toda velocidad para avisar al mando. Nos encontramos con amigos y vecinos del barrio.

Los líderes de los campamentos señalan adelante, gritan que avancemos hacia la ciudad: enfurecidos y tirando piedras arrasamos con todo lo que topamos: primero, un pequeño almacén de ropas donde nos detenemos a vaciar las cajas. Al terminar, proseguimos camino: la gente está feliz por el desorden. Rolando va delante, como si fuera alguna de las tantas marchas en que participó en La Habana. "Tipos como estos no mueren", siempre decía un vecino mío: "hay que matarlos". Al pasar por el campamento de los haitianos les lanzamos piedras y ellos se esconden, nos gritan que estamos *crazy*, y precisamente, por la expresión de pánico que se les desborda por los ojos, descubro o imagino lo que podría esperarnos. Luis les grita pendejos.Y me pregunto si los cubanos somos demasiado valientes, o demasiado ingenuos.

Los iyawó vienen también en nuestro grupo, apenas hablan ni opinan, sólo se mantienen a nuestro lado y apoyan las iniciativas de Toscano. Todas las noches y las mañanas rezan. En la esquina donde está su catre tienen imágenes de santos. La ropa blanca que trajeron la han tenido que ir sustituyendo por otras de colores diferentes.

Entre la multitud, descubro con sorpresa a Carlos, el Político, se me acerca contento, lo abrazo y le digo que lo imaginaba en Cuba haciendo guardia del Comité y huyéndole al Jefe de Sector; dice que no joda, en todo caso estaría en su cuarto de interrogatorio en Villa Marista. Nos cuenta que los tipos de la balsa donde subió se cansaron de su lloriqueo y lo tiraron al mar, inmediatamente que sintió el contacto con el agua se le quitaron los mareos y los vómitos, pensó que no iba a ver cómo se caía el comunismo en Cuba y le entraron unas ganas de vivir, de luchar por su vida, la boca se le llenaba de agua tras cada grito de súplica por el pánico de verse abandonado, la voz se le fue perdiendo, dejó de sentir los brazos por el cansancio, así permaneció una hora, hasta que una familia que pasó cerca lo recogió. Dice que Dios no quiso que muriera aquel día porque oportunidades no faltaron. Le pareció ver por la cerca de un campamento vecino a uno de los tipos que lo tiraron, que esos rostros nunca se le van a olvidar.

—Averigua en cuál campamento están —dice Toscano, que recién llega y escuchó el final—, para vengarnos con una buena ración de palos.

Invito a Carlos a que se nos una, y dice que por supuesto, que esto no se lo va a perder, que le recuerda el 5 de Agosto.

—Desde que llegué los ando buscando —asegura Carlos—, tenía una soledad del carajo.

Sigo caminando, comprendo que el Político no interiorizó lo que había dicho, resulta que a esta gente le estamos haciendo lo mismo que a los comunistas. Manolo grita que somos cubanos y absolutamente nada nos va a dividir. Le digo a mi primo que esté atento para si vemos a la prima poderla traer con nosotros, y mueve la cabeza aprobando. Joaquín se me acerca, ya no tiene ropa de iyawó, me da una palmada en el hombro y me da un poco de agua que trae en un pomo. Se lo agradezco. Mi primo toma también.

Ha caído la tarde cuando topamos con un camino que se bifurca y seguimos por la carretera de la izquierda, subimos una loma y veo que la gente se detiene bruscamente; pregunto qué sucede y nadie responde, me abro paso entre los que regresan asustados hasta llegar al frente. Veo un cordón de *rangers* antimotines con cascos, escudos y fusiles, tienen la cara pintada, alguien que está a mi lado dice que ésos son asesinos con grandes condenas, los escogen de las cárceles de máxima seguridad, casi todos han matado a algún familiar; cuando escucho esto busco al que está hablando y es un tipo en cuyo rostro se descubre un pánico tan desproporcionado que me contagia su miedo.

Miro a Carlos, me pregunto si debimos hacerle caso y regresar a nuestras casas, o si no debí unirme a la balsa, que ha sido un viaje inútil, un destino equivocado. Así permanecemos un rato, mirando a aquellos soldados que nunca antes había visto frente a mí, sólo en los noticieros y en el cine. Todos son altos, corpulentos y en sus ojos se descubren verdaderas intenciones de dañarnos. Busco con la mirada a Carlos, a Manolo, Toscano, Dinky, y Roberto, no veo a nadie conocido, salvo mi primo y Joaquín. Estoy triste y asustado. ¿Cuándo se va a acabar tanta mierda?

Detrás del cordón de los *rangers* salen los guardias que nos atienden diariamente en los campamentos, se acercan desarmados y cautelosos, explican que es una locura seguir adelante, que si nuestro propósito era avanzar hasta la ciudad nos equivocamos de camino, era por la derecha, este camino los lleva a donde están los túneles con los armamentos, nunca se les permitirá llegar allí, les costaría muchas vidas, y ya es tarde para regresar al otro camino, en este momento están tomando posiciones los *rangers*, si se meten allí sería como en una ratonera, será peor que aquí, y pueden estar seguros que de este lugar no saldrán bien parados.

Otro guardia, de los que mejor habla español, se nos acerca y mira a su alrededor para asegurarse que los otros soldados no escucharán lo que nos dirá:

—Recapaciten, muchachos —dice—, puedo asegurarles que los americanos no somos buenos. Ustedes hagan la huelga, lo que quieran, pero acuérdense de que la fuerza la tenemos nosotros, si nos da la gana desaparecerlos, desaparecen.

Un soldado latino que escucha la conversación se acerca.

—Yo he visto aniquilar a pueblos enteros y nadie se ha quejado, así que les aconsejo que realicen las huelgas que quieran pero de aquí no pasen —hace una pausa para mirar a su alrededor—, no se les ocurra dar un paso hacia adelante, mejor regresen a sus campamentos.

Quedamos callados, atemorizados, tenemos que escoger: o retornamos aceptando que nos impongan lo que quieran o dejamos que nos despedacen con sus escudos, bastones y culatas de fusiles.

—Lo advertí —repite un viejo—, sabía que algo así sucedería. Los americanos no son por gusto los americanos, ni le han regalado esa fama a escala mundial —y comienza a reír mientras nos señala a todos—. ¿Cómo podían presionarlos una partida de hambrientos sin patria, si ellos se cagaban en las decisiones de la ONU y de cuanto organismo internacional se ha inventado? —y continúa riéndose.

Pienso que el viejo tiene razón, a pesar de todo, seguimos con la mentalidad antiimperialista con que nos han formado: que en verdad podemos contra los americanos, que su hegemonía es puro alarde. ¿Debemos creer en que nuestros muertos alzando los brazos nos sabrán defender todavía? Entonces es preferible dejarles esta situación a nuestros próceres y nosotros regresar a los campamentos; ¿cuando un pueblo enérgico y viril llora la injusticia tiembla?, ¿sería posible eso, si esta gente no tiembla ni por su madre? Como siempre, la teoría a veces sirve, pero en la realidad las cosas son diferentes. Después de ver lo que le costó a Saddam Hussein enfrentarlos al no querer salir de Kuwait, sólo una partida de locos puede creerlo. Nos sentamos para pensarlo mejor, yo no le quito los ojos a los *rangers* por si les dan la orden de avanzar, estoy decidido a no ser ningún líder y mucho menos mártir.

Con la vista recorro los contornos por si intentan rodearnos y descubro a Luis sentado en la tierra inyectándose en el muslo. Varias personas comienzan a sugerir qué deberíamos hacer, todas coinciden en llegar a un acuerdo. Pero en definitiva, no encontramos una salida decorosa a esta situación, que es, además, muy clara: retirada inevitable. Pero nuestro barato machismo, que nos persigue a todas partes, no nos deja mencionar la palabra miedo. Desde hace rato se ha hecho un silencio en el resto de los amotinados, sus rostros claman por una solución pacífica.

Y sentimos un ruido de camiones en la punta de la loma que queda a nuestras espaldas. Pienso que seguramente traen más soldados y entonces sí que nadie nos salvará de la paliza, pero de repente los camiones se detienen, hacen funcionar sus volteos y dejan caer latas de carne, jamones y una enorme variedad de confituras. Aquello desata el mayor caos en nuestra gente, todos corriendo hacia los camiones, se empujan, saltan por sobre los que caen; mientras corro pienso en tantas cosas, en lo inteligentes que han sido, en lo que decía un viejo todas las mañanas esperando el periódico en la esquina de mi casa; que Cuba podría resistir varios bombardeos y salir airosa, lo que sí no resistiría era un bombardeo de Mc Donalds y Coca Colas.

Pienso en la humillación de aceptar aquella derrota como niños a quienes sobornan con caramelos, en lo que comentará la comunidad cubana en el exilio y en lo que dirán en la Isla cuando se enteren de esto, en las risas que despertará en unos y la vergüenza en otros. Me acuerdo de las tantas veces que Fidel habló de vergüenza y dignidad, quiénes carajo somos nosotros para manchar la historia cubana; aunque a la vez estoy alegre, pienso en la segura paliza de la que nos hemos librado.

Al llegar a los camiones, que parecen estar rodeados de un enjambre de abejas locas, puedo, después de varios empujones, alcanzar una caja de bombones y un jamón. Vuelvo a mirar hacia los *rangers* que permanecen inmóviles; entonces comprendo que no hago nada allí y regreso al campamento. Retorno con mi primo, dice que no entiende nada, que debimos seguir hasta la ciudad, que él estaba dispuesto a enfrentar a los *rangers*. Por el camino voy mordiendo el jamón para tener al menos alguna ventaja por si debo compartirlo al llegar a la carpa. Mi primo se calla y extiende la mano para morder también.

—¿Nada de mi hermana?

—Nada —le respondo.

Los campamentos se mantienen sin cercas, ahora sí que será difícil la convivencia con tanto relajo. Me acerco a la carpa, están sentados en la puerta satisfechos por lo que han comido. Tienen la boca manchada de chocolate. Me brindan otras cajas que dejaron guardadas en el interior de la tienda y muevo la cabeza negando; insisten como queriendo mostrarme sus riquezas.

—Me basta con lo que traigo —digo, y se me quedan mirando sin comprender.

Entro sin mi primo que se sienta junto a ellos. Me acuesto boca abajo, necesito cerrar los ojos, imaginar por un instante que estoy en La Habana rodeado de mi gente. Me molesta pensar que mi novia tenga algún enamorado, me mortifica saber que ya no podré ganarme el premio de cuento de la UNEAC, ni el Casa de las Américas, tampoco el Concurso de Amor de Las Tunas ni el de La Gaceta; me pregunto si podré continuar siendo escritor en otro país, si los premios tienen el mismo significado, el mismo valor, si los escritores son tan respetados por la sociedad como de la que provengo, me juro que si al año no he podido escribir un libro me pego un tiro, coño, sé que no podré vivir sin ordenar oraciones, sin llenar páginas de palabras.

Los que están en la puerta de la carpa me invitan a visitar los campamentos vecinos. Voy a responderles que no, quiero quedarme solo, pero repiten que deje de atormentarme, eso hace más daño, que haga como ellos que buscan constantemente algo que los mantenga sin pensar en la gente y en las cosas que dejaron. Y ellos me dicen que también aprovecharán para buscar a los que tiraron a Carlos al agua, y creo que me gustaría descargar la rabia, deseo soltar la violencia que me acompaña, además, siento que haría cualquier cosa con tal de sacarme a la vieja de la cabeza, y para no imaginar más a Maribel con la cara triste. Y mi primo me dice que quizá veamos a mi prima, que volveríamos por la carpa donde estaban por si saben algo. Me levanto y salgo y los acompaño en el recorrido. Algunos tocan rumba con latas y cucharas, cantan a los santos y a Clinton, piden su protección. A veces me parece que somos tan fríos, tan insensibles, cómo podemos divertirnos sabiendo que nuestras familias no saben que estamos aquí, vivos, seguramente la preocupación los mata.

Llevamos un rato de recorrido, mi primo está alegre y me tira el brazo por los hombros. Pero después que pasamos por la carpa y nos dicen que no saben nada de su hermana, entonces él se pone triste. Detrás de una carpa vemos a varios hombres golpeando a otro, le pegan con rabia, y aún se les nota la impotencia de no poder hacerlo sufrir más. Nos acercamos y escuchamos los comentarios de que había violado a una muchachita. El cuerpo no alcanza para tantos pies que desean patear. El hombre ya no grita, apenas es un bulto que se mueve de un lado a otro, tiene la cara manchada de sangre y los ojos no se le ven por las inflamaciones de los pómulos. Pienso que si desearan saber quiénes lo golpearon sólo tienen que revisar los zapatos. Digo que quiero estar lejos de este lugar. Mis acompañantes no insisten en quedarse y me siguen.

Nos asomamos al camino para escuchar el ruido de motores que se acercan, son tres camiones que traen la comida, se detienen en el medio de las carpas. Al intentar descargar, un grupo de hombres los rodean, otro se abalanza sobre ellos, trepan como si fueran piratas, viran los tanques de basura y luego los tiran por el aire, golpean el parabrisas que estalla y se cuartea en cientos de pequeños pedacitos. Los camiones salen en retirada y levantan una polvareda que enceguece a los balseros. Los que quedaron encima del volteo, por la desesperación de tirar más alimentos, deciden lanzarse al borde del camino para no ser aplastados por el camión siguiente. Los hombres se reparten el botín como verdaderos piratas o asaltadores de camino.

Confirmo algo de lo que ya estaba convencido y todo el mundo sabe: en estas emigraciones viene alguna gente buena pero, por lo general, son delincuentes, presidiarios que no están preparados para hacer una vida decente en ninguna sociedad. Muchos extranjeros que conocí se maravillaban de cómo se vive en Cuba, decían que nadie trabajaba, las esquinas permanecían atestadas de jóvenes conversando a todas horas, bebiendo ron desde el amanecer; calculaban el tiempo que cada trabajador perdía en las paradas esperando un ómnibus, o en las colas por los alimentos racionados, cuánta energía perdida; aseguraban que si algún día regresa el capitalismo, a los cubanos les tomará varios años adaptarse.

A veces les doy la razón a los yanquis por tomarse este trabajo con nosotros para discernir quién, verdaderamente, vale la pena, para darle entrada a su país y se incorpore a su sociedad, tienen la experiencia del Mariel, la manera en que subió el índice delictivo a la llegada de los "marielitos", palabra que se convirtió en mote despectivo, en sinónimo de delincuente: la mayoría todavía niega haber pertenecido a aquella generación de emigrados. Seguramente que ahora la palabra será "balsero". No sé si el futuro nos depare sentirnos orgullosos por ello o nos perseguirá como una pesadilla de la cual tendremos que avergonzarnos por el resto de nuestros días. El tiempo lo decidirá.

Un jeep con altoparlante pasa avisando que debemos regresar antes de la seis de la tarde a nuestros campamentos porque se acerca un mal tiempo; repiten que regresemos a las cabañas donde fuimos ubicados, el que no lo haga estará cometiendo un acto de indisciplina grave. Apenas escuchamos lo que dice y cada cual sigue conversando, y continuamos el recorrido por los otros campamentos. Carlos mira para el interior de las carpas como si fuera un policía o un inspector, busca a los hombres que lo tiraron al agua. Los sigo como un autómata, según pasamos por los diferentes grupos escucho chistes, anécdotas de Cuba, de lo que dejaron. Me mantengo en silencio, continúo sin deseos de hablar, tengo tantas ideas dándome vueltas en la cabeza que a veces siento mareos.

Nos olvidamos de la advertencia del jeep y a las seis de la tarde sentimos unos golpes en la tierra, como estruendos de algo que se aproxima; recuerdo la película de King Kong, cuando se acerca a la muralla a buscar a la mujer blanca que la tribu le entrega en sacrificio. Hacemos un silencio total y el ruido se hace más nítido, también escuchamos ladridos de perros. Vienen de donde dejamos a los *rangers*, los vemos aparecer formados en varios pelotones, a pesar de encontrarnos un poco lejos, decidimos regresar a nuestra carpa. Echamos a andar aprisa y con miedo, esas caras pintadas no nos gustan. Por el altoparlante del jeep, siguen advirtiendo que el que no esté en su cabaña se considerará enemigo. Hay confusión y todos corren sin rumbo, algunos tropiezan y caen, pero vuelven a levantarse y reanudan la carrera, me duele el hombro de golpearme con otros hombres que vienen en sentido contrario, pero ahora no podemos detenernos a lamentarnos o exigir excusas. Según van encontrando a los cubanos corriendo o sentados en la calle, el grupo de *rangers* abre un espacio en forma de herradura que vuelven a cerrar cuando ya los tienen rodeado. Al abrir la herradura por el fondo, se les ve sin conocimiento y cubiertos de sangre. Nos detenemos, ya no corremos más, quedamos atónitos, pensando que es injusto. Mira lo que nos hacen, grita Toscano, después que nos alentaron a través de la radio para que abandonáramos la Isla; otro grupo de soldados americanos los va esposando y tirando sobre un camión como objetos sin vida.

Quiero cerrar los ojos para no presenciar, pero algo en mi interior me obliga a que mire cada detalle para que no se me olvide. Quizá después podría escribir sobre esto, aunque decididamente no le veo sentido literario, o será que el salitre me oxidó el detector de mierda.

Regreso a mi carpa, quiero permanecer dentro y no inmiscuirme en otro disturbio, las peleas se echan para ganar. Le digo a mi primo que se mantenga a mi lado, que no se aparte bajo ninguna circunstancia. Roberto me alienta a salir, le digo que prefiero esperar adentro. Hace un gesto de impaciencia y se va. Sentimos el ruido del motor de los camiones. Me percato de lo que se acerca, primero siento la necesidad de protegerme, me entran grandes deseos de acostarme y cerrar los ojos y poder dormir muchos días para no pensar; después siento un zumbido en los oídos que me aturde, no me deja escuchar lo que hablan a mi alrededor, hasta que los vemos asomar con sus cascos y escudos para hacernos talco.

Miro al resto de los balseros, unos doscientos, trescientos, un grupo ínfimo comparado con los miles que prefieren esperar dentro de las cabañas. Un niño sale corriendo del campamento casi delante de los *rangers* y la madre intenta alcanzarlo, los soldados los rodean y pensamos que no los golpearán, pero cuando logramos verlos salir por el final del pelotón, la madre y su hijo son un sangriento desperdicio humano. Sin que nadie dé la voz de aviso, salimos de las carpas y comenzamos a gritar en protesta por el abuso, nos ponemos histéricos y sin pensarlo recogemos las piedras que están a nuestro alcance y se las lanzamos a los soldados que hacen de cortina. Las tiro con odio una tras otra. Rápidamente golpeamos a varios y el resto se esconde detrás del camión sin avanzar, los soldados son tan jóvenes como nosotros, uno de ellos tiene puesta una mano en la cara para sujetarse el ojo que una pedrada le ha sacado, me asusto y no puedo evitar que sienta lástima. Los *rangers* se han puesto al frente y les tiramos con más fuerza, creo que por el miedo que lleguen hasta nosotros, no les queda otra alternativa que agacharse, hacer un círculo para taparse con sus escudos y cascos, pero el fuego es tan graneado y seguido, que las pedradas entran por las más ínfimas separaciones y los alcanzan, vemos cómo van cayendo hasta que hacen varios disparos de fusil al aire, tiran bombas con gases lacrimógenos y aprovechan la confusión que se produce para retirarse en desorden, mientras nosotros corremos a guarecernos. Nos tapamos la nariz con pañuelos, otros se acercan a las bombas y las recogen con trapos, y las lanzan de vuelta; desde un helicóptero tiran fotos y filman con cámaras de video, algunos soldados quedan tendidos sobre el suelo a causa de las pedradas, hasta que deciden la retirada y se llevan arrastrando a los heridos. De inmediato una multitud llega hasta el camión y rodea a los golpeados, quedamos un momento sin saber qué hacer al ver a la madre y a su niño en tan mal estado. Manolo y varios más van hasta ellos y los cargan para devolverlos a su campamento. No se pierde tiempo y corremos la voz de almacenar la mayor cantidad de piedras posibles para poder defendernos si regresaran en un segundo intento y tal vez apoderarnos de algún fusil o rehén. Todo me parece una gran locura, las cosas se nos han ido de la mano y no sé cuáles serán las consecuencias finales. Y sé que tengo que joderme y jugar hasta el final al lado de los míos.

Entregan en sus carpas a los heridos, sus familiares y amigos los reciben nerviosos, un médico de otra carpa se brinda a reconocer a la madre y al niño, una enfermera viene con un maletín y se agacha y le toma el pulso. Estamos preocupados y se quiere ayudar, algunos sacan de sus propiedades las medicinas guardadas, el médico pide calmantes y sutura y comienza a detener los sangramientos.

Escucho varias explosiones y son los cubanos rompiendo los televisores que recién nos habían entregado, desde otras cabañas sale humo por los techos; otros rompen los baños plásticos. Entonces siento vergüenza, creo que es injusto hacer esto aquí cuando nunca lo hicimos en Cuba, salvo el cinco de agosto. De todas formas no tenemos derecho a romper lo poco que nos han brindado. Salgo y les digo que el daño es contra nosotros mismos; pero nadie repara en mí, están demasiado alterados para comprender una palabra. Me gritan traidor y un balsero me empuja por la espalda, me viro y le devuelvo el empujón. Continúan gritándome traidor. Decido regresar a la cabaña. Alguien me llama y no vuelvo el rostro hasta que siento que una pedrada me golpea la espalda y me hace perder la respiración, es un dolor que comienza con un aguijonazo, luego se esparce por todos los rincones de mi cuerpo; me sorprende el golpe de mis rodillas sobre la tierra, extiendo las manos hacia delante para sujetarme, y espero.

No sé qué tiempo permanezco así, abro los ojos, estoy acostado en el suelo, tengo sabor a sangre en la boca, me duele el labio superior y lo siento inflamado, y al pasarle la lengua palpo la herida. Miro a los otros que ahora corren asustados, me levanto con dificultad, con mareos camino hacia mi cabaña. Busco a Rolando, seguramente que él fue quien lanzó la piedra. Pero no lo veo, es imposible entre tanto desorden.

Mi primo recoge sus propiedades, dice que abandoné a los míos, que eso se llama traición, no le hago caso y continúo hasta mi catre; los otros, entre ellos Roberto, me miran recelosos, no les hablo y decido acostarme tapándome la cara para evitarlos. Les escucho comentar que no ha quedado absolutamente nada en el campamento, que ahora sabrán quiénes son ellos. Me gustaría contestarles, decirles que somos unos comemierdas mal agradecidos, indolentes y estúpidos. Ahora también sé que ellos no se van a quedar con todas esas cabezas partidas, un ojo sacado y el campamento devastado; esa espina no los dejará tranquilos hasta que no nos devuelvan las heridas y lo más rápido posible. Quizá me tilden de cobarde, pero solo quiero que piensen con lógica. Les exijo un mínimo de inteligencia. Sólo eso.

Me destapo la cabeza por el calor. Mi primo termina de echar sus cosas dentro de una funda y aleja el catre de mi lado, me mira, quiere decirme algo, pero le viro la cara. Joaquín se me acerca. Me da a beber agua y le agradezco. No me mira a los ojos. Sólo me palmea el hombro y vuelve para su catre.

Pasan las horas y los ánimos se van calmando. Hay un silencio sepulcral, sé que cuando llegue la noche lucharán contra el sueño por el temor a que nos sorprendan, no vemos soldados por los alrededores. En la carpa nadie habla, nos mantenemos sentados sobre las camas con la mirada perdida en algún rincón de la cabaña, nadie camina por fuera de las carpas, parece que los campamentos estuvieran vacíos.

–No harán nada –asegura Roberto–. ¿Para qué tenemos a la comunidad cubana en Miami si no es para apadrinarnos? Lo hecho, hecho está y no tiene arreglo, eso lo saben; que para la próxima sean más inteligentes –dice y se ríe forzado, con nerviosismo, intentando convencerse a si mismo.

Y me dan deseos de golpearlo por acumular tanta imbecilidad en una sola cabeza; aunque todos quisiéramos que tuviera razón, que esto terminara sin más contratiempos. Me paso la mano por la cabeza, me duele de tanto pensar, quiero cerrar los ojos y dormir un rato pero tengo miedo. Tengo mucho miedo. Y los vuelvo a abrir.

Así permanecemos largo tiempo, vigilando los lugares por donde pueden sorprendernos los guardias. Hasta que vemos el jeep del altoparlante regresar, se acerca levantando polvo. Rápidamente nos ponemos alertas y se llenan las manos y los bolsillos de piedras. Un oficial que se identifica como el coronel Gálvez, habla en inglés y un traductor nos dice que pide calma, que ha solicitado comunicación personal con el presidente Clinton para aclarar nuestra situación, que no cometiéramos más indisciplinas hasta que las cosas tomaran su curso, que no vieran a los soldados como enemigos, que ése era su trabajo, que el alto mando les exige que nos controlen, que si no lo logran, entonces se malograría todo lo que han construido en tantos años de trabajo en este lugar.

Comenzamos a gritar que son unos abusadores, que estamos desarmados y nos golpean a las mujeres y los niños también, que preferimos volver para Cuba que aceptarles que nos maltraten, y rompemos los restos de cerca que continúan en pie, hasta que el coronel hace un gesto de disgusto porque no queremos entender, no deseamos escucharlo, y se retira.

Llega la noche y se mantiene la desobediencia, en cada carpa se toca rumba con latas y cucharas, hay broncas por mujeres, por muchos lugares se escuchan las discusiones y las ofensas personales. Prefiero continuar sin dormir, me mantengo velando hasta la una de la madrugada, siento tedio, a las dos comienza el frío, a las tres tengo sueño y me va venciendo, a lo lejos los soldados se mantienen inmóviles, como si se hubiesen dormido en posición de firmes. Dos horas antes de que amanezca los campamentos van apagando la algarabía, la gente cae en sus camas, cansada por tanto ejercicio y el stress, se olvidan de dónde estamos, de las circunstancias que vivimos. Voy al baño, veo a cada rato subir y bajar las luces de un carrito por una de las lomas que nos rodea, y no sé por qué presiento que nos atacarán hoy mismo. Decido acostarme en short y pulóver; apenas cierro los ojos me duermo.

Y esta vez nadie los siente y nos sorprenden durmiendo. No había transcurrido una hora desde que me dormí cuando sentimos el estruendo, una estampida, voy hasta la puerta de la cabaña imaginando lo que sucede, aunque desearía equivocarme, nunca he querido estar más equivocado que ahora. Varios camiones con reflectores nos alumbran hasta encandilarnos. Los campamentos están rodeados de soldados con armas largas, bastones, caretas antigás, cascos y escudos, hay tanquetas apostadas cada varios metros. Llegó la represalia, digo con la voz distorsionada por la herida en el labio. Veo las siluetas de los soldados que corren hacia las cabañas, supongo que sean *rangers*, llegan armados con cabos de picos, grito que los soldados vienen a cobrársela. Me arrastro hasta el fondo de la carpa, intento escapar por debajo de la lona, cuando la levanto y saco la cabeza veo a otro grupo de soldados que se acerca, vuelvo a entrar e intento salir por el frente. Afuera, en las hileras de cabañas ya hay decenas de balseros amarrados de pies y manos, por todas partes los soldados golpean a mis compañeros, temo que me maltraten y me acuesto sobre la tierra haciéndome el desmayado, tengo la respiración entrecortada, con un brazo me cubro el rostro para protegerlo, quiero que en estos momentos mi madre esté pensando en mí, que con su mente me salvaguarde, deseo salir ileso. Decenas de soldados antimotines entran a las carpas y apuntan con sus palos; a los que les encuentran piedras dentro de la cabaña los golpean sin misericordia, y a los que no, a los que se mantienen tranquilos para no ser lastimados, les dicen "Caman leydis", y aunque por dentro les respondan que señora es el recontracoño de su madre, los complacen en lo que piden para evitar los golpes. Así despiertan a todos, con gritos y patadas en las camas para provocar. De cada cabaña tratan de llevarse a uno para acusarlo de líder.

Comprendo que la situación se pone cada vez más tensa, los americanos están decididos a no dejarse quitar el poder aunque para ello tengan que acabarnos a golpes. Esta vez nadie puede revirarse. Hay *rangers* con armas largas alrededor de los campamentos, a un metro uno de otro. Unas botas se me acercan, aprieto los ojos y los dientes, es un americano inmenso que deja caer su corpachón sobre mí y me saca un grito de espanto, me entierra el pecho en la tierra y me hace expulsar el aire, me amarra los pies y las manos, me siento un indio apache al que después escalparán y cuyas orejas servirán como trofeo de guerra; otro soldado me quita los zapatos, me viran, cortan el short con una bayoneta y percibo la frialdad del metal al rozar mi piel, quedo desnudo, el farol está en el piso, cerca de mí y estiro el brazo para alcanzarlo, pero el oficial lo patea, queda a metro y medio de mí. A las mujeres las dejan en ropa interior, algunas se tapan con sábanas y lloran. Sabía que pagaríamos justos por pecadores, la ley es pareja, el escarmiento será general, de nada valdrá que intente hacerles saber que me negué en todo momento a que eso sucediera, a que ni siquiera participé; pero con la herida en el labio nadie me lo creería; ahora es que debería delatarlos, irlos señalando por comemierdas, por ingenuos. ¿Cómo es posible que esto me esté ocurriendo? La única justificación es que mi madre debe estar durmiendo y por eso sus rezos no pueden protegerme.

Luis mantiene una bolsa en su mano que trata de ocultar debajo de su cuerpo y el *rangers* se le acerca y lo pisa con la bota por los nudillos que van cediendo, se abren y dejan escapar la bolsa que al vaciar el militar deja caer las jeringuillas con los bulbos de insulina, y los rompe con el tacón de sus botas.

Cuando nos tienen inmóviles, somos separados en grupo de seis, pasan una soga por debajo de los brazos y nos empujan como a esclavos hacia las afueras del campamento. Avanzamos un rato. Ahora la gran mayoría llora, todos, de una forma o de otra pedimos clemencia. Miro en la oscuridad, tratando de adivinar el lugar de destino, no veo nada, varias piedras me lastiman los pies, nos hacen caminar otro rato, estoy seguro de que en algún momento nos dispararán, o nos lanzarán por un barranco y luego nos echarán tierra encima. Alguien no quiere caminar y lo insultan, lo golpean y lo arrastran, sus gritos son tan fuertes que imagino que la piel se le esté desgarrando con el filo de las piedras. Un oficial da la orden de alto y los soldados nos tiran en el piso con empujones y aumentan el llanto y las súplicas. A los vietnamitas los fusilaban para asegurarse con ese ejemplo de que no habría otro acto de rebeldía. Calculo por las voces y el llanto que somos un poco más de quinientos: para un escarmiento quizá sean muchos. Pienso en los nazis, en los kilómetros de rollos de películas de la II Guerra Mundial que he visto sin concebir que eso podía sucederme; me siento como un judío al que obligan a gritar ¡Viva Cristo! Imagino los campos de concentración, las cámaras de gas, recuerdo al soldado que me contó que ellos habían desaparecido pueblos enteros sin que sucediera nada. Busco a mi primo, a pesar de haberme abandonado no le guardo rencor porque es mi sangre, lo único que aquí es un poco mío. No me interesa que sea injusto, creo que es muy niño todavía y lo perdono: pensábamos que el peligro se había acabado después de la travesía; el mar era lo único que podía quitarnos la vida... Recuerdo el farol, ojalá no lo pierda.

Levanto la cabeza, deseo ver qué coño inventan a nuestras espaldas; los *rangers* nos miran con odio y uno me golpea por la espalda para que me mantenga sin levantar la cabeza. Extrañamente los golpes han dejado de dolerme, seguro que tanto dolor me ha servido de anestesia. Así estoy la media hora más larga de mi vida, el rocío de la noche nos ha mojado el cuerpo; siento frío y tengo las manos entumecidas a mi espalda.

Nos vuelven a levantar y nos empujan por otro barranco, algunos se caen o deciden acostarse para evitar que los tiren en el hueco pero los empujan hasta que comienzan a rodar mientras descienden; escucho gente rezando, alguien pide clemencia, que nos perdonen, y se me abraza, quiere que les explique que no hizo nada, y lo golpean para que se aparte de mí. Pienso en Federico García Lorca, el gran poeta, al menos murió con una obra literaria por la que no morirá nunca. Sin embargo, yo apenas tengo escrito varios cuentos que sólo conocen mis amigos más íntimos.

Los soldados se mantienen callados, cuando abren la boca es para gritar o atropellar, ahora nadie se rebela, todos obedecemos. Recuerdo los cuentos que me prometí en los últimos días escribir; trato de redactar mentalmente una carta de despedida para mi madre, pero el nerviosismo me la borra. Tengo dolor de cabeza, debe ser la presión alta, una mujer pide que no nos martiricen más, que nos acaben de matar. Y el llanto general se acrecienta, les gritan asesinos. Quisiera escapar, no dejarme masacrar sin intentarlo, arrastrarme en busca de un lugar que me sirva de refugio, quiero que la vista se me adapte a la noche, hasta que veo una cerca, detrás hay otras carpas, supongo que es un nuevo campamento. Lorca debió de tener esos mismos deseos, pero ni él mismo creyó que le dispararían; la muerte lo sorprendió sin haberla imaginado. Nos vuelven a acostar sobre la hierba, de nuevo la humedad en la piel. Comprendo que están reorganizando los campamentos. Me alegro por salvarme esta vez. Supuestamente han traído a los que ellos suponen más peligrosos, a los cabecillas, los que pudieron tirar piedras y romper los objetos para, además de asustarnos, luego ponerlos donde ellos quieran.

Los oficiales norteamericanos hacen traer a los soldados latinos que trabajaron directamente con nosotros y conocen a casi todos, y así van identificando a los más violentos. Cada vez que señalan a un balsero lo levantan en peso y mientras son vapuleados lloran, gritan, piden perdón, que no les hagan nada, los apartan y tiran al suelo. Siento la voz de mi primo llamando a uno de los oficiales.

—Es él —me grita, y yo no entiendo—, es él —repite, y le pregunta por su hermana, pero el oficial lo mira como si nunca antes lo hubiera visto.

Dice que no entiende y lo empuja. Y un soldado toma a mi primo por el cuello de la camisa y lo arrastra, ahora él pide, entre ahogos y llantos, que no le hagan nada, otro guardia lo hala por los pies y comienzan a alejarlo, grito que es un niño, y se detienen, se miran entre sí y lo sueltan, ahora avanzan sobre mí, les invento que está enfermo de los nervios, y uno de ellos me mira antes de golpearme con su bota por las costillas, siento cómo el dolor me entra desde la carne hasta los huesos y los traspasa como un cristal que estalla y luego se encaja como espinas en el resto de mi cuerpo. Supongo que me ha roto alguna, porque cuando logro respirar algo me hinca. El guardia no ha vuelto sobre mi primo que ha dejado de llorar; todavía en lo más profundo de mí queda una llamita, apenas una brizna encendida que palpita y me incita a rebelarme, pero la mantengo bien escondida; sin saber por qué muerdo la hierba y luego la mastico. Cuando logro recuperar el aliento, busco al oficial que mi primo señaló pero ya se había ido.

Los *rangers* se retiran con los balseros señalados por los soldados latinos, continúan quejándose mientras los alejan. Los soldados latinos nos quitan las amarras. Un gran dolor en las costillas no me deja moverme con la rapidez con que quisiera. Cuando respiro es como si me pincharan con un metal frío; me froto las manos, las muñecas, me palpo la espalda y las costillas con dificultad. Nos avisan que podemos entrar a las carpas. Mi primo me ayuda a levantarme, se mantiene en silencio y sé que es por agradecimiento. Tengo deseos de abrazarlo, decirle que a través de él mantengo vivo el recuerdo de mi madre, agacho la cabeza y retomo el paso. Delante de nosotros va Roberto y cojea de una pierna, y me alegro, desearía burlarme, gritarle ofensas; pero sé que no vale la pena; lo único cierto es que hay que sobrevivir y nada más.

Nos ordenan permanecer dentro de las carpas. Algunos se quejan cuando los soldados se han ido. Mi primo va a decir algo, pero al mirarme prefiere quedarse callado. Roberto también se mantiene en silencio. Se acerca Joaquín y me brinda agua que acepto, y pienso que está destinado a sofocar mi sed.

—Recuerda que espero algún día volver a tener la oportunidad de resarcirlos —me dice el iyawó—, de olvidar mi error.

Le sonrío para devolverle su gesto amable. Recuerdo el farol y está en el mismo sitio en que lo dejé, pienso que quizá si lo hubiese llevado conmigo no hubiera tenido problema. Lo recojo, lo soplo para quitarle el polvo y lo pongo al lado de mi cama.

Mi primo dice que ese oficial que llamó fue quien se llevó a mi prima. Le digo que quizá se confundió de guardia. Me dice que no, muchas veces conversó con él, jamás podría olvidar su rostro. Seguramente la puso en un campamento más cómoda, en algún momento te mandará a buscar.

—¿Pero entonces por qué quiso hacerme daño?

Levanto los hombros y la pregunta me llena de incertidumbre. Comienzo a temer por mi prima.

Los campamentos permanecen rodeados por tanquetas y perros, hay varios balseros que tienen los riñones molidos por los golpes y orinan sangre; digo que ellos no hicieron nada comparado con lo que les hicimos nosotros, y vuelvo a palparme las costillas; realmente era para que hubiesen matado a quince o treinta cubanos por el ojo que perdió aquel soldado, las cabezas que partimos, los golpeados. ¿Me pueden decir quién paga todo eso? Pero nadie responde y quedan mirándome desconfiados, sin saber de qué lado estoy, quizá hasta temen que los delate, y eso me asusta.

Observamos por las ventanas. Lo mejor es mantenerme sereno y sin conversar, esperar que todo pase. No puedo darme el lujo de llegar a Miami sin mis fuerzas y sin los huesos intactos; no vine a ser una carga para nadie ni soportar que paguen un tratamiento para que mi organismo se restablezca; para eso hubiese preferido a los tiburones. Presiento que mi vida, mi manera de razonar, la costumbre, la humedad en mis ojos con películas sentimentales, todo eso cambiará; me convertiré en un hombre duro a quien ya no le interesen los temas donde se imponga el factor humano, el amor, el bien sobre el mal, donde triunfen las nobles ideas y la gente no se deje comprar por dinero. A partir de estos momentos cambiaré los razonamientos por mejorar definitivamente mi vida y la de mi familia, porque los nobles, los comemierdas con buenos sentimientos, a la larga, no son más que grandes perdedores.

Nos acostamos y tengo mi primera noche de sueño profundo. Al amanecer está lloviendo y no podemos salir de las carpas. Disfrutamos la lluvia como si fuéramos niños que les permiten por primera vez jugar fuera de la casa. Ahora escribo debajo de la colcha y me siento el cuerpo húmedo. Algunos dicen que pronto nos vamos de aquí. ¿Quién sabe?. Intento controlarme para soportar tanta espera. Nunca he resistido estar encerrado. Tengo miedo de comenzar a rezar porque no quiero dejar de ser yo para convertirme en un desconocido. Deseaba continuar sin practicar religión alguna. Nunca negaré que la desesperación me hizo creer, aferrarme a algo espiritual para no estar solo, pensar y estar seguro de la presencia de Dios en nuestra travesía.

Escucho ofensas que vienen del exterior de la carpa, cierro la libreta del diario y me asomo, hay dos balseros forcejeando en el fango, dándose golpes, otros intentan separarlos, pero ellos insisten en proseguir la pelea, se gritan ofensas.

No quiero seguir mirando y entro a la carpa avergonzado. Decido volver a dormir, deseo que los días pasen con prisa, cada uno que vivo dentro de este infierno es uno menos del total que estaré aquí. No puedo conciliar el sueño y vuelvo al diario.

Algunos dicen que si le dan el chance regresan a Cuba. Luis se mantiene callado porque con su regreso seguramente sería sancionado a varios años de cárcel por su última fechoría y volvería a la angustia de buscar sus medicinas por las farmacias de La Habana sin encontrarlas hasta última hora, cuando los nervios, por el miedo a que se le acabe, lo ponían en crisis y andaba vociferando la clase de mierda que era el sistema y el gobierno.

Nos quedamos sin hablar, un silencio nos sobrecoge, permanecemos en la cama con los ojos cerrados. Enseguida comienzan las disputas entre los siete que nos mantenemos en la carpa: conflictos por la comida, por algo que se dice que a otro no le gusta, porque si la manera de expresarlo no fue la mejor, y el otro que habla como le da la gana, que si la gana se la mete por el culo, se van a las manos, que dejen eso caballeros, no vinimos aquí a darnos golpes entre nosotros mismos, guarden las fuerzas para los *rangers* cuando nos toquen. Todo molesta, siempre estamos sucios por tanto polvo o fango que rodea los campamentos. Te bañas y al rato ya estás sucio de nuevo; después, la rutina: come y duerme, duerme y come, un poco de ejercicio y come y duerme y duerme y come, luego un poquito de juego de cartas y come y duerme y duerme y come, hay un momento en que parece que te volverás loco, una sensación de que se está muerto, días que se escapan y desaparecen y que ya no podrás rescatar.

Cada vez que despierto temo abrir los ojos y encontrarme dentro de una carpa, durmiendo sobre un catre que descansa en piso de tierra que pertenece a una Base Naval de los Estados Unidos y que se llama Guantánamo. Entonces me quedo con los ojos cerrados y pienso en mi casa, imaginando que todo fue un sueño y despertaré sobre mi cama, veré mis afiches colgando en la pared, mi buró con la desvencijada máquina de escribir a la que le saco sus últimas palabras. Recuerdo a mi familia riéndose el pasado fin de año, ¿cuándo volveremos a celebrarlo juntos? Fue el mejor de los últimos tres años, dieron las doce campanadas, por las ventanas vimos en el cielo estallar algunos fuegos artificiales mientras nos besábamos y se deseaba lo mejor en el nuevo año; se cantó el himno nacional, escuchamos el comunicado político, que como siempre saluda un año más de Revolución; la vecina comenzó a llorar, miraba el cuadro que colgaba en la pared de la sala: los rebeldes entrando en La Habana sobre sus tanques de guerra; dijo que a pesar de todo todavía los quería, se produjo un extraño silencio, sólo se escuchaba su jadeo. La mayoría teníamos lágrimas en los ojos. Entonces los jóvenes decidimos cruzar a la casa de enfrente para unirnos al coro de Celina González que cantaba, como un desafío, "que viva Changó, señores".

Pero abro los ojos y estoy de regreso a esta agonía, veo acercarse al oficial de siempre, nos informa que separarán a los hombres de las mujeres, nos dividirán por campamentos, el único que será mixto es el de las parejas y otro para las familias con niños. Seguro quieren evitar que continúen las violaciones de mujeres y niños. Supongo que en Cuba mermó el índice de delitos a partir de la estampida de los balseros; aunque no se puede negar que hay muchos médicos, ingenieros, licenciados, obreros y amas de casa, en su mayoría gente decente.

Mi primo habla con el oficial, le dice que su hermana fue llevada por otro oficial hacia un lugar desconocido, que desde aquel día no ha vuelto a verla. Entonces le pide los datos de mi prima y los escribe en un papel y le asegura que averiguará en qué campamento se encuentra ahora.

Luego que el oficial se va le comento a mi primo que quizá su hermana tiene vergüenza con él por estar con un oficial. Tú verás que ahorita se le pasa y nos manda a buscar. Le digo aunque no me lo creo mucho. Pero necesito darle aliento, hacerle creer que no le ha sucedido absolutamente nada. Ojalá que no.

Pasan dos días en el conteo de las mujeres hasta que vienen a buscarlas, siento deseos de protestar cuando las sacan de mi cabaña, aunque con ninguna de ellas mantenga relación amorosa, lo que siempre traté fue de halagarlas, de hacerles favores y mirarlas, al menos, verlas ahí, con sus maneras delicadas, la suavidad con que te hablan, es un aliciente. Ver cómo recogen sus propiedades me angustia. El Dinky se va para otro campamento con una mujer que estaba sola y a la que prometió proteger hasta llegar a los Estados Unidos, dijo que si se iba primero que nosotros, lo tendría todo preparado para recibirnos. Nos quedamos callados, no tenemos otra opción que creerle. Al ver alejarse a las mujeres siento que no tendré ni fuerzas ni interés para seguir soportando este encierro. Al menos, cuando uno las veía ahí, resistiendo, daban ganas de seguir adelante, de tener una razón para no rajarse; a veces se les decía un piropo, se les guiñaba un ojo y se recibía a cambio una sonrisa en que cabía y se transformaban todas las calamidades del mundo, eso bastaba para sentir alguna satisfacción, al menos, como hombres. Después que se fueron, sentimos nuevamente la misma soledad de una noche en el mar.

Para entretenernos nos reparten pelotas y guantes; levantan iglesias en carpas para que estemos ocupados y a la vez sacarnos el comunista que llevamos dentro sin que lo podamos evitar, nos lo sembraron desde muy temprana edad y lo más profundo que pudieron: hay curas Católicos, templos Pentecostales, Adventistas, Testigos de Jehová, Evangelistas. Aunque la mayoría de los balseros son ateos, escogen una religión. Se comenta que las iglesias ayudan a salir de aquí y cuando llegas a los Estados Unidos te respaldan económicamente hasta que te encamines.

Llevo toda una noche pensando cuál religión escoger: los testigos de Jehová son egoístas con los que no lo son, aunque mis primos Rafa y Miguel, más sus esposas, parezcan diferentes; los pentecostales cantan y en eso no soy bueno, no soporto a los que le rezan a dos palos cruzados sin imágenes del Cristo porque se supone que el hombre a los tres días resucitó. Como esto es sólo para resolver mi situación, me voy con la más poderosa: la Católica.

En el mercado negro aparecen los rosarios, que son fosforescentes a un precio de diez cigarros, también el alquiler de una revista porno por una hora cuesta tres cigarros, se hacen colas en los baños para turnarse la revista.

Lo que más deseo ahora es sentarme a la sombra de un árbol y pelar naranjas o mangos, con la delicadeza de un ritual, después comenzar a comerlas, embarrarme el rostro, las manos, sentir el dulce pegajoso sobre mi piel.

Los días pasan aparentemente tranquilos, porque sé que nadie olvidará tanto dolor. Las molestias por la golpiza aún duran, algunos cojean o tienen vendajes. Tampoco la gente se ha recuperado del susto o de la humillación. Lo cierto es que aún andan tristes, cabizbajos, sentados por las esquinas, conversando poco, las bandejas se devuelven sin probar los alimentos.

Pero el silencio no quiere decir que se esté conforme, se han hecho varias reuniones con la idea de redactar un documento, un ultimátum a los yanquis para que resuelvan nuestro problema a la mayor brevedad; de lo contrario, en una semana se haría otra huelga con la idea de irnos hacia la ciudad. Hablo con mi primo para hacerlo entender que no debemos meternos en otra locura de esas: hay que esperar pacientemente. A veces mueve la cabeza para aceptar, pero en sus ojos descubro su inconformidad, sus verdaderos deseos de apoyar todo lo que signifique alguna presión para que nos saquen de aquí. Me promete que se mantendrá tranquilo hasta el final, aunque no tengo esperanzas de que cumpla su palabra. No obstante me mantendré vigilante y no lo perderé de vista.

Extrañamos a las mujeres, verlas caminando era el mejor espectáculo que podíamos tener. Algunas usaban pantalones picados bien arriba y podíamos verles los muslos y hasta el nacimiento de las nalgas, el cerquillo de los vellos que resaltan con la otra parte afeitada y daban deseos de lamerlos, irlos mojando uno a uno con la punta de la lengua. Estoy excitado y me aprieto con la lona del catre, me duele, no quiere apagarse. Alcanzo la toalla para que ayude a cubrirme y voy hasta el baño para masturbarme.

Ayer trajeron de vuelta a los que se llevaron de castigo para la cárcel la noche del traslado de campamento. Apenas hablan y están débiles, flacos y ojerosos. Han estado todo el tiempo acostados en sus camas y mientras duermen saltan y gritan y piden que no los golpeen más, juran que no volverán a hacerlo. Los demás los escuchamos aterrados.

Al oficial que tomó los datos de mi prima no hemos vuelto a verlo. Mi primo insiste en hablar con otro oficial. Yo creo que sí, lo aliento porque ha pasado mucho tiempo sin saber de ella.

La vida en el campamento se va haciendo más apacible y rutinaria, a veces ocurre alguna bronca aislada provocada por el juego o por el cansancio de verse la cara cada mañana, tarde y noche. También hemos aprendido a ser más unidos. Ahora estamos en la puerta tratando de evitar que los soldados entren para llevarse preso a un balsero, los guardias esperan el mejor momento, saben que nos pondrían en pie de guerra. Hace tiempo que tampoco dan golpes, las últimas veces que lo intentaron nos vieron exaltados recogiendo todo lo que se pudiera tirar; ellos no se olvidan de las tandas de piedras que les dedicamos, la puntería con que hacíamos blanco, recordaron las que caían sobre sus cuerpos, para ellos no hay peor experiencia que un cubano con piedras en las manos, que por campamento cada uno de sus casi dos mil balseros, lancen artefactos, uno detrás de otro sin parar, no, seguramente evitarán volver a chocar con nosotros, como nosotros tampoco queremos que suceda porque no olvidamos la paliza. Por eso nos mantenemos en la puerta, a este hombre no podrán llevárselo. Estamos preparando para sacarlo por el fondo de la cabaña hacia otra carpa por si finalmente deciden entrar en la nuestra. Y desisten, pasan las horas y dejan de hacer movimientos sospechosos, y nos olvidamos de su presencia amenazante, llega la hora del baño y la comida. En la noche el balsero regresa con su gente.

Dentro de la monotonía diaria, las condiciones van mejorando. Han aparecido los periodistas, que nos hacen entrevistas, y nos provocan para que hablemos mal del gobierno de Cuba, lo que la mayoría tratamos de no hacer por si hay que regresar. La solidaridad con los balseros crece, de nuestra causa se habla por la mayoría de los canales, los residentes de la comunidad cubana en Miami presionan a Clinton para que no apruebe nuestra devolución. Más Canosa se ha hecho el vocero sin nadie pedírselo, él se cree con ese derecho, lo importante es que se deje de politiquería y nos saque de este hueco.

Mi primo les dice a los periodistas sobre la situación de su hermana y ellos ponen de ejemplo a familiares que saben que están en la Base porque les avisaron de Cuba y tampoco los han podido localizar, son miles los que hay aquí dentro.

Otro mes se suma a la espera agónica y a la perdida de mi prima. Estar encerrado como presos sin cometer delitos nos indigna. Comentan que por la tarde traerán planillas y esa noticia nos levanta el ánimo, al menos sabemos que piensan en nosotros y nos están buscando una solución que no es regresarnos para Cuba como aseguran algunos. Las planillas son para ofrecernos la opción de estadía en terceros países por seis meses. Las probabilidades son que no estaremos ese tiempo, antes nos llevarán para Miami, aquí parece ser peor, y lo importante es abandonar el lugar. Nos ponemos en vigilia para no perder la oportunidad, no deseamos otra cosa que salir de la Isla lo antes posible, sólo me preocupa que mientras estemos aquí existe la posibilidad de que nos devuelvan. Aunque parezca mentira, la política es sucia y ambos bandos pueden darse, sorpresivamente, la lengua y jodernos.

Pasan varios días sin que lleguen las dichosas planillas. Nos pasamos el tiempo vigilando los movimientos de los soldados para ser los primeros en alistarnos. Nadie pregunta hacia cuál país nos mandarán, aceptamos hasta para Haití. Luis dice que hay un jeep bajando unos bultos en las carpas de los soldados. Roberto le pregunta a un guardia qué es aquello que descargan y dice que son las planillas. Estamos ansiosos, no podemos permanecer un rato sentados con tranquilidad en un mismo lugar, sólo se pasea de un lado a otro, asomándonos constantemente en la puerta de la carpa o mirando por las ventanas. Por la tarde reparten las planillas y las llenamos nerviosos, la mayoría me preguntan cómo se escribe esto o lo otro. Antes de que caiga la noche las recogen.

Mi primo vuelve a rogarle a un oficial que nos averigüe el paradero de su hermana. También toma el nombre de ella y le dice que buscará en la base de datos. Mi primo ahora está más animado porque seguramente le dirán en qué lugar está viviendo.

Pasan tres días largos sin lluvia, el sudor nos corre por el cuerpo a todas horas, sentimos cómo nos vamos desgastando inútilmente. Y comienzan a llamar por los altavoces a la gente que aceptó ir para Panamá. Recojo las cosas que tengo y me agacho en la puerta de la carpa a esperar mi turno. Según los van llamando saltan de alegría, se abrazan a los amigos que quedan, a los que vivieron las penurias en el mar. En mi carpa nos miramos nerviosos. Cuando parece que no llamarán a nadie más regresan los soldados y se llevan otro grupo.

El oficial que tomó los datos de mi prima se llega al campamento y dice que no aparece en la computadora, que quizá dijo otro nombre. Mi primo insiste que quiere a su hermana de vuelta, y comienza a clamar por más ayuda. Le exige al oficial que le pregunte a ese otro guardia qué hizo con su hermana. El oficial intenta calmarlo, le asegura que continuará la búsqueda. Y cuando se aleja, no puede evitar que descubramos su preocupación.

El mar me trae con la brisa una nostalgia que acaricia el rostro, me eriza, siento una tristeza tan amarga que a veces creo que nunca voy a volver a reír como lo hacía con mis amigos, mi familia, la novia; añoro el Malecón con su Morro, el Coppelia y mi moto Yamaha de 550cc, deseo escuchar las canciones de Omara y Elena, el programa radial del domingo de Bladimir Zamora hablando de la cubanía del Bola, el Benny y Lecuona; y sorprenderme con la voz de Celina cantando en los primeros años de la Revolución y suplantando en su canción el nombre de Changó por el de Fidel; disfrutar el programa "Andar La Habana". Mi mala suerte me persigue en todo lo que me propongo, abro el jolongo donde guardo las pertenencias que me iba a llevar para Panamá y las vuelvo a colocar en su lugar.

Aunque el agua escasea hay mejor ánimo. Tenemos la certeza de que pronto nos vamos para otro lugar y finalmente diremos adiós. Algunos ya empacan las pocas cosas que tienen. En el fondo de la tienda, Toscano armoniza con dos cucharas. Entona una canción triste donde los hijos se despiden de sus padres, van a cazar el tigre que simbólicamente los hará adultos y sin el cual no podrán regresar a la aldea.

Era de noche cuando regresaron y Rafael estaba agotado, le contaron a Willy, después quiso acostarse, le dolía la cabeza y en la mañana tendría que ir a La Habana a dar noticias de cómo marchaban las cosas de la salida, lo que se había avanzado y lo que faltaba. Maribel dijo que no tenía sueño, apoyó su cabeza sobre el pecho de su novio, y para sorpresa de este, se quedó dormida al instante. Él no tenía sueño, pero por lo general, le era difícil conciliarlo, siempre con esa manía de estar pensando en cada detalle del momento que se avecinaba.

Golpearon a la puerta y por la voz reconoció que era el Chiqui. Maribel, sin abrir los ojos, le preguntó qué pasaba, él movió los hombros todavía atontado. Chiqui les avisó que lo acompañaba la policía, que tenían rodeada la casa. El reloj marcaba las dos y media, era muy tarde para comer tanta mierda, aseguró Rafael, y se levantó desnudo para decirle que se dejara de boberías y que necesitaba descansar. Fue hasta la puerta porque seguramente Chiqui quería coger algo que se le quedó olvidado dentro del cuarto. Abrió para insultarlo y allí estaba acompañado de varios guardias con armas largas. No supo qué hacer ni qué decir. Los miró uno a uno como si fueran seres imaginarios o pertenecieran a un sueño del cual deseaba despertar inmediatamente. Le invadió la certeza de que la salida ya se había jodido, pero no había tiempo para lamentos. Tenía que pensar qué decir, cómo justificar cada minuto de su vida y, sobre todo, no causarles sufrimientos innecesarios a los demás.

—Pertenecemos a la Seguridad del Estado y están detenidos —dijo uno de los hombres uniformados y que no tenía AK, sólo una pistola colt 45 en sus manos.

En ese momento fue que salió del letargo, le parecía que habían transcurrido muchos minutos, pero en realidad fueron segundos. Pensó que los habían delatado, desconfió de Molina, o quizá aquella mujer con la que habló decidió cumplir con su papel de funcionaria honesta.

—Me los llevaré a ustedes —prosiguió el oficial—, porque son los extraños, y al dueño del apartamento —y señaló al Chiqui.

Al menos Rafael sintió tranquilidad al tener la certeza de que no detendrían a Rey ni a Willy. Chiqui le parecía más duro que los otros. Ellos dormían en la casa de al lado, y por miedo o por precaución, no abrieron ninguna puerta ni ventana, ni siquiera encendieron una luz.

Rafael intentó echar la puerta hacia adelante para vestirse pero los militares la rechazaron poniéndole el pie, se percató de la bota que impedía que avanzara, a su mente vinieron desorganizadas las ideas, pensé en las razones posibles para que le creyeran un joven revolucionario incapaz de concebir algo semejante a una salida del país.

Entraron mirando las esquinas y debajo de la cama. Tomó el pantalón, los zapatos y la camisa. Maribel aún permanecía tapada en la cama, uno de ellos le indicó que tenía que acompañarlos también. Rafael dijo que debían salir para que ella se pudiera vestir. Se miraron inseguros, luego negaron: eran detenidos y no podían tener contemplaciones. Entonces extendió la sábana para que se vistiera detrás sin que los otros la vieran, pero ellos movían la cabeza o miraban por el espejo. Me pregunté para qué permanecía con la sábana en alto si de todas formas no perdían un detalle de lo que sucedía detrás de la sabana. Luego Rafael abrió la puerta del fondo para orinar en el patio, dos soldados, también con armas largas, miraron desde la oscuridad por la ventana mientras Maribel se vistió. Le apuntaron con sus bayonetas. Pidió permiso y le dijeron que sí pero que no se alejara ni hiciera movimientos bruscos. Se acercó a un árbol y lo hizo también bajo vigilancia.

La esposa del Chiqui se le abrazó llorosa.

—No te sucederá nada —le aseguró.

El Chiqui quedó mirándola sorprendido por el amor que le demostraba. Quiso abrazarla más pero los guardias los separaron. Los montaron en el jeep que luego los trasladó a la unidad de la policía de la ciudad. La frialdad de la madrugada los sobrecogió. Rafael sintió lástima y miedo por Maribel, pero ella lo miraba tranquila como si disfrutara de un hermoso paseo. Los guardias los vigilaban constantemente, el chofer observaba por el espejo retrovisor tratando de sorprenderlos haciendo alguna señal. Entraron a la estación y los llevaron para la carpeta. Entregaron las pertenencias y los pusieron a cada uno en celdas distintas. Todavía se sentían aturdidos, no imaginaban qué sabían los oficiales, qué querían saber, qué podrían dejarles saber, qué podrían hacerles para lograr saber ellos, y qué les harían cuando supieran.

Dejaron de preguntarse tantas cosas que sólo ayudaban a confundirse más. El resto de la madrugada fue lenta, espantando constantemente una nube de mosquitos que amenazaban con no dejarlos dormir aunque quisieran.

Un grupo de líderes balseros han redactado el documento con las exigencias y esta mañana lo entregaron a las autoridades militares del campamento. Ahora es la espera por una respuesta. Luego, algunos les preguntan a los guardias latinos de más confianza qué sucederá y responden que no tienen idea de la reacción inicial ni del curso que le darán. De nuevo estoy en alerta, siempre que emprendemos algo contra los militares salimos perdiendo; también sé lo difícil de permanecer con los brazos cruzados, esperando que decidan por nosotros, entiendo que algo hay que hacer, un poco de presión no está mal, pero sin jugarnos la vida.

Desde el interior de las carpas vemos como varios guardias traen a un tipo grandón encadenado de las manos y los pies y al arrastrar los tenis levanta polvo como si fuera un tractor. Salimos a esperarlo. Lo traen caminando desde lo alto de la loma y a veces lo empujan. Quizá sea un nuevo balsero, un solitario que encontraron en altamar o alguien que perdió en la travesía a todos sus acompañantes y ahora tiene que cargar en su conciencia con esas muertes. Puede ser un balsero que traen de las celdas, sugiere Toscano. Según se van acercando reconocemos al Dinky. Nos quedamos intrigado y corremos hasta llegar lo más pegado a la cerca y le gritamos qué le pasó. Mueve los hombros y mira a los guardias asustados. Abren la puerta y le quitan las cadenas. Se frota las muñecas y los tobillos y pude verle los ojos llorosos. Tiene la piel y la cara irritada por el sol. Espera que los guardias se alejen y mueve los hombros antes de echar a andar hacia las carpas.

–¿Qué pasó, Gordo? –pregunta Manolo.

–Nada, me jodió la mujer con la que me fui.

–¿Cómo te jodió?

–Sí, me salió puta, o al menos lo tenía reprimido cuando la conocí.

Luis sonríe, quiere burlarse pero las miradas recriminatorias de los otros lo hacen contenerse.

–Primero me robó una prenda pensando que no me percataría –dice el Gordo–; luego se estaba templando a todos por dinero o por cualquier cosa. Soporté hasta donde pude, pues lo mío era llegar a Miami; pero era demasiado y cuando quise exigir, me agredió y luego le dijo a los guardias que la había golpeado y que la soborné para engañarlos y poder salir de la Base. Al momento me sacaron de ese campamento para traerme hacia acá.

El Gordo entra a la carpa y se sienta sobre un catre para seguirse frotando los tobillos. Asegura que los guardias están haciendo negocios allá con las mujeres, les pagan por templárselas o porque hagan algún cuadro de tortilla.

–¿Y Gordo, no viste ningún pastelón de esos?

–No, Luis, las diversiones sólo son para los guardias. Allí los balseros no valen nada para las mujeres porque no pueden resolverle sus problemas. Ellas tienen todo el poder, lo que pidan o digan los guardias lo cumplen al instante. Y los balseros lo saben. Hasta los maridos prefieren callar y no protestar porque las mujeres pueden quejarse y hacerlos castigar.

El grupo se mantiene sin interrumpirlos, hablar de mujeres, bueno o malo, es una experiencia que todos queremos tener pero, por ahora, nos resulta imposible.

—¿Tienen algo de comer? —dice el Dinky con los ojos muy abiertos. Toscano le brinda un pedazo de pan que muerde con rapidez.

—Para traerme para acá, primero me tuvieron varias horas parado al sol, pensé que me derretiría. Cuando pedí agua me la negaron. Tuve que regalarle una sortija a un oficial para que me acabara de enviar hacia acá —muerde el pan y con la boca llena prosigue—. Es mucho el dinero que está corriendo en aquel campamento a costa de las mujeres. A todas le han tirado fotos, y los oficiales las vienen a buscar y se las llevan para los edificios y algunas nunca regresan. Después los familiares o amigos preguntan por ellas y los guardias que nos atienden directamente dicen que no saben nada, que no vieron nada.

—¿Y para dónde carajo las llevan, Gordo?

—Qué sé yo, Roberto. Nadie sabe. Sólo que no regresan al campamento.

Y mi primo se echa a llorar. Quiere hacer algo por su hermana y grita su nombre, exige que se la devuelvan. Todos hacen silencio y el Dinky dice que si lo llega a saber no lo hubiese contado. El resto se mantiene en silencio y hablo con mi primo, le digo que seguro ella está bien. Él me mira tratando de creerme, pero no puede y continúa llorando.

A las seis de la mañana, por la ventanita de la celda que daba al patio interior, Rafael vio la formación de los soldados, cuando izaron la bandera, luego el pase de revista y el saludo militar. Al rato lo sacaron para llevarlo a una oficina. Lo esperaba un oficial que quería saber lo que buscaba en Matanzas, una ciudad en la cual no tenía arientes ni parientes, porque ya lo sabían todo de él, no hacía falta que les dijera quién era, le advertía, para que no perdiera el tiempo en mentirles. ¿Por qué tantos días de visita?. Los vecinos están preocupados, no les gustan los forasteros.

Rafael sonrió, tratando de demostrar que no estaba apendejado, que era mentira que tenía un susto que apenas le dejaba respirar.

—¿No piensas hablar? —le dijo.

—¿Qué quieres que te diga?

Se dejó caer sobre el espaldar de la silla.

—¡No piensas hablar! Quizá sea el cargo de conciencia que no te permite mover la lengua.

Volvió a sonreírle.

—¿Te estás burlando de mí?

Deseaba decirle que no, sabía lo que podía padecer por hacerse el valiente; pero movió los hombros como si no le importara lo que él creyera. El guardia dio un puñetazo sobre el buró.

—Te la estás jugando todas. No tienes idea del problema en que estás metido.

Pero Rafael sí sabía en el problema que estaba metido y sus consecuencias. Muy bien que me las sabía. Consciente de que se la estaba jugando.

—Es más —dice el oficial—, ahora soy yo el que no quiere hablar contigo. Te voy a meter de cabeza dentro del calabozo y cuando quieras hablar como un cotorrón me llamas, tengo todo el tiempo del mundo para tenerte aquí dentro, además, me pagan un sueldo altísimo por atender tu hospedaje, y no pienses que los calabozos son cinco estrellas como ése en el que te pusieron para comenzar, la categoría y el servicio lo irán bajando, sentirás el aumento del vapor hasta llegar a sufrir el calor del infierno, y luego escucharé tus gritos de súplica para conversar conmigo; y en realidad te lo agradezco, antes de verte la cara de cínico prefiero estarle mirando los muslos gordos a tu mujer, a lo mejor hasta me da un filo y me la mama —Se levantó, dio la espalda, después un portazo.

Al rato el militar abrió la puerta y se acomodó en su asiento, movió la cabeza asintiendo, y Rafael supo que le estaba dando tiempo para pensar en una nueva estrategia, se había convencido de que él no era impresionable.

—Tu novia ya confesó —dijo mirándolo con seriedad. Luego sonrió. Rafael también sonrió.

—Me alegra mucho que lo haya hecho —dijo—. ¿Entonces cuándo nos va a soltar?

Y el oficial seguía sonriendo.

—Intentas ser un muchacho listo, pero sólo te quedas en el intento.

—Si tú lo dices, no sé si tomarlo como un cumplido.

—Te informo que tu noviecita, que no es tan noviecita nada porque duermen juntos —hizo un movimiento con el puño cerrado insinuando el acto sexual—, ya le había contado los planes para irse del país, que andaban buscando un lugar por donde salir —hizo una pausa y su rostro daba la impresión de saberlo todo.

—Te aseguro que estás completamente equivocado —dijo Rafael—, es una pena porque pareces un hombre inteligente. No entiendo por qué te muestras tan interesado en buscar mi confesión de culpable. Sólo vinimos a Matanzas para disfrutar sus playas y ver a mis amigos.

El oficial se puso serio, traqueó los nudillos, hizo varias muecas con la boca y después alzó los hombros.

—Si tú quieres que las cosas se hagan de otra manera, así se harán. Te traeré a tu putica para que pases la pena de verla llorando, hecha una calamidad, te avergonzarás por haberla metido en este problema. ¿Qué me dices de eso?

Rafael hizo un gesto con los hombros de no importarle:

—Lo que le dije es la verdad: sólo playa y amigos, por lo tanto ella no puede declarar otra cosa que mis propias palabras.

El oficial se mantuvo en silencio. Segundos interminables. Forzaba la mirada como si quisiera entrar en su mente, saber qué pensaba y cuáles eran sus estrategias. Quiso hacer un trato con él porque, a pesar de todo, le simpatizaba, según dijo, Rafael hacía la confesión y él la sacaba a ella del potaje; además, daría buenas referencias de él para que la fianza no fuera alta y la aceptaran lo más rápido posible.

—Tengo cierta relación con la fiscal —y volvió a hacer el movimiento con el puño cerrado.

—Le reitero que no puede haber trato porque digo la verdad.

—Bueno —dijo el oficial—, no me queda más remedio que apretar la tuerca. Te pondré a la chiquita en una celda con una tortillera que no la dejará dormir porque se pasará toda la noche metiéndole el dedo en el bollo y en el culo hasta que se venga decenas de veces. Y no te preocupes, al principio se niegan, pero luego lo disfrutan. En la mañana estará tan fatigada que dirá cualquier cosa que le pregunten con tal de que la dejen dormir.

Se fue con otro portazo. Rafael cerró los ojos, se preguntaba si era cierto que Maribel dijo algo comprometedor, sabía que ella no era fácil de convencer. Si tuvieran algo en la mano irían directamente al problema de la lancha, hubiesen mencionado el nombre de Molina, estaban blofeando, pero no podía evitar continuar intranquilo.

De una carpa me mandan a buscar para invitarme a integrar uno de los partidos políticos. Al llegar hay una cola y espero mi turno, me preguntan si estoy de acuerdo y me extienden los estatutos. En una de las mesas está Rolando. No los acepto, quiero quedar fuera de cualquier grupo, no me afiliaré a ninguno, tampoco acepté la propuesta de acogerme a la ayuda religiosa. El hombre se me queda mirando como a un objeto anacrónico.

—Sabe, es que soy un rebelde sin causa —explico—, sin ideología, soy anarquista —y miro a Rolando que sonríe.

Entonces es peor, todos miran como a un animal raro, tratando de entender mi postura.

—No he sido un hombre de ideas políticas —continúo—, nunca me han interesado, si salí de Cuba, ha sido para huirle a la política, cómo entonces voy a venir hasta aquí para caer en lo que detesto: lo mío es trabajo, lucha y sacrificio, a eso vine —no quise explicarle mi verdadera vocación, no aceptaría burlas a mi estatus de escritor inédito.

—Está mintiendo —dice Rolando y todos lo miran sorprendidos—. Una vez, hace mucho tiempo, quizá le interesó. A mí me consta, y para colmo, es bueno en eso.

—Claro, por supuesto —le digo—, por tipos como tú ahora odio todo lo que me huela a política.

—Es que tú eres muy rencoroso —me responde—. Mira, aquí todos tenemos un pasado oscuro, muy parecido al mío —y los señala—. Y no sucede nada. Convivimos. Eso es lo importante: vivir.

—Para mí no es así. No pensamos ni parecido —le digo y decido irme.

Un viejo se me acerca:

—La política es el deber de hijo que el hombre cumple con el seno de una madre, dijo José Martí —y su voz convencía sólo de escucharlo—. Lo que dijiste de la anarquía es muy bonito —dice señalándome—, hasta a mí me gustaría ser así; pero vamos viviendo una realidad que nos apremia, que no escogemos —y camina hasta estar frente a mí para mirarme a los ojos—. En la vida aprendemos dos cosas: que no hay nada que te den o se obtenga gratuitamente, todo es a cambio de algo; máxime si la política está detrás; y la otra, que en el fondo de cada persona, nadie es apolítico ni anarquista, lograr eso es imposible —la cola comienza a interesarse por las palabras del viejo y se unen al grupo—. Estudié economía y, desde hace mucho tiempo descubrí que a los gobernantes yanquis no les interesa que haya un cambio político en Cuba —entonces los líderes de los grupos políticos avanzan hasta el viejo para escuchar también—, pero por supuesto —prosigue—, no les interesamos para nada —repite alzando la voz—, de eso no tengo ninguna duda, si quisieran exterminar a los comunistas ya lo hubieran hecho cien veces; pero les convienen las cosas como están, aunque lo nieguen y parezca contradictorio lo que digo. La revolución ha sido la mejor aliada de los presidentes norteamericanos y han evitado que sus riquezas desciendan porque cuando el comunismo se caiga en la Isla, la inversión de capital de nuestro vecino del norte será grande, irán corriendo a construir en las playas y cayos cubanos, la Isla es el "sueño americano"; en Las Vegas se joderán, a partir de que se retomen los planes en Cuba de hacer rascacielos, casinos, y perderán a sus visitantes junto con el turismo de la Florida, y el único que puede detener eso es Fidel, les conviene que esté allí, aunque demuestren lo contrario y hagan leyes que castiguen a los que negocien con el sistema cubano, precisamente por eso; ése es el pretexto porque temen que la situación escape a su control —el viejo se frota las manos como si la idea fuera una bola de barro que estuviera moldeando—. En última instancia, continúa, cuando no les quede más remedio que apoderarse de Cuba, igual han hecho con tantos otros países, aunque no se puede dejar de reconocer que somos un caso atípico, lo harán a su manera, y el supuesto desarrollo lo darán a buchitos, a cuentagotas; en eso son especialistas, frenando todo y a todos para que no haya competencia y mantener el control total, ¿me copian? Así va a ser... Y viceversa, pues el mejor aliado que ha tenido la revolución es los Estados Unidos de América, ellos han permitido que la revolución dure tanto, pues la válvula de escape son estas migraciones hacia el norte. Si no permitiesen salir de la isla, entonces otro gallo cantaría, la olla hubiese estallado decenas de veces.

Se queda callado, me deja lleno de dudas. Decido no hacerle caso, ignorarlo, seguramente es un viejo loco. Las personas mueven los hombros y regresan a la cola y los representantes de los partidos van a sus puestos. Pero el viejo me advierte que no ha terminado:

—Dos hombres —dice—, en la historia de Cuba fueron profetas: Martí advirtió que al cubano no se le podía dar todo el poder porque era de una tendencia caudillista; y Estrada Palma con la anexión iba a evitar que eso ocurriera —el viejo se me acerca tanto que siento su respiración—. ¿No te das cuenta que el siglo XX demostró que no hay un presidente cubano que no sea corrupto o que no pretenda instaurarse en el poder de por vida?

—Esa fue una de las primeras conclusiones que saqué cuando aprendí a mirar con mis ojos a otros lugares que no estaban predeterminados por la educación que recibimos —dije.

—¡Te imaginas cuánta sangre y sufrimiento se hubiera evitado si le hubiéramos hecho caso a esos dos hombres! —asegura el viejo mirándome a los ojos.

—Mucha —digo y asiento exageradamente con la cabeza.

—Dios nunca ha mirado para esta Isla —prosigue—, no sé si es por miopía o por ser tan chiquita no la advierte en el marasmo de urgencias solicitadas en todo el mundo (aunque hay otras más pequeñas que la nuestra y no han pagado el precio de ser ignoradas), o quizá por lo calurosa; lo cierto es que se sabe que en la Isla hubo guerras tribales y la colonización fue sangrienta. Cuando exterminaron a los indios, entonces trajeron a los africanos, en eso tenemos la originalidad. La esclavitud comenzó por aquí. Con los negros creció el ejercicio del salvajismo y la sangre continuó vertiéndose sobre la tierra; no los aniquilaron por el coraje y resistencia de su raza, pero poco faltó en caso de que la esclavitud hubiera durado treinta años más. Después comenzó la lucha independentista, donde la sangre derramada de tantos hombres es y será nuestro eterno orgullo; luego continuamos con un supuesto siglo de democracia que también va colmada de sangre. He pensado que esta tierra está tan saturada de sangre que a Dios le da náuseas mirar hacia acá.

Me olvido del viejo y me alejo y camino en silencio. Recuerdo a aquella siquiatra que me contó sobre su paciente esquizofrénico, en las consultas le declaraba una imagen recurrente, aseguraba que la isla cubana era la celda de Dios, su Alcatraz. La utilizaba para enviar las almas que deberían penar por otras vidas.

El viejo vuelve a llamarme y me detengo, volteo el rostro y me grita:

—Como te digo una cosa te digo otra.

Abro los brazos en señal de espera.

—La historia cubana nunca ha tenido cuarenta años más importantes, de bueno y de malo, que éstos que han trascurridos con la revolución.

Y cuando pienso que puedo continuar vuelve a gritarme:

—Cuba sólo apareció como nación en la conciencia del mapa mundial a partir del año 59. No lo olvides —me advierte mientras mueve las manos despidiéndose.

Levanto los hombros confundido. No sé qué quiere decirme o más bien no quiero saberlo. Estoy aturdido por el torrente de ideas que he asimilado en pocos minutos. Vuelvo a echar a caminar. Deseo alejarme, quitarme de encima los ojos de Rolando. Quiero nacer en otra realidad. ¿Cómo saber quién soy? ¿Qué deseo? Cómo explicar que soy un hombre amante del desarrollo, de la evolución, la mal traída palabra revolucionario me resulta incómoda, prefiero llamarme un evolucionista. Crearía el PEM, Partido Evolucionista Martiano. Con eso me bastaría.

Llego a mi carpa y me siento en la cama, tengo sed y no hay agua en los tanques, apenas tengo saliva. Releo las cartas que he recibido, siempre les descubro algún significado nuevo, imagino el movimiento de las manos de Maribel cuando las escribía, me parece ver sus uñas, sus dedos y su piel tersa y extremadamente limpia que me acaricia.

Por estos días nos visitan los peloteros Canseco y Arocha, y nos dan recitales Celia Cruz, Jon Secada, Gloria y Emilio Estefan, Cachao, Andy García y Willy Chirino: siempre cantamos a coro la Guantanamera mientras lloramos desconsolados, imagínate dieciséis mil balseros sollozando. Gritamos "ya vienen llegando", ese viejo cuento de que la Revolución se acaba, de que falta poco, haber escuchado esas palabras tantos años en los labios de mi madre, verla sin dormir por las madrugadas escuchando las mentiras de Radio "Camilo Cienfuegos", o la "Cubanísima", para en la mañana repetirlas porque vienen de allá, del otro lado, de la Yuma, de afuera, del yanqui, de los malos, del más allá, y luego apagar el televisor con las imágenes de la Plaza de la Revolución repleta de gente con pancartas de "aquí no se rinde nadie".

Nos entrevista la gente de Radio Martí, preguntan qué pensamos de la Revolución, te obligan a decidir: se está o no se está. That's the question. Y la gente se emociona, dice que allí quieren que las cosas sean de un solo color: rojo claro o rojo vino, no se aceptan otras variantes. Tener neuronas es un delito. Otro dice que todo es aplastante, si no estás de acuerdo con el proceso de Ochoa: eres un traidor. El siguiente asegura que si te niegas a aceptar el internacionalismo: entonces estás en contra de las causas buenas y nobles, por lo tanto no eres un revolucionario, y si no eres un revolucionario no puedes ser parte del sistema, por lo tanto eres un enemigo. Los fotógrafos flashean constantemente y las cámaras buscan los mejores ángulos. Un anciano dice que él quiso protestar por el hundimiento del remolcador *13 de Marzo*, y lo acusaron de que se quería ir también. Un hombre dice que a su mujer por no participar en las "Brigadas de Respuesta Rápida", la acusaron de ser simpatizante con los del otro bando. Un joven dice que si no haces guardia del Comité, eres un desafecto; si no pagas el sindicato porque tienes la convicción de que no funciona: propaganda enemiga; si no asististe a las reuniones: eres un antisocial. Un negro se queja porque casi no hay agua para beber, de cuando se acaba a cuando la traen son muchas horas, y los niños con explicaciones no entienden.

—Díganle eso a Clinton, que nos está matando de sed.

Pero nadie le hace caso al negro, le alejan las cámaras y los micrófonos, buscan a otras personas que ofenden al gobierno revolucionario. Les preguntan, sin apenas dejarlos respirar, se enciman con los micrófonos y cámaras sobre la gente como si fueran un panal de abejas.

Rafael tenía deseos de ver a Maribel, su conciencia comenzó a sentir culpa por tenerla en esa situación. Cada vez más temía que los guardias abusaran de ella. Al rato vinieron a buscarlo. Lo llevaron a otra oficina, mejor climatizada y con muebles de más calidad. Esperó un rato y entró un teniente coronel que sin saludar le pidió que confesara.

—Te prometo que te ayudaré a salir del problema lo mejor posible —dijo el oficial de más rango que había visto hasta ese momento—. Sé que eres un buen muchacho, con ideas tontas, pero un buen muchacho. No dejaré que te hagan tierra. Te ayudo sólo con la condición de que seas franco y expongas la verdadera razón por la que te encuentras en Matanzas.

Rafael negó tener argumentos de los que desea escuchar. Pero el oficial continuó insistiendo. Luego se cansó de no lograr una palabra comprometedora y se fue. Lo llevaron de vuelta al calabozo. No podía dormir pensando en su novia y en el Chiqui.

En la mañana lo sacaron de la celda, el Jefe de unidad, un teniente coronel dijo que todavía podía ayudarlo. Rafael vio su Carné de Identidad sobre el buró, al lado tenía dos carnés más. Tocaron a la puerta y trajeron a Maribel, la sentaron muy cerca. No dejaron de mirarse. Rafael sintió la caricia de su mirada, la respiración tierna, el aliento, estaba bella a pesar de que tenía aspecto ajado, ojerosa. Volvieron a tocar a la puerta y trajeron al Chiqui con los ojos llorosos. Rafael al verlo en esas condiciones esperó lo peor. Se miraron extrañados.

—¿Se van a poner de acuerdo? Porque cada uno ha dicho algo distinto.

Se miraron. Rafael tuvo deseos de gritarle comemierda al Chiqui, pero éste también lo miraba insultado. Rafael supo que tenía que adelantarse para que se retractara en caso de haber dicho algo de más. Inmediatamente dijo que él no tenía nada que aclarar, estaba allí de visita, nunca he pensado en salir del país. El oficial lo mandó a callar, hablaría cuando se lo autorizaran. Pero no lo hizo, insistió que hablaría cada vez que le diera la gana hasta tanto no le demostraran qué delito había cometido. Chiqui aseguró que eso mismo fue lo que él dijo, y Maribel dijo que ésa fue su declaración también. Entonces Rafael respiró en paz, sabía que estaban fanfarroneando, y el saber que aún no tenían nada cierto en la mano lo envalentonó y gritó que habían cometido un atropello con ellos, era injusto, que si realmente lo que deseaban era que tres jóvenes se desilusionaran con el proceso y se fueran, lo hacían muy bien.

El teniente coronel les tiró los carnés sobre la mesa para que los sacaran de su oficina y de la unidad. Amenazó con traerlos de vuelta si asomaban la cabeza por la costa, y mucho mejor si no venían más a Matanzas. Rafael dijo que seguiría viniendo las veces que quisiera, nadie se lo podía prohibir. Y Maribel se puso a llorar, dijo que a ella también le gritaron, la amenazaron. Y Chiqui advertía que se iba a quejar al Político, que si querían imitar a la policía de Batista les quedaba muy bien, y esa comparación siempre era infalible, se pusieron coléricos, nunca pueden soportarla, y el oficial llamó al guardia para que los sacara, no quería hablar más con ellos, y casi los echaron de la unidad, me voy ocupar de perseguirlos, gritaba el oficial, así que mejor se van de mi ciudad. Rafael le tomó la mano a Maribel y salieron en busca de la calle.

Llegaron a la esquina, allí estaba el papá del Chiqui con su mujer y dos amigos. El padre respiró aliviado, los abrazó y se alejaron.

En esos días se encontró a Carlos, y le comentó que tenían una balsa armada, sólo faltaba uno que pusiera el dinero de las provisiones. Rafael apenas lo dejó terminar. Le dijo que lo sumara.

La posibilidad para Rafael de irse en una lancha se había extinguido. Estaba convencido de partir a cualquier costo. No regresó a Matanzas ni volvió a verlos, era imposible regresar sin que la policía lo detuviera.

Llevaba varios días pensando cómo hacerlo y si después no me quedarían secuelas que lamentaría por mucho tiempo. Sabía de algunos que lograron que les creyeran. Y esa mañana, para probar mi suerte, tomo el agua con detergente y espero la reacción. Mi primo me mira nervioso, le digo que no se asuste, si logro engañarlos lo pondré como mi acompañante y nos iremos de aquí para Miami.

—Dejaremos esta mierda detrás –le digo.

Ahora mueve la cabeza aceptando mi riesgo. Siento las primeras náuseas, hago arqueadas, luego los vómitos, me llevan hacia el puesto de la Cruz Roja: el médico diagnostica que soy un farsante y un guardia me golpea en la nuca y pierdo el equilibrio y el médico se ríe. Con la caída me lastimo la cabeza al chocar con el piso, después, las patadas en las costillas que vuelven a lastimar y las ofensas. Me llevan arrastrado hacia mi carpa y me dejan en la puerta mientras los otros protestan. Mi primo me pasa la mano por la cabeza, constantemente bota el cubo con mis vómitos. Estoy varios días sin poder contener las náuseas, sin poder ingerir alimentos ni levantarme de la cama.

Lo único que brinda el paisaje, desde el ángulo de mi ventana, son las tanquetas militares apostadas sobre las lomas, camufladas detrás de los árboles.

En la mañana los soldados citan por cabañas al representante y a los jefes de las hileras de carpas para la dirección. El de mi carpa se niega a ir por temor a una encerrona, de que quieran cogerlos de ejemplos, y les den un escarmiento, una golpiza que alerte a los demás lo que podría sucederles. Alguien dice que políticamente no debe ser así, en primera instancia ellos prefieren conversar. Pero el jefe de mi carpa se mantiene en que no, Roberto vuelve a insistir que no sucederá algo así; pero el hombre no quiere y está convencido de que no lo hará, se quedan buscando entre el resto, hasta que la vista de Roberto se detiene sobre mí.

—Tú eres el hombre –dice, y pienso que es un chiste; pero insiste–, porque fuiste el único que no quiso la huelga y seguramente ahora tampoco la quieres. Entonces, ¿quién mejor que tú para persuadirlos? –y mira a los otros para que lo apoyen–. Además, un viejo amigo tuyo te recomendó, y señala a Rolando.

—Tú y Rolando se pueden ir al carajo.

—Ahora te necesitamos –dice Toscano–. No es tiempo para rencores personales.

No respondo. Ellos también hacen silencio sin dejar de mirarme. Niego con un gesto de cabeza y camino hacia la puerta tratando de abandonar la conversación. Afuera espera Rolando.

Roberto me llama, dice que tengo tanta obligación como los otros, aquí el problema es de todos y tenemos que resolverlo. Lo miro con cara de burla:

—¿Por qué te niegas?

—Porque "la política es el arte de hacer felices a los hombres", según dijo Martí. Y por lo que he visto desde que tengo uso de razón, eso es más difícil que la creación del universo.

—Entonces tú eres el hombre que nos hará feliz —asegura Roberto.

Lo miro fijamente a los ojos, tengo deseos de mandarlo al carajo; pero los otros esperan también una respuesta positiva. Entonces busco una razón que los convenza de que deben elegir a otro. Digo que no debería ir yo puesto que fui seleccionado por la masa; además, que no me gusta ser jefe de nada ni representante de nadie; pero se mantienen silenciosos como si no me creyeran ni les importaran mis justificaciones. Trato de insistir, lograr que piensen en otra persona y digo que aún tengo náuseas, que probablemente me reconozcan los guardias que me golpearon en la Cruz Roja y entonces no seré de ayuda al no poderlos representar. Se mantienen callados, aún sin creerme. Mi primo me empuja por el brazo para que acceda. Se me acerca al oído y dice que a lo mejor, si llegan a un arreglo, deciden premiarme con el viaje directo a los Estados Unidos. Lo miro impaciente, se puede ser inmaduro pero no estúpido. Entonces me dice que quizá pueda hablar con oficiales de alto rango y plantearle el problema de la desaparición de mi prima. Roberto me propone: no hay nadie en el lugar que haya leído más libros que yo. Mi primo continúa empujándome con el codo. Me paso la mano por la cabeza, digo que para eso hace falta un político, una persona que sepa negociar. Un viejo asegura que no, lo que hace falta es una persona que escuche y sepa explicarnos después, que en la reunión no se exalte ni pierda el control, que sea serio y proyecte respeto. Toscano dice que hoy es el día de Santa Bárbara, y que la guerrera luchará por nosotros y levantará su espada contra el imperio a nuestro favor. Estoy un rato inventando razones, pero me responden con otras para contrarrestar las mías, hasta que no tengo otra opción, no me quedan evasivas y acepto.

Cuando dan el permiso para salir para la entrevista el temor vuelve a aparecer, no sé si es miedo por marcarme ante ellos, y me vean como un líder político, o que tengan preparada una encerrona y tomen represalias. No deseo asistir a una conversación con quienes no son de confiar, de los que no espero nada bueno; pero el resto me mira y siento vergüenza por mí, por ellos, comprendo que es demasiado tarde para desistir, y camino hacia la reunión con la cabeza baja. A veces miro hacia atrás y veo a mi primo alentándome con su sonrisa tonta, mientras mueve la mano en señal de adiós.

Al acercarme al lugar lo primero que veo son los autos oficiales con banderitas norteamericanas parqueados al lado de la cerca. Nos conducen hacia la carpa de visita. Allí nos espera el enviado de Clinton junto con otros funcionarios y el alto mando militar de la Base; un traductor pide que oficialmente alguien lea la carta, pero permanecemos en silencio. El político habla con el traductor y éste explica que nos encontramos en una negociación y que él promete que no habrá represalias por darle lectura al texto. Rolando se agacha y saca de un zapato la carta y la lee. Los funcionarios nos observan con la mirada fría, calculadora. Rolando sigue leyendo y asegura que si no resuelven nuestras exigencias, nos vamos a otra huelga.

Al terminar de leerse la carta el representante se pone de pie y dice, según el traductor, que a los norteamericanos no se les puede amenazar y menos chantajear, que en la historia de los Estados Unidos sólo ha habido dos momentos en que se les ha amenazado: el primero fue en la Segunda Guerra Mundial, y ahora los cubanos; que nos alerta, y ya eso lo hace con el mejor ánimo pacificador, porque para ellos pierde eficacia estratégica desde que nos lo dice: en el supuesto caso de que la huelga se llegara a realizar, nos iban a responder como si fuera una guerra. Garantiza que rodearán el campamento con todos los medios apropiados y el primero que ponga un pie fuera podrá darse por muerto.

—¿Entienden? Por muerto —dice con seguridad.

Esa palabra tiene la virtud de atemorizarnos, la idea de convertirnos en cadáveres perdidos en una tierra donde nunca nos depositarán una flor, es casi un acto de terrorismo espiritual. El representante insiste en que no aceptan amenazas, y de balseros, menos; que es inaceptable, bajo ningún concepto lo podrían permitir, ¿Ok? Cuando termina, en ese tono imperativo y sin derecho a réplica, hace un gesto al resto de su comitiva que no se ha fijado en nosotros para que lo sigan y abandonan el local para montar sus lujosos autos y se alejan.

Lo único que han dejado en nosotros es el polvo que levantaron los neumáticos. Permanecemos un rato mirándonos las caras, decepcionados, sintiendo que habíamos perdido la última posibilidad de que nos escucharan pacientemente.

Volvemos al campamento en silencio, sin ánimos.

—Lo mejor que se pueden hacer es coger esa carta y romperla y olvidarnos de eso —digo—, es evidente que no estamos en posición de exigir ni agua. Debemos hacernos la idea de que somos limosneros, que no están obligados a darnos nada.

—Tú siempre estás contra el tráfico —me recrimina Roberto.

—¿Pero es lógico o racional tirar piedras hacia la casa a la que pedimos que nos acepten entrar? —nadie me interrumpe—. Si una cosa nos enseñó el sistema socialista fue, y eso debemos tenerlo bien clarito, es de que los yanquis no tienen madre.

Me siguen mirando con desconfianza.

—No pido que nos quedemos con los brazos cruzados mientras nos peloteen —les aclaro—, lo que sugiero es trazar un plan inteligente dirigido a sacudir a la opinión pública a favor de nosotros. Con esos actos violentos lo único que ganamos es que nos pongan el cartelito de indeseables para cualquier sociedad, que nos teman y cuestionen recibirnos, nos comparen constantemente con los marielitos –insisto–, que los políticos adviertan el peligro de abrirnos las puertas, que podríamos elevar los índices de asesinatos, robos y drogadicción: eso es lo que debemos evitar.

Me voy para la cabaña. Roberto me acusa de estar contento con el resultado, asegura que soy un cobarde y me levanto para enfrentarlo, pero Toscano dice que nadie tiene la culpa de la reacción de los gringos. ¿Cómo iba a estar contento porque no nos llevarán para Miami después de haber arriesgado la vida en el mar?

Digo que no soporto más que me estén acusando y recojo mis cosas y me voy para otra cabaña. Antes de salir le digo a Roberto que no se deje seguir envenenando en contra mía por Rolando. Pero no me responde.

Al rato de estar en la otra carpa, llega mi primo y se acomoda en un catre cerca del mío. Me sonríe. Me mantengo mirándolo serio y se le borra la sonrisa estúpida.

—¿Averiguaste algo de mi hermana?

—No –le respondo con pena.

—A ti no te importa lo que le sucedió a ella –me acusa.

—Claro que sí, es mi sangre –le aseguro. Pero ya no me contesta, vuelve su rostro y comienza a llorar.

El primo me sigue como un perro por todo el campamento. Tengo deseos de decirle que no está obligado a permanecer al lado mío todo el tiempo. Llegamos a la carpa y, cuando me voy a sentar, me toma por un brazo como si yo fuera un anciano a quien ayuda a sentarse. Quiero mandarlo al carajo, pero sólo hago un ademán para que me suelte, puedo hacerlo solo, le digo.

En cuanto al resto, nadie más habla de irnos a la huelga, sólo se espera que decidan de una vez y por todas cuál será nuestro destino. Hay comentarios de que ya han sacado aproximadamente cerca de dos mil balseros para los Estados Unidos, dicen que un balsero de una carpa cercana se envolvió nylon en un pie y se pegó candela, luego pasó varios días sin curarse hasta que apareció la úlcera y la linfangitis; se lo llevaron para Miami pero con la pierna amputada. Algunos se han buscado enfermos, negocian y prometen ayuda económica para que los declaren acompañantes y sean sacados también.

Mi primo ha escrito varias cartas y las va enviando con los oficiales para la jefatura, en todas pone el nombre de su hermana y la fecha en que la vio por última vez. Pero nadie le responde. Tampoco recibe alguna señal de su hermana en un intento por localizarla.

Los días pasan monótonos y hay momentos de tanta desesperación que no podemos soportar y gritamos para sacarnos la ira por pensar que nos equivocamos cuando nos lanzamos al mar y haber regalado miserablemente la vida en tantas oportunidades.

Comemos, se hace ejercicio físico, se conversa a gritos a través de las cercas con los balseros de los campamentos vecinos y llegamos al segundo mes. El pelo me ha salido por los bordes de la cicatriz y ya no se ve. Me quedan dolores en la espalda por la pedrada, y por el puntapié en la costilla que mantengo aprisionada con un trapo alrededor del cuerpo, más la inflamación del labio. Soy una calamidad y pensarlo me provoca risa.

Mi primo vuelve a ver al oficial que sacó a mi prima por última vez del campamento. Se le acerca, le dice que le devuelva a su hermana. Trato de calmarlo y el oficial lo mira con odio. Mi primo le grita que si le hizo algo malo lo va a matar. Luego el oficial se aleja y el resto de los guardias lo imitan y se retiran con rostros amenazantes.

Manolo dice que hay que preparar una actividad; pero nadie le hace caso si nos sentimos más presos que de donde escapamos. Él insiste porque así llamaríamos la atención a los medios de prensa y quizá podamos hacer declaraciones y la opinión pública presione para que nos saquen de este lugar. Seguimos sin hacerle caso, y mueve los hombros y va para su catre y deja caer el cuerpo evidentemente molesto, como si no pudiera hacer nada por ayudarnos, porque merecen estar así, dice, aquí hay que ganarse el respeto, cojones. Luego se calla y creo que se duerme.

Para ocupar el tiempo escribo en una libreta, lleno las hojas describiendo todo lo que acontece, de alguna manera siento la necesidad de plasmar lo que veo, no sé si para mí, o para entender mejor las cosas que suceden y cuyas razones, a veces, no logro captar; me emociona pensar que lo hago para enseñárselo a Maribel, o a mis hijos. El pelo me cae constantemente sobre la cara y tengo que irlo apartando. Aunque me disguste tenerlo largo, debo cumplir la promesa.

En la noche vienen a buscar a mi primo. Dos soldados le dicen que el mando quiere aclarar el paradero de su hermana. Quiero acompañarlo pero niegan. Él solo, ordena. Y se alejan con él. Me quedo desconfiado.

Un rato después llega mi primo adolorido. Los guardias lo golpearon por ofender al oficial, que le dijo que no sabía nada de ella. Nunca más la volvió a ver. Que debía andar por algún campamento huyéndole al novio. Pero él no quedó conforme y le dijo mentiroso, asesino, y dos soldados lo aguantaron para que el oficial lo golpeara.

Me sentí colérico porque abusaran con mi primo. Salí fuera de las carpas a ver si los veía y gritarles abusadores, encontrar algún alto oficial para denunciarlos. Pero comprendí que no resolvería nada, salvo que me dieran otra paliza.

El ruido en sordina de tantas voces crece, me molesta, es como si me barrenara los oídos, los tapo, y el ruido interior también es insoportable, sacudo la cabeza, me acuesto, me tapo con una almohada, me reprimo los deseos de gritar, gritar hasta que pierda la voz, sentirme vencido por la fatiga. Y tiro la almohada hacia una esquina, me levanto, alcanzo el farol y salgo a caminar, no sé por qué estoy así, debía de haberme

EL VERANO EN QUE DIOS DORMÍA

acostumbrado un poco a esta agonía de vida; y mis pies han echado a andar sin ordenárselo, se alejan, creo que huyen de todo y de todos, a nadie le importa que hoy sea Noche Buena, para nosotros desde hace cuatro meses las noches son malas y los días también; levanto la cerca y continúo caminando, siento placer cuando lo hago, creo que es por la sensación de que algo queda detrás, me alejo, el fondo del campamento se va perdiendo y no me importa. Necesito algo, quizá encontrarme a mí mismo; sólo avanzo como si al final de este camino aguardaran mis sueños. Camino... camino... camino...

Cuando reacciono tengo los músculos adoloridos y el cuerpo y la ropa sudados, no sé qué tiempo pasó, tengo el presentimiento de haber estado en otra parte sin saberlo. Temo que la pérdida de conciencia se deba a la falta de líquido en el cuerpo y me toco y estoy caliente, no orino, no puedo escupir y extrañamente tengo la piel erizada.

Decido volver por el temor a desmayarme por la deshidratación. Llevamos dos días sin el agua suficiente, y es probable que pronto los soldados la traigan en camiones cisternas al campamento y se acabe sin que pueda abastecerme. Emprendo el regreso por esta tierra árida y triste como el desierto. ¡Qué respuesta podría haber estado buscando! Sólo tengo que saber que estoy aquí y que debo esperar el momento de la partida. Tengo mareo y camino aturdido, como si fuera la resaca de varios días borracho. Y la vista se me nubla, y por mucho que intento mirar, apenas puedo ver algunas estrellas que centellean en la oscuridad que me rodea. Mis pies me hacen avanzar como perros que se saben el camino de vuelta a casa... Hasta que me fatigo, creo arrodillarme o estoy acostado sobre la tierra, recobro la vista, y primero me parece una alucinación; pero cuando cierro y vuelvo a abrir los ojos aún está allí, brotando mágicamente, me acerco, sale de las rocas, sonrío y me toco la incipiente melena porque recuerdo a Sansón que después de vencer a los filisteos, moría de sed en el desierto, y le ruega a Dios para que no lo deje morir, entonces se da vuelta y encuentra un manantial de agua.

Continúo apretando la coleta, y con la otra mano voy a tocar el agua, y sin saber por qué, me alejo, tengo miedo, qué o quién podría haberme puesto este Oasis en mi camino; presiento que no es obra de Dios, es el diablo que me está tentando por ser la víspera del nacimiento del niño Jesús. Me imagino a Cristo en el desierto y las tentaciones que el diablo le puso a prueba y él supo resistir, es la demostración que he estado esperando toda mi vida, me arrodillo y sonrío y sufro por no poder beberla, nunca había visto un agua tan fresca, es el sacrificio que le daré a Dios, creo en él, en su existencia, en su eterna compañía, en agradecimiento por habernos cuidado en el mar de tanta calamidad, que solo él pudo habernos salvado; y la necesidad de sentirme perdonado por haber trastocado el destino de Miguelito. Toco el farol, palparlo me hace sentir seguro, es en lo único que confío.

Y corro, vuelvo a huir, pero de regreso, ahora corro con más fuerza, por estar consciente de que Dios está conmigo.

Como hay una actividad de la jefatura militar para celebrar la Navidad, sacan a los mayores de treinta y cinco años a pasear por los otros campamentos; cuando exijo la razón por la que los más jóvenes no pueden ir, me responden que son medidas de seguridad. En la Base hay tantas mujeres, niños y ancianos. Pienso que no debo desesperarme, al menos ya sé que no estoy abandonado espiritualmente y que alguna salida positiva habrá para mi situación.

Estoy cansado de ver discusiones, enfermos, tristeza, engaños. Manolo viene con Luis y Roberto, dicen que vuelva con mi primo a la cabaña, que después de lo que pasamos debemos seguir juntos. Miro a Roberto que me estira la mano, le doy la mía y me ayudan a recoger mis pertenencias. Prefiero no decirles lo que he descubierto. Hacen bien con mantenerse a mi lado, así serán alumbrados por la luz que me protege y en su momento podrán ser beneficiados. Se extrañan por mi alegría, por no ser rencoroso. Le digo que tenemos que celebrar el fin de año aunque sea brindando con agua porque se negarán a comer ese arroz amarillo con perro caliente.

Dos oficiales vienen por la carpa y miran nuestras pertenencias. Llegamos a la conclusión que su verdadero interés es vigilar a mi primo. Le digo que no se separe de mí. Temo que quieran silenciarlo para que no los delate. Comienzo a temer por su vida.

El 31 de diciembre guardamos la comida y cenamos a la media noche. Me aparto del grupo. Me pongo a mirar la luna, brilla más que nunca. Imagino los ojos de Maribel recorriéndola también en este momento al igual que mi hermana en Miami. Y le agradezco a Dios su presencia.

Cuando regreso, dicen estar extrañados por mi devoción hacia la religión. No entienden por qué el cambio y tampoco quiero explicarles. Toscano asegura que todos iremos cayendo en el mismo jamo, pues Dios es paciente pero sabe castigar también. Muevo la cabeza y asiento, voy hasta él y lo abrazo sin que pueda entenderme y se muestra inseguro. Le pido disculpa por mi falta de fe.

Por la tarde se me acerca Toscano, sacó la tarjeta para ir a la playa al otro día y que cuando esté allí, va a cruzar a nado para el lado comunista, el Dinky se va con él y dos iyawó. El otro se queda, quiere esperar un poco más. Me sorprendo por la decisión del Negro, le advierto sobre las minas, pero no le importa, ya no soporta más la espera, se va a suerte o desgracia, sólo espera que los santos lo acompañen de vuelta. Dice que vio cuando yo saqué la tarjeta de la playa, pregunta si quiero ir con él. No, es muy pronto, tengo que estudiar cuál es la mejor posibilidad; saqué el permiso de la playa por mi primo, porque deseo que se recupere y quizá un poco de esparcimiento le ayude, y en lo que respecta a irme es no, seguiré esperando; además, no puedo dejar detrás a mi primo. Le recuerdo que a la llegada a la Base hubo una cantidad de muertos por las minas de los que quisieron cazar jutías. Los norteamericanos dicen que entre las tres cercas que dividen las zonas hay cientos de minas que ni ellos mismos saben localizarlas, es una locura, digo, y miro a mi primo a quien no le interesa nada de lo que conversamos. Realmente ahora lo que deseo es volver, dice Toscano, y nada hará que cambie de opinión, ni los espíritus que me prometieron ayudarme, la maldición de mis antepasados no desaparecerá porque de todas formas la Base está dentro de Cuba y forma parte de la maldición; no entiendo de qué habla, seguramente delira por el sol o por tanta agonía, por la desesperación de regresar, por ver a la familia, tocarla, la falta de mujer, tantas cosas que nos convierten en locos. Le digo que tenga paciencia, quizá Dios lo esté poniendo a prueba. Me contesta que entonces suspendió. No aguanta más. Se rinde. El iyawó que se quedará alza los hombros mientras me mira fijamente: ya les advertí, pero son muy desesperados. Éste que se quedará en la Base fue el que me alcanzó el agua cuando me trajeron los guardias después de la revuelta. Le respondo que sí, son muy desesperados.

Me le acerco al Dinky y le pregunto por la deuda de justicia que dejó en Cuba, si regresas tendrás que cumplirla. Ya pensé en eso, me responde, pero no me importa, yo tampoco soporto más, y si es una prueba, pues Dios tiene que estar acostumbrado a mis suspensos como nota.

Decido alejarme, no escuchar que se va a cualquier costo, aunque en esta jugada pierda una pierna, los brazos o la vida. No estoy de acuerdo con él. Pero Toscano insiste en su plan porque en última instancia esos serán sus problemas, si ustedes quieren esperar, háganlo, y mira a Manolo que se desentiende para que no lo comprometan. Se mete las manos en los bolsillos y se aleja y desaparece detrás de las cabañas. Es un caso perdido, le digo a mi primo que nos ha estado escuchando; me repite que sí, es un caso perdido y sonríe, luego va hasta la ventana y continúa mirando el cielo con tanto interés que los que pasan por su lado se confunden y lo imitan para buscar lo que mira.

Ayer fundamos la primera Logia desde nuestra llegada a la Base. Preparamos una carpa y realmente nos sentimos dentro de un templo.

Todos los que dijeron ser masones les hicimos pruebas con las palabras y los toques secretos, además le hacíamos preguntas de la Liturgia, descubrimos a varios farsantes que intentaron engañarnos y cuando le preguntábamos si eran masones aseguraban que sí, lo que delataba desde el principio que no lo eran; pero a veces nos daba risa la forma en que lo aceptaban y nos gustaba jugar con ellos. Cuando estuvimos seguros de que no había ningún profano, hicimos la ceremonia y algunos andaban con lágrimas en los ojos. Después procesamos los datos de cinco candidatos que otros masones querían presentar a la institución. Todo salió bien y estábamos orgullosos. Yo me puse triste, sobre todo en la parte que juramos frente al Ara y la Biblia que no se revelaría nada de cuanto se había visto y oído en la sesión. Volvieron mis temores por violar los secretos con Miguelito.

Uno de los masones que estuvo cerca de mí, me preguntó el tiempo que llevaba en la institución, era mucho tiempo para lo poco que llevaba él. Me dijo que se llamaba Alberto y hablamos de todo y hasta resultó que vivía cerca de mi carpa. Me prometió visitarme al día siguiente para continuar conversando.

Me molesta que desde antes de amanecer ya los otros estén dando vueltas en el interior de la carpa, chocando con las camas del resto, sobre todo el Dinky, que parece un elefante en una cristalería; para qué carajo sirve madrugar si nadie te está esperando, si ninguna tarea es urgente, si no eres más que un gusano que se alimenta y duerme. Siento la voz de Toscano con sus preparativos de fuga. Ojalá que no vuelva a proponérmelo, quiero que me deje en paz con el asunto. Pero a pesar de todo siento su voz que se acerca a mi cama, me dice que ya se van para la playa, prefiero continuar con los ojos cerrados, fingir que duermo, no me importa que sea evidente, luego dice allá tú y se aleja. Dinky se despide también; Carlos, Roberto y Luis le desean suerte. Los iyawó se despiden cruzando los brazos sobre el pecho. Toscano asegura que nos lo vamos perder. Sólo abro los ojos para vigilar a mi primo, que se mantiene acostado hasta que decido levantarme, entonces él hace lo mismo, como una sombra. Manolo fuma sentado en su cama, me dice que el Negro está bravo con él porque no quiso acompañarlos porque cree que todavía hay esperanza de irnos a Miami, le dijo que esperara un poquito más, unos días tan siquiera para acabar de definir, pero no quiso esperar; no bajará a la playa, sabe que si Toscano lo ve allí, va a proponérselo nuevamente y le dolerá tener que repetirle un no.

Los partidos políticos preparan las actividades por el nacimiento de Martí. Ese día también cumplo siete años de haberme iniciado en la masonería. Extraño a los hermanos de mi madre Logia. Los viejos siempre preocupados por uno y pasaban por la casa con el pretexto de saludarme y así quedarse tranquilos porque no me había lanzado al mar ni estaba preso. De alguna manera, en esta Logia improvisada que creamos en una carpa, los recordaré a cada uno.

Nos vamos a la playa, le digo a mi primo que no se acerque al Negro Toscano ni al grupo que lo rodea. Mi primo no responde, sólo acata las órdenes como un robot. Lo invito a nadar, me hago el entretenido pero observo los movimientos del Negro, que ha reunido a un grupo de dieciocho para cruzar; a veces me mira con la intención de convidarme, pero le esquivo la mirada. Salgo del agua, y con el pretexto de buscar sombra, me alejo lo más que puedo del lugar donde de un momento a otro comenzará la fuga. Desde que senté al primo en la arena no se ha movido; un soldado se acerca al grupo y les habla, nadie le responde, luego camina hasta nosotros y dice que los que vayan a cruzar, esperen a la hora del regreso para no quitarle la playa a los otros, porque cada vez que ocurre, el resto de los bañistas que se queda se ponen indisciplinados y los jefes ordenan recoger y llevar de vuelta al campamento al resto de los balseros. Acepto y digo que no es mi caso, no tengo ninguna intención en brincar hacia la parte revolucionaria. El soldado se aleja repitiéndole el mensaje a los otros que encuentra por la orilla. Nadie le responde. Sólo un tipo dice que los que abandonan son traidores y habría que lincharlos. Toscano y los suyos se bañan como si nada fuera a suceder, como si no escucharan las amenazas de los otros balseros ni pensaran en los peligros que enfrentarán cuando hayan llegado al otro lado.

Varios bañistas han comenzado a jugar pelota con un pedazo de madera que estaba en la arena y una bola de trapo que confeccionaron. Toscano se acerca a cada uno de los integrantes de su grupo. Me imagino que esté llegando la hora de la fuga. Al rato pasa la voz para que estén preparados. Repasa cada detalle de la fuga y espera el momento propicio. Hace un gesto con la mano y descubro que es la señal acordada porque los otros comienzan a levantarse y caminan aprisa por la orilla de la playa. Dinky se queda sentado y a veces hace algunos movimientos indecisos. El Negro lo llama pero no le responde, permanece sentado en la arena; luego el grupo echa a correr hasta unos peñascos de cinco o seis metros de altura, y cruzan una cerca derribada; mientras los bañistas que se percatan de su deserción les gritan comunistas y recogen piedras para tirarles: ¡vendidos, carneros del coño de su madre, rajados, agentes del G-2, amarillos, ñangaras, segurosos, hijos de puta! Temo que descubran que yo sabía lo de la fuga y quieran cobrarme por mi complicidad, por lo tanto, grito también cobardes, traidores, y empujo a mi primo para que grite; pero se mantiene callado, sólo se ríe y salta como si fuera una fiesta.

El Gordo aún está sentado en la arena, está llorando, voy a buscarlo para que los demás no lo descubran.

—Soy un pendejo —dice—, las piernas no me respondieron.

Le digo que eso es normal, a todos nos ha sucedido, pero nada hace que deje de llorar, entonces lo ayudo a levantarse para unirnos con los otros bañistas. Uno de los que grita me pregunta por qué llora y le respondo que le da sentimiento que nos traicionen de esa forma, y el hombre mira al Dinky y mueve la cabeza aprobando con una mezcla de lástima y solidaridad y se va.

Los guardias reúnen al resto de los balseros y nos llevan de regreso a los campamentos. Por el camino continúo escuchando insultos. Veo a Toscano y al grupo sobre los peñascos de la parte cubana esperando que los soldados guardafronteras vengan a buscarlos, porque a partir de allí todo está minado. Tres hombres todavía lanzan sus piedras como último intento de agresión; las piedras se elevan pero no pueden alcanzarlos por la distancia. El Negro les contesta apretándose los cojones.

Es del carajo jugársela de nuevo para atrás, después de haber corrido el riesgo de tirarnos al mar, porque aunque los vengan a buscar los zapadores, no se deja de correr peligro, una mala pisada y todo se va a la mierda. Es curioso, que en las dos situaciones con que hemos tenido que lidiar para salvar la vida, la amenaza siempre viene de abajo. Primero los tiburones, y ahora las minas. Hacemos una fila que camina de vuelta al campamento, a veces siento al Dinky sacudirse la nariz, lo miro y evita la mirada.

Al regreso de la playa nos están esperando a la entrada del campamento, Manolo, Luis, el iyawó, Carlos y Roberto que me tira el brazo por encima del hombro y pregunta cómo salió la fuga. Le cuento sólo algunos detalles porque no tengo deseos de hablar. Se aparta y se va, junto con los otros, a preguntarle al Dinky, que tampoco quiere responderle y entra a la cabaña y se acuesta boca abajo hasta que se queda dormido.

Hay un hombre que persigue mis movimientos, cuando reparo en él es Alberto el masón, me saluda; le pido disculpa pues no lo había reconocido, estoy aturdido con el dilema de Toscano que acaba de cruzar. Mueve los hombros, aceptando una realidad de la que no podemos escapar. Le digo que puede escoger cualquiera de los catres que están vacíos, varios de esta cabaña se fueron con el Negro. Sonríe y va a acomodar sus pertenencias. Al menos tengo con quien conversar nuevos temas.

El cielo está gris, bueno para la inspiración de los poetas. A veces saco la mano y trato de llenarla con las gotas que van cayendo, pero se me escapa entre los dedos. Siento envidia por Toscano y los demás, ahora los llevarán para sus casas, no sé si debí irme con ellos o hice bien en quedarme. Estoy triste, siento cada vez más la necesidad de volver con mi gente. Me cansa este encierro, tanta pérdida de tiempo. Ya no puedo conversar con mi primo, que vive inmerso en su mundo. Hablé con el médico para que lo atendieran y contestó que seguramente fingía y, si era verdad, de todas formas podía esperar porque había decenas de casos que sí eran enfermedades de vida o muerte. Desde entonces todo me da igual, nada más espero una u otra solución, pero que acabe de suceder. No sé cuánto tiempo podré esperar.

A cada rato uno se entera de que algún campamento está en huelga y que el coronel Gálvez los estuvo aplacando, convenciendo una y otra vez para que no se le diera otro desastre y evitar que la prensa internacional escandalice. Los otros balseros me preguntan constantemente por mi filiación política. Les hago el cuento de que soy masón y que con eso me basta, Alberto dice lo mismo.

Cada vez que pienso en Toscano y lo imagino disfrutando de su familia, de su gente y en el calor de su casa, me crece más la indecisión de regresar o quedarme, por eso evito inmiscuirme en desórdenes o en política y nos alejamos de las cámaras de televisión; un periodista del Canal 51 se me acerca, decido esquivarlo, no quiero marcarme y entro a la cabaña.

Carlos vuelve a decir que extraña a sus hijos y a su mujer, que ya prefiere verlos que llegar a los Estados Unidos. Manolo le dice que a todos nos sucede lo mismo; pero después que estés al lado de ellos, entonces no te perdonarás haber perdido la oportunidad de no estar en Miami y ayudarlos económicamente. Carlos insiste, dice que aunque sepa esa gran verdad, así y todo, vale la pena pasar de penitencia el resto de la vida mientras se esté con ellos. Manolo ya no dice nada, está mirando al techo como si la posibilidad de irnos estuviera allí arriba.

Mi primo escribió una carta al coronel Gálvez para que le dijera dónde se encontraba su hermana. Se pasa todo el día mirando el movimiento de los guardias para ver si le dan respuesta. Apenas habla. Lleva varias noches llorando, clamando por mi tía. A veces se queda de pie mirando las nubes tanto tiempo que me desespera y le pido que se siente, que es hora de que descanse; pero apenas me presta atención y continúa en esa conversación silenciosa. Tengo deseos de decirle que todo va a salir bien, compartir con él la prueba que recibí de que no estamos solos. Pero de nada valdría, mi primo tiene los ojos opacos y ninguna noticia se los haría brillar, salvo que nos vamos para Cuba.

Ayer los partidos compitieron por hacer el mejor homenaje a Martí. El mejor homenaje que se le puede ofrecer es en silencio, al menos, así pienso yo.

Tres guardias vienen a buscar a mi primo, dicen nuevamente que es para aclarar el asunto de su familiar. Les digo que en esta ocasión yo lo acompaño o no va a ningún lado. Entonces aceptan y nos sacan hasta la cabaña de los oficiales. Nos dicen que entremos que le avisarán para que venga. Nos sentamos en la improvisada oficina. Mi primo me mira asustado. Yo también lo estoy pero le sonrío. Entran varios oficiales, entre ellos el que mi primo acusó. Ahora hace lo mismo y le grita que le devuelva a su hermana. Yo me mantengo en silencio, esperando una oportunidad para explicar, pero ellos no responden. Sólo sacan los cintos y nos golpean, apenas nos dejan acercarnos cuando intentamos defendernos, las fajas nos alejan de ellos cada vez que nos golpean. Nos quedamos en el piso por el dolor, sólo con la impotencia convertida en rabia por no poder devolver los golpes. Y nos amenazan que para la próxima queja, carta o acusación personal que le hagamos, vamos a aparecer muertos por los baños. Luego nos levantan, nos empujan fuera de su cabaña. Ahora regresamos, mi primo sigue llorando. Dice que le hará otra carta al coronel Gálvez.

Y es la primera vez que pienso en regresar; me asusto y me pregunto cómo pude pensarlo después de tanto sacrificio, de tantas oportunidades en que pude perder la vida, considerar el retorno, más ahora que tengo confirmada la presencia del ser supremo en nuestra travesía. Tendría que estar loco. Pero cuando pienso en mi tía la idea me vuelve a rondar hasta que se fija, se queda prendida como el sonido de un martillo que choca tantas veces sobre el hierro, y me parece que la cabeza va a reventarse y me la sujeto, quiero que se detenga, que olvide cualquier posibilidad de volver atrás. Me voy a quedar aquí hasta que se resuelva nuestra situación.

Luis dice que no tiene sentido seguir pasando trabajo si al final nos van a devolver, a cambiar por lo primero que se les ocurra a esos políticos, sin importar las condiciones ni nuestras garantías. La idea comienza a obsesionarme y escucho comentarios de otros que piensan lo mismo. Podemos estar encerrados hasta cuatro años, dice uno; si la cosa es así, no querría esperar más tiempo, nada pagaría tanta agonía, tantos trabajos, estar preso sin haber cometido algún delito; además, estar lejos de nuestra casa, la familia, la madre, perder a mi novia, mi primo acrecentando su enfermedad y hasta tengo el temor de que pueda cometer una torpeza para quitarse la vida: me quedo con la disyuntiva de que si debo de mandarlo todo al carajo y regresar a La Habana junto a mi gente que debe estar desesperada y que Dios vuelva a acompañarnos en el regreso. Finalmente decido esperar un poco más, quizá llegue rápido la decisión de que nos recibirán en Miami.

Lo que más me entristece desde que llegué a la Base son las tardes, el momento en que el sol comienza a ocultarse me pongo melancólico, se me juntan los recuerdos, las palabras, es cuando deseo ocultarme también, tengo la necesidad de sentirme solo, no ser observado por otros. La llegada de la noche parece un mal augurio y la recibo como un perro que le ladra a las copas de los árboles cada vez que el viento las mueve. Camino de un lugar a otro sin poder esconder el nerviosismo. En la noche los demás tampoco hablan, como si les sucediera lo mismo que a mí. Miran fijo hacia cualquier lugar, de todas formas, las imágenes que corren por sus mentes están lejos de este lugar.

Alberto me avisa que es la hora de irnos para la sesión de la Logia. Me gusta ir al taller porque me entretengo, paso dos horas con la mente tranquila y siento una extraña armonía. Salgo caminando sin avisarle pero siento sus pasos detrás de los míos. Mi primo quiere venir con nosotros cada vez que nos ve salir. Me detengo: ya te dije que no puedes venir y te prometí que te iba a presentar para hacerte la iniciación. Le digo esas cosas para verle aparecer la sonrisa. Siempre me pregunta si le darán una sortija con la insignia, le aseguro que sí; pero por favor, regresa y espérame en la carpa. Acepta y se va, me dice adiós y hago un movimiento de cabeza en respuesta. No me gusta la imagen de las manitas en el aire a la vista de los demás.

Alberto me pide apurarnos, quiere llegar antes que comience. Apresuro el paso sin responderle. Algunos hermanos masones se nos unen en el camino y llegamos a siete. Alberto me comenta que un Pastor le había pedido unirse a su religión, y cuando me negué, dijo que no entendería qué podía enseñarnos un tornero, que era el oficio de nuestro Venerable Maestro. Me eché a reír, ¡mucho!, le contesté, ¡mucho!

Le sonrío, me gusta la anécdota. Llegamos a la carpa que funge como templo, hay un grupo de hermanos esperando para entrar. Afuera tiene un cartel pintado a mano: Respetable Logia: "Los hijos de la Viuda que nadie quiso". En la puerta nos identificamos con la palabra semestral que escogimos en la primera sesión.

Estamos de pie y hacemos dos filas extensas. El Venerable Maestro le avisa al Primer y Segundo Vigilante que comenzarán los trabajos y con un golpe de mazo los da por iniciados. La entrada la han cerrado y el secretario comienza a leer la minuta de la sesión pasada y los acuerdos que se tomaron.

Varios pasos más allá, por segundos, está José Martí, trae en la cintura el mandil. Cuando miro a los demás para ver si también lo ven, que regreso la vista, ya no está. Su presencia deja una estela de armonía dentro de la carpa, que percibo en el rostro de mis hermanos.

Otros masones llegan tarde pero el Guardatemplo les avisa que hasta que el Secretario no termine de leer no podrán pasar. El Ara es una caja con una sabana que la cubre, encima está abierta la Biblia en la parte que dice: *Mirad cuan bueno y hermoso es cuando los hermanos habitan juntos y en armonía...* Las columnas son dos piedras grandes que se trajeron y varios hermanos se paran entre ellas para saludar las Tres Luces, les dan la bienvenida y tienen que continuar de pie porque se acabaron los asientos.

El Segundo Vigilante dice que ha visitado a varios hermanos enfermos que no pueden asistir a la sesión, están muy delicados y no les han dado la atención médica que necesitan. Otro hermano se ofrece para hablar con un oficial de la Base con el que ha hecho confianza y le pedirá ayuda. El Tesorero lee una lista de las propiedades donadas por si alguien les hace falta. Hay un par de tenis, peines, pulóveres, medicinas, sobres, papel, bolígrafos, carretel y aguja de coser. Algunos levantan la mano y van a recogerlo.

Otro hermano se queja de que algunos balseros lo reprimen por ser masón y quieren botarlo de la carpa. Inmediatamente le brindan un espacio en otra. Se hace una meditación por los hermanos y familiares fallecidos.

Después un médico lee una conferencia sobre la diabetes y sus consecuencias. Pienso en Luis y en la suerte que tuvo. Al final alguien dice unas décimas y siguen con un pensamiento martiano. Advierten que la próxima conferencia será sobre agronomía.

Regresamos a las carpas, a la realidad. Me hago con el pelo una pequeña coleta y del bolsillo saco una liga para sujetarlo. Cuando llego no encuentro a mi primo y los que están no saben de él, no me pueden indicar. Salgo y comienzo a preguntar a todos los que encuentro, pero nadie me dice. Corro hasta la carpa de los oficiales, empujo la puerta y mi primo está subido sobre una silla con una soga en el cuello. Tiene los ojos vendados y la boca tapada. Corro y lo sostengo por las piernas por temor a que se caiga. Le digo que no se mueva. Llega Manolo y me ayuda a zafarlo. Lo bajamos. Mi primo se me abraza, se queja que lo volvieron a golpear. Seguramente que cuando los oficiales sintieron mis gritos se fueron por el fondo de la carpa. Volvemos para la nuestra, no sin antes virar los dos buroes, romper la silla y una máquina de escribir.

Para colmo han vuelto a traer a los balseros que se llevaron para Panamá; los trajeron encadenados como si fueran presidiarios peligrosos condenados a muerte, o los terroristas más buscados por el FBI, lo cierto es que no querían regresar a la Isla, y también hicieron huelgas y los reprimieron como a apestados, hijos de nadie. El hecho nos ha puesto más tristes, la posibilidad de llegar a Miami se nos ha alejado, ahora es un sueño remoto, pues nadie se atreve a asegurar nuestra entrada a los Estados Unidos. Sólo se habla de las calamidades que sufrieron al oponerse a regresar a la Base por el temor de que al estar en Cuba pudieran devolvernos a las autoridades revolucionarias de la Isla.

Como si fuera poco, los oficiales se han pasado todo el día vigilando a mi primo. Lo acompaño al baño y le tengo prohibido alejarse de la puerta de la carpa. Los oficiales tienen miedo que mi primo los delate. Están arrinconados y serán capaces de hacer cualquier cosa por salvarse. Creo que han nombrado una comisión para investigar a partir de una de las cartas de mi primo. De ninguna manera dejarán que mi primo converse con los oficiales, aunque tengan que desaparecernos a nosotros también.

Por la noche viene un soldado tomando los nombres de los que quieren regresar a Cuba. Nos miramos unos a otros, puede ser peligroso dar a conocer las verdaderas intenciones. Al principio me mantengo callado, esperando ver qué pasa con los que levantan el brazo y hacen una fila delante del soldado. Estoy indeciso hasta que veo a mi primo que sale y se une a la cola. Inmediatamente salgo detrás de él y lo tomo por el brazo, pero se niega. Aún no sé qué deseo, si quedarme o irme, si debo alargar por más tiempo esta espera. Tampoco puedo dejarlo solo, aunque haya llegado hasta aquí sin mí, eso no me importa, desde el momento en que nos encontramos comenzó a ser mi problema, mi obligación de protegerlo. ¿Qué coño hago?.. ¿Y si después no hay más oportunidades para retornar?.. ¿Y si Dios desea que regrese?, ¿si el tiempo de permanencia aquí es el castigo por nuestra obstinación de no quererlo entender? Entonces le dejo mi destino en sus manos. Lo que Dios desea es lo que sucederá. Y me mantengo en la cola. Los demás me miran sorprendidos, no lo esperaban de mí. Al menos salvaré la vida de mi primo y la mía. No dejaré que esos oficiales se salgan con la suya.

—No —me digo—, yo no pude imaginar que sería así, no¡ esperaba esto, y no aguanto más: me quedo en la cola y el que se atreva a ofenderme le parto la cabeza.

Pongo la mano encima del hombro de mi primo que comprende mi decisión. Manolo se une a la cola, dice que también extraña a sus hijos y que prefiere volver y después habrá tiempo para lamentarse; le siguen Carlos, el iyawó, Luis, Roberto, Dinky y Alberto. Le damos nuestros datos al soldado que luego se va y nos deja con el miedo a que por la noche quieran jodernos los balseros extremistas que se quedan.

Hasta que descubro a Rolando también en la cola.

—¿Qué, te rajaste? —le digo con ganas de humillarlo.

—¿Por qué siempre me exiges que sea distinto? —me dice—. De mi molde salieron muchos.

Levanto los hombros y le doy la espalda. Camino por el campamento. No sé por qué estoy molesto; o quizá sean tantas cosas por la que debiera estarlo que no logro concentrarme en una. Lo que más me humilla es regresar con un pasaje. Mi hermana me había pedido, suplicado que aceptara la posibilidad de salir de Cuba en avión, y siempre la negué. Quería que fuera con mi voluntad, mi suerte, coraje. Y ahora regresaría con alguna clasificación de pasajero.

A partir de que dimos nuestros nombres, esperamos varios días sin ninguna señal de que vendrán a buscarnos. Hasta ahora hemos enfrentado, sin responder, las críticas de los que prefieren esperar el tiempo que sea; dicen que si los norteamericanos ven que algunos desertan pueden llegar a un acuerdo con el gobierno cubano para devolvernos; que estamos poniendo la cosa mala y haciéndoles daño a ellos, no habían arriesgado su vida por gusto para que ahora, por culpa de un grupo de flojos, no valiera su sacrificio. Nunca les contesto, trato de soportar sus ofensas, sería un estúpido si los enfrentara, les daría el pretexto para que descarguen su rabia contra mí.

El campamento se ha dividido en dos bandos, los que se quedan y los que se van, o como los pronorteamericanos y los procomunistas. Salgo menos que nunca de la cabaña, me mantengo leyendo y haciendo crucigramas. Cuando encuentran un baño roto le echan la culpa a los que se quieren ir. Dicen que somos agentes del G-2, que nos mandaron a sabotear; temo que en algún momento quieran lincharnos para acabar con la amenaza. Nadie les va a pedir cuentas por nuestras vidas; simplemente nos sacarán de aquí a enterrarnos, porque a la intemperie apestamos.

13 DE ABRIL DE 1995

En la última carta te prometía ir a tu casa lo antes posible; pero el tiempo casi no me alcanza y después de varios recados de tu mamá, finalmente, fui y me enseñó tus cartas donde dices que me has escrito cerca de quince veces, que me quieres y me extrañas; al menos es bueno saberlo; ¿pero cuál era el misterio que no llegaban a mis manos? Sospeché de mami y fui a su cuarto, después de buscar por todas partes y no encontrar nada, busqué en el cuarto de desahogo, en el closet, y finalmente en el estante de la cocina, abrí todas las latas y no las encontré. Desesperada fui a conversar con la señora que vive al lado y que siempre habla con mi mamá, pero no estaba, sólo la nieta que al verme la desesperación en el rostro me hizo pasar. Le conté. Ella sólo escuchaba, no me interrumpió en ningún momento. Al terminar me disculpé apenada. Y ella se mantuvo sin decir nada. Sólo se levantó y se fue por el corredor. A mí me pareció de muy mala educación, de todas formas fue ella quien me brindo su compañía. Decidí volver a mi casa, y atravesando el portal la muchacha me llamó. Regresé y en las manos tenía todas tus cartas. Dijo que mi mamá las ocultaba en las cosas de su abuela. Que ella siempre lo vio mal, y que seguramente se buscaría problemas con su familia por inmiscuirse en asuntos ajenos; pero ya no podía soportar que ellas continuaran con esa mentira y tú sufriendo. Le di las gracias y me fui.

Ahora las tengo sobre la cama, las he leído una a una, y no sabes cuánto necesité esas palabras. No puedes imaginar cuánto me ha dolido que mi mamá me haya hecho esto. Cuando regresó del trabajo yo tenía la cara hinchada de llorar. Discutimos y me gritó que lo hizo por mi bien, que algún día se lo agradeceré.

Y yo que realmente estaba creyendo que no me querías ni recordabas. Ni siquiera te había vuelto a escribir porque era como estarle escribiendo a un fantasma, llegué a pensar que si realmente te amaba, debía dejarte volar.

Me escribiste muy lindo y me prometes amor eterno. Ahora no sé qué hacer, no sé quién tenga la culpa, lo cierto es que como estaba desilusionada, fui haciendo amistad con Andrés, el que tanto me recuerda a ti, me esperaba para merendar juntos, hablamos de muchas cosas, me prestó libros y me invitó a ir al cine, acepté y no sé cuándo me tomó de la mano, ni siquiera sé cuando me fijé en él. Ahora me espera a la salida todos los días, siempre me tiene presente, a veces vamos al teatro o al muro del malecón.

No lo tomes a mal; me fastidia mucho que las cosas hayan sucedido así; pero como dice mami, temo que la juventud se acabe para ambos mientras esperamos por el otro inútilmente; tú mismo me lo decías, que el salto era demasiado grande y por ende, radical, que desgraciadamente, por las circunstancias, todo iba a ser muy difícil.

De cualquier manera te envío un beso y el amor que aún guardo, Maribel.

Después de leer la carta estoy sin pestañear no sé cuánto tiempo, apenas respiro, me parece que el mundo deja de tener significado para mí; podría dejar de existir y no me quejaría. Ahora no siento mi cuerpo. Un zumbido se ha instalado dentro de mi cabeza que me borra el presente. Quisiera gritar, golpearme la cabeza contra el piso, detener el sonido y la sangre que fluye y que me molesta también.

Mi primo me sorprende y pregunta qué me pasa, trato de alejarlo, no deseo conversar y menos con él; pero insiste, pregunta si es por su culpa, si se porta mal, muevo la cabeza negando y señalo su cama para que me deje solo. Pero ha comenzado a llorar también, y me asusto, me siento a su lado y le digo que no es nada grave, es que extraño a mi madre y a mi novia, que recibí una carta triste, que es sólo eso, y se lo juro, y deja de llorar.

Manolo pregunta qué nos pasa y digo que nada, pienso que aquí es difícil hasta llorar y que no te vean. Guardo la carta, trato de fingir que no sucede nada y miro por la ventana, sigo pensando que las cosas han perdido el sentido para mí. Manolo dice en tono de broma que en Angola a ese tipo de carta le decían "amarilla"; inmediatamente se sabía cuándo alguien la recibía por la transfiguración del rostro, es como si la vida terminara, dejara de tener sentido.

—No me jodas más, Zapa —le digo.

Él me tira el brazo por los hombros

—Todo se cura —me dice y se aleja.

Seguramente que Manolo nunca recibió una "carta amarilla",

entonces no estuviera ahora con tanta teoría, cuando me parece que el dolor me reventará el pecho, quebrando cada hueso de mi cuerpo, y me invade una fatiga, como si me desangrara. Muevo la cabeza negando, no es posible que haya sucedido. Pretendí separarme de ella sin estar preparado para perderla, deseo gritar, gritar hasta que las fuerzas me abandonen y la voz se vaya apagando. Deseo regresar y arrebatársela de los brazos a ése por el que tanto odio siento. Pierdo la ilusión y la tristeza me apaga.

Una tarde, mientras camino por el campamento, confundo a una persona con Willy, son casi idénticos. Pero mientras más lo miro, es mayor el parecido que le encuentro. ¿Qué coño haría él aquí? Nunca dijo que tenía intenciones de salir del país. Está más delgado, la piel quemada, el pelo largo. Pero todos los que estamos en la Base hemos cambiado un poco. Hasta que pasa cerca de mí y cruzamos las miradas, voy a sonreír y una mezcla de recuerdos angustiosos y gratos me surgen cuando rememoro los esfuerzos que hicimos porque yo pudiera irme. Quiero saludarlo, me acerco; pero él, cuando me descubre, se detiene para no llegar hasta mí, se muestra indeciso, y echa a caminar apresurado en sentido contrario, y comprendo que es evidente que no quiere verme. Pero estoy confundido. No entiendo qué sucede.

—Willy —lo llamo.

No responde. Sin cuestionarme el por qué huye, lo persigo. Casi corro intentando alcanzarlo, se mete por el pasillo de unas carpas y se me pierde. Voy abriendo las entradas según me las voy topando, cuando lo hago dejo el brazo estirado para que la lona no caiga y cierre la entrada de la claridad exterior y poder ver a las personas que están dentro. A veces sus integrantes me miran sorprendidos, algunos me gritan ofensas por interrumpir su intimidad.

Y abro otra y otra hasta que me encuentro con el rostro de Willy, que me recibe con sorpresa o pánico.

—¿Qué quieres?

Me dice Rey en forma indispuesta. Se mantiene acostado en el catre. Está rodeado de su mujer, la hija, Chiqui y el Willy. Noto que Rey está flaco, seguramente enfermo y siento pena.

—¿Qué pasa conmigo? —digo y levanto los hombros.

—¿Acaso no crees que es suficiente donde nos tienes? —asegura Rey.

—¿Yo?.. No entiendo.

—¿Y quién otro podría ser? —insiste el viejo.

Me mantengo sin comprender y por los gestos de mi rostro lo hago evidente.

—No te hagas el ingenuo, que ese papel es pésimo para ti —insiste Rey.

Con lentitud los miro a todos, les recorro sus rostros, busco una respuesta que me justifique por qué no sienten la misma alegría que yo por el encuentro. Termino de observarlos, y sigo sin entenderlos.

—A la semana de tu detención, la seguridad comenzó a visitarnos para interrogarnos sobre ti. Entonces nos avisaron: de un momento a otro vendrían por nosotros. Ya sabes que no estoy preparado para muchas cosas, entre ellas ir preso.

—¿Pero qué culpa tengo que las cosas no hayan salido bien? —lo interrumpí.

—Por supuesto que toda la culpa —asegura Rey.

—Eso es injusto —digo.

—Seguro que no... Después que se fue tu hermana, llegaste a violentar nuestra tranquilidad, sabías cómo abrirnos los ojos, hacernos caer en tu juego. Conocías nuestros sueños y debilidades. Y los ofreciste como un Mago. ¿Qué íbamos a responder?

—Que no. Pero aceptaron sin cuestionamientos.

—Lo único que te puedo decir es que fuimos felices hasta el día en que apareciste. Llegaste a tentarnos, corrompiste nuestro miedo, y lograste hacernos caer en la ilegalidad.

—Si necesita un culpable puede contar conmigo —le digo finalmente—, pero eso no quiere decir que en realidad lo sea.

–Puedes tener toda la seguridad de que sí lo eres. Y muy bien ganado que lo tienes.

Doy media vuelta, es suficiente, quiero alejarme.

–Espera –me grita Rey–, faltan dos cosas todavía. Quiero que sepas que me fui sin despedirme de mi madre. ¿Qué podría decirle a una anciana de 90 años? ¿Cómo justificarle que de un día para otro decidí abandonarla dejándola indefensa?

Rey saca debajo del colchón una carta.

–Mira, léela –me dice pero no estiro el brazo para alcanzarla–. Aquí dice que se murió dos semanas después. No pudo soportar mi ausencia. Y te lo digo con el propósito de que te apuntes esa muerte.

–No voy a apuntar nada porque no me corresponde –le contesto ofendido.

–Por supuesto que esa muerte es tuya. El culpable eres tú.

Hago por volver a salir.

–Espera, falta la última.

Y siento curiosidad o miedo. Temo no escuchar lo otro y deba saberlo.

–Nosotros sabíamos que estabas aquí. El primero que te vio fue el Chiqui, pero les prohibí acercarse a ti. Le dije que si los sorprendía hablándote se tendrían que olvidar de la familia.

Comienzo a salir.

–El día de la huelga, el que te tiró la piedra por la espalda fui yo. Apunté a la cabeza, pero fallé. Es una de las mejores cosas que he hecho en mi vida. Todo el daño que te pueda hacer, lo haré con gusto…

Ya no lo escucho. Sólo camino. Quizá no quiera pensar en lo que me dijo. Ojalá que luego pueda olvidar esas palabras hirientes. Las personas pasan por mi lado, a veces tropezamos. Continúo. Me alejo. Escucho el zumbido de la sangre. Llego a mi carpa y no le cuento a nadie. Algunos me preguntan qué me sucede, dicen que estoy pálido.

Pero no les digo nada. Sólo quiero dormir. La tristeza me acompaña por el resto de la semana.

Desde hace varios días, Manolo está pensando qué debemos hacer para que el otro grupo, superior en número, no pueda aplastarnos. Decide preguntarle la opinión a Roberto. Está de acuerdo en que debemos hacer algo porque esta gente puede lastimarnos, cada vez son más agresivos y ahorita no podrán aguantarse. Nos reunimos todos los que esperamos para regresar. Somos alrededor de ciento treinta; aceptamos que debemos mudarnos para carpas donde estemos juntos, y así poder defendernos. Después de estar de acuerdo, hacemos contacto con los líderes del bando contrario y se lo planteamos, dijeron que lo discutirían y nos darían respuesta lo más rápido posible.

Al otro día nos dicen que aceptan, cuanto antes nos mudemos, mejor: nos quieren lo más lejos posible. En ocasiones nos miran como si tuviéramos una enfermedad contagiosa. Nos pasamos el día cargando las pertenencias hacia otras carpas. Cuando terminamos, nos volvemos a reunir porque de todas formas no es suficiente, debemos cuidar nuestras espaldas. La medida inmediata es hacer guardia nocturna, nos dividiremos la noche en varios turnos para no ser sorprendidos.

No contamos con mi primo, apenas habla y se ha puesto flaco porque casi ni come; siento pena por él. A veces intento infructuosamente hacerlo volver a la cordura, porque me mira, los ojos se le ponen brillosos, alguna lágrima le corre hasta la barbilla, y a la vez sonríe como un niño feliz. Alberto siempre atento en ocasiones me ayuda a controlarlo, conversa con él por solidaridad conmigo.

Desde la primera noche que nos cambiamos comienzan a lanzarnos piedras; nadie dice nada pero se siente el miedo, son muchos contra nosotros, si deciden lincharnos y nos atacan no vamos a poder contrarrestar, estaremos vencidos apenas comience la pelea. La mayoría nos mantenemos toda la noche despiertos, aunque estemos acostados se percibe la tensión y se fuma mucho.

Por las mañanas aparecen frente a las salidas *nylons* con mierda, mientras se escuchan risas de las cabañas más cercanas. Con tremenda paciencia Carlos los recoge, dice que hay que demostrar que moralmente somos más fuertes que ellos.

No he vuelto a ver a Willy ni a nadie de su familia. No siento rencor por las cosas que me dijeron; pero la vergüenza me hace preferir no quererlos ver tampoco. Las palabras de Rey las escucho en mi mente como un perro que ladra detrás de una loma. A veces no puedo evitar que me torturen y por mucho que intento espantarlas, olvidarlas, no lo logro.

Varios de los que integran nuestro grupo ya molestos hacen intentos por enfrentar a los provocadores, sobre todo el Carne, que anda afilando un metal; dice que lo obligarán a desgraciarse, pero al que intente tocarlo le va a pinchar la barriga. Manolo le explica que eso es lo que ellos quieren, por eso debemos evitarlo; además, tampoco tienen la culpa, están tan desesperados como nosotros. Nos reunimos para buscar una solución o, al menos, obligarlos a decidir. Hay propuestas de protestar, exigir que nos devuelvan para Cuba con rapidez. Digo que sigo estando en contra de la violencia; ya he visto bastante y siempre somos los perdedores, ellos tienen la fuerza. Continúan insistiendo y se lleva a votación y se acepta atacar a los soldados. Aseguro que es un error y cuando quiero dar nuevas explicaciones dicen que la votación ya se hizo. Entonces hago silencio y espero.

Cuando paso por delante de la carpa que sirve de enfermería, veo al Willy, intento evitarlo pero él me sigue con la mirada, la baja y al alzarla lo veo sonriendo. Me saluda con un leve movimiento de cabeza. Me le acerco y está nervioso. Nos damos un abrazo.

—Perdona al viejo —me dice.

—Pero por supuesto, ni el más mínimo rencor —le respondo—. Desde aquellos días yo aprendí a vivir sin su simpatía… Sólo siento pena por verlo de esa manera.

Me explica que para sacar a su padre de Cuba tuvieron que drogarlo con medicamentos. Rey no vio el mar en ningún momento, estuvo todo el tiempo inconsciente porque temíamos que si despertaba y se veía en aquellas condiciones, podía sufrir un infarto. Sólo lo dejaron de medicamentar cuando llegaron al barco madre.

Nos despedimos y me dice que lo siente mucho.

—Yo también —le respondo.

Un grupo le tira piedras a varias guaguas que pasan cerca y les rompen los cristales. Las guaguas aceleran y en la confusión, los del bando contrario, cuando se percatan que fuimos nosotros, salen en defensa de los soldados; pero al ver que tenemos más piedras en las manos se quedan distanciados, hasta que empiezan a reunirse y hacen un grupo más grande. Los soldados se acercan y nos ordenan entrar a las cabañas. Pienso que estuvimos cerca de la primera posibilidad de que el otro bando nos linchara. En los ojos se les veía la disposición de golpearnos hasta darnos muerte.

Al rato regresan los guardias con la lista de los que pidieron regresar. Nos mandan a recoger porque pronto vendrán las guaguas para trasladarnos a otro campamento donde nos irán devolviendo en aviones para Cuba. Mi primo salta de alegría, dice que al fin nos vamos. Le explico que no, sólo será hasta otro campamento y vuelve a llorar. Alberto descubre mi impaciencia, se le acerca y le asegura que falta poco para que nos manden para Cuba, que antes habría que hacer los papeles. Y acepta, mueve la cabeza con rapidez de arriba hacia abajo y lo abraza.

Veo al Chiqui con su mujer que se acercan. Quizá no se han percatado de mi presencia y no quiero que por casualidad Rey los vea y piense que se relacionan conmigo, y quiero facilitarle la escapada. Intento alejarme.

—Rafael —reconozco la voz del Chiqui.

Me vuelvo más que sorprendido, asustado. Algo grave debe ocurrir.

231

Tal vez le pase algo al Willy.

—Mi papá quiere verte —dice Leticia.

—¿Para que?

—Nos dijo que te dijera que te necesita —vuelve a decir ella.

No respondo. Me quedo turbado, no pienso en nada, y a la vez se me ocurren tantos pretextos.

—Sabes, si el viejo decidió mandarte a buscar —dice el Chiqui—, es porque lo ha pensado mil veces y no ha encontrado otra opción.

El camino se alarga y el tiempo transcurre lentamente. Varios amigos me saludan y recibo la señal tardía, cuando quiero responder, ya se han alejado. Llego frente a la carpa y las dudas y el temor se me acrecientan, junto con las ganas de regresar, huir. Pero no lo hago. Entro y me quedo en la penumbra por varios segundos. Espero a que se me adapte la vista, primero llegan las voces, después los bultos, siluetas, las figuras, finalmente los rostros.

Detallo a Rey, ahora es un viejito barbudo, flaco y amarillo, se le marcan los huesos por debajo de la piel como si quisieran romperla para salir a la superficie, y el pellejo se estira como una liga que fuera a reventar de un momento a otro. De todas formas, decido permanecer cerca de la puerta. Hasta que Rey levanta el brazo para que me acerque. Indeciso lo hago. ¿Qué coño querrá de mí?

—Eres un hijo de puta necesario —me dice con voz apagada.

No respondo. Sólo lo miro. Comprendo que estoy frente a un cadáver mal enterrado. Sus ojos amarillos y sus labios renegridos como sus ojeras reafirman mis sospechas. Ahora veo sus venas abultadas. Siento asco, una repulsión me crece cuando el olor a mierda me inunda.

—Ahora jódete —me dice el viejo—. Sólo mi familia puede resistir la peste, y no por mucho tiempo. Creo que ya es suficiente tanto sacrificio para ellos.

Sigo sin entender de qué carajo habla.

—Desde el comienzo yo fui el culpable —asegura Rey—. Permití que entraras a mi casa. La decisión fue mía, por lo tanto, solo yo debo pagar, no hay por qué sacrificar a los demás. Cuando acepté venir, creo que fue en contra de mi voluntad, pero fui egoísta porque pensé que lo hacía por ellos –señala a su familia–. Y aquí he comprendido que me equivoqué. Los traje para no ir preso yo. Y ellos me sacaron. Ahora ya ves como es esta historia, nos pudriremos aquí antes de que nos saquen para Miami. Nos tienen encerrados como presos enfermos que a la larga sacrificarán. Esperamos algo que no va a suceder, estamos perdiendo el tiempo y el mío se acaba. No quiero esto para mi familia. Por lo tanto, tienes la obligación de llevarlos de vuelta. La policía a quien querían era a mí. Ellos son inocentes –y vuelve a señalar a los jóvenes–. Y ya sabes, aunque lo desee, por muchas circunstancias, no puedo regresar, primero por el miedo, que conoces, segundo porque me estoy muriendo. Nada me interesa, salvo mi familia. Llévatelos de vuelta. Esa es tu misión ahora, tu responsabilidad. No permitas que por nuestras culpas, les suceda algo.

Tengo deseos de decirle que ninguna culpa tengo; pero prefiero callar, dejar que su dolor escape, salga como un pus que le pudre su interior.

—¿Aceptas? –me pregunta.

—Veré qué puedo hacer –le digo.

La mamá de Willy comienza a llorar y se abraza a Leticia.

—¿Aceptas? –insiste.

—Lo haré –le digo finalmente.

Rey termina fatigado, cierra los ojos y trata de respirar, pero apenas puede lograrlo.

—Me llevo a Willy, al Chiqui y a Leticia –digo–, ¿y qué sucederá con Gisela?

—Ella se queda conmigo –me dice Rey–. Quizá me de tiempo para que me saquen de aquí por enfermedad y ella iría conmigo de acompañante. Ya en Miami, mi familia se encargará de sacar a mis hijos.

Willy recoge una mochila y besa a sus padres, luego su hermana y el Chiqui hacen lo mismo. Yo salgo a esperar afuera. Escucho el llanto de Gisela. Unos minutos después están a mi lado, los tres están llorosos, sobre todo Willy y Leticia. Caminamos hacia mi carpa sin hacer comentarios.

En la tarde, mientras montamos los ómnibus para que nos trasladen, el otro bando nos grita rajados, comunistas, fidelistas, hijos del maltrato, carneros, espías. También los oficiales que vigilan a mi primo están atentos para dónde vamos. En los asientos cercanos, están mis tres protegidos. Leticia mira por la ventanilla y ve a su madre con el brazo levantado y comienza a llorar. Chiqui la consuela y a Willy se le enrojecen los ojos deja escapar hacia mí una mirada de rencor, como si de verdad me culpara por lo que sucede.

Cuando las guaguas se alejan, siento tremendo alivio. Mi primo sonríe y parece que se va a curar, hasta que pone otra vez su cara de imbécil y pierde la vista en el paisaje.

—Extraño a mis hijas —dice Manolo mientras me da una palmada por la espalda.

Tengo deseos de decirle que más debe extrañar a su mujer, porque cada vez que habla de ella los ojos le brillan y va para el baño, seguramente que a masturbarse; pero prefiero no decirle nada, quizá se recienta conmigo y por ahora debo tenerlo como aliado.

En el nuevo campamento los guardias nos atienden bien. Desde hace días nos sentimos más tranquilos porque ya no nos hacemos la constante pregunta de cuándo nos iremos de la Base, además de saber que los otros ya no pueden lincharnos. Lo que no evita que la ansiedad por irnos crezca, andamos imaginando el recibimiento y la posibilidad de sexo nuevamente. En general hay mejor ánimo. Mantenemos los bultos recogidos para no demorarnos cuando llegue el momento de la partida. Me han vuelto los deseos de escribir; creo que la razón es para sumergirme en un mundo irreal, alejarme de tanta realidad que atropella. Y me prometo que al regreso le haré una entrevista a Gregorio

Fuentes, allá en Cojímar, y quizá desenfunde de sus recuerdos alguna historia inédita sobre Hemingway.

Willy y su familia están en la carpa continua a la mía. A veces paso para saber de ellos. Se pasan la mayor parte del tiempo sin salir, prefieren mantenerse acostados. Les he llevado algunos libros que reciben por cortesía, porque sus miradas son duras, a veces acusadoras. Ya estoy resignado, creo que tendré que aceptar sus injusticias; pero estoy preparado para cuando llegue el momento de conversar, que una palabra me de el pretexto para tratar el asunto profundamente y poder decirles lo que pienso de ellos.

Por las tardes pasan frente al campamento las guaguas que trasladan a los niños balseros que llevan a los Estados Unidos, los choferes aminoran la velocidad para que ellos nos griten lo mismo de siempre, lo que han escuchado de los adultos: comunistas, castristas, traidores. Siento vergüenza y mi única reacción es coger varios paquetes de caramelos que nos repartieron y tirárselos por las ventanas. Manolo hace lo mismo y se unen varios más, y los niños inmediatamente se olvidan y ríen mientras tratan de agarrar los caramelos.

Varios periodistas de Radio Martí han entrado al campamento y nos piden que aclaremos por qué decidimos regresar. Enseguida descubro sus intenciones y los esquivo. Nos aconsejan resistir, Clinton los dejará entrar a los Estados Unidos, no tiene otro remedio, quiere tener contento a Mas Canosa y su gente, dicen, y seguimos negando. La Revolución ya no da más, afirman, y nos acercan los micrófonos. Prefiero quedarme callado, seguir escuchando que en materia de política ya Cuba no tiene prestigio, desde hace tiempo se va con la pelota de trapo, demasiadas veces seguidas: Granada, Nicaragua, Etiopía, Noriega en Panamá, ¿a quién se le hubiese ocurrido defender públicamente a Irak? Continúo en silencio para no mandarlos al carajo. Como si no me diera cuenta de que nos quieren comprometer para después, como un chantaje, no dejarnos ir. ¿Por qué hablan como si no supiéramos nada de política internacional? Deseo decirles que todos los gobiernos son injustos y mentirosos, siempre persiguen un objetivo, un propósito que no es el de mejorar al pueblo, que mejor se calle, pienso, porque soy capaz de meterle el micrófono en el culo. El periodista se percata de que estoy molesto y decide dirigirse a otro. Aprovecho para alejarme y que me dejen tranquilo.

Mi primo me mira como a un extraño, creo que si no llegamos rápido a casa no va a tener cura. A veces dice cosas incoherentes, ha comenzado a vivir un mundo imaginario en el cual no me ha incluido; de todas formas lo envidio, yo también quisiera construir mi propio universo, pero no puedo darme ese lujo. Miro a Luis el Carne y al Gordo que se quejan ante las cámaras para que la humanidad se entere de nuestro descontento, dicen, y los periodistas asienten complacidos. Alberto me paso el brazo por los hombro, me dice que mejor regresamos a la cabaña. Digo que sí y volvemos.

Después que los periodistas se van, los dejan eufóricos, en un estado de ansiedad incontenible. Roberto pide hacer otra huelga, aprovechar que están los periodistas presentes; y esta vez decido mantenerme callado y no permanecer como una vieja repitiéndoles lo que saben: cuando se cansen de nuestras pesadeces nos van a descojonar, le digo a Alberto y al iyawó que apenas habla, sólo me mira y asiente con una sonrisa que parece darme la razón.

Comienzan a tirarles piedras a los soldados que hacen guardia alrededor de la cerca. Los periodistas filman la revuelta y a los guardias protegiéndose. A las dos horas las cosas se van calmando, llega el cansancio, la necesidad de relajar los músculos y regresan para las cabañas. Los periodistas se van. Parece la calma.

Un rato después llegan los guardias y detienen a los que tiraron piedras, gritaron y rompieron, para llevarlos a las celdas. Otro grupo exige que los devuelvan, que de esa manera no se puede negociar, hablan del derecho internacional que nos protege. Mientras esas estupideces, reflejo en mi diario el temor a nuevos actos de violencia. En lo que permanecemos acostados varios soldados entran pateando las camas y empujan con los bastones para provocarnos. Miro al primo y tiene los ojos cerrados, los labios le tiemblan en medio de sus oraciones. Nos piden que enseñemos las pertenencias. Les enseño mis cosas igual que el resto. Supongo que buscan objetos que sirvan para agredir. El tipo tira mi farol hacia fuera. Intento alcanzarlo y un *ranger* me sorprende por la espalda y me pone el palo en el cuello por si me reviro. Pero me quedo tranquilo. Entonces me pasa la lengua por la cara: siento su mal aliento a ajo, su lengua áspera recorriendo mi rostro; después me empuja y amaga con golpearme pero yo continúo sin hacer un movimiento que interprete como ofensivo. Luego el soldado se aleja sin darme la espalda y le hace lo mismo a Manolo, aprieta su bastón con fuerza y a Manolo se le van alterando las venas, pero hace lo mismo que yo, se mantiene inmóvil en espera de que decida soltarlo, hasta que quita el bastón y Manolo cae de rodillas. Después el soldado mira a Luis que finge llorar, y lo ve correr para una esquina de la cabaña; el *ranger* mira a Carlos, que se tapa la cabeza, y el soldado ve sus manos sucias de tierra, y lo agarra por los dedos que dobla como si fuera a partirlos. Carlos se queja y se levanta, camina con la punta de los pies y encorvado, lo sacan para llevárselo a la celda de castigo. Mi primo se cubre el rostro con los brazos y llora. A pesar de que sentimos que se llevaran a Carlos, estamos aliviados. Salgo y recojo el farol, que afortunadamente no dañaron.

Una hora después Willy se me acerca, dice que allá también le patearon las cosas y que al Chiqui le habían dado un bastonazo por la espalda. Voy a verlo y se le ha hecho un verdugón. No es nada, me dice. No rompió ningún hueso. Entonces regreso.

Los días pasan. He llegado al convencimiento de que estaremos aquí un tiempo interminable, que simplemente nos han separado para mantenernos en un puño y no podamos contaminar a los demás; por ahora, no darán una solución para nuestro caso; por lo tanto, debemos buscar la forma más segura para regresar; pero sólo lo pienso, me mantengo callado, y espero el momento para escapar con mi primo. Luis propone un cambio de estrategia, dice que desde donde estamos a la frontera de Cuba, hay dos millas. Quedo mirando hacia la cerca al igual que los demás. Dos millas, es tan fácil decirlo; pero intuyo que será como caminar descalzo sobre clavos calientes. Manolo se me acerca, dice que nunca debimos salir de Cuba, que ya no soporta esperar más, me cuenta por enésima vez que fue zapador en Angola y está preparado para cruzar la frontera sin complicaciones, no es la primera vez que se verá rodeado de minas.

Lo miro, lo recorro, busco una señal que me asegure que ese hombre puede hacernos regresar a casa sanos y salvos; y no encuentro nada que me ayude a creer en él.

—No lo pienses más —dice Manolo—, no tienes otra opción para escoger, soy tu única posibilidad para sacarte de este hueco.

Las noticias que llegan son de que si Clinton decide aceptar a los balseros no incluirá a los de nuestro campamento. Ahora sí estamos jodidos. Permanezco un rato sin responder. Manolo espera paciente. Digo que lo voy a pensar. Sonríe, me advierte que no me demore mucho, puede agrupar a todo el que desee; pero realmente quiere un grupo pequeño y de confianza. Vuelvo a decirle que me dé un tiempo mínimo para pensarlo, te daré la respuesta por la mañana. Manolo vuelve a sonreír, me da unas palmadas en el hombro y se aleja silbando.

Se acerca un jeep, traen a Carlos, que nos mira serio. Quiere bajarse solo y las piernas le fallan y cae de rodillas, lo ayudamos a entrar a la cabaña, lo acostamos en su cama y el Dinky le pregunta qué le hicieron y hace un gesto de dolor y se cubre los oídos con las palmas de la mano, le pide que hable bajito.

Alberto me dice que sabe de un grupo que prepara una embarcación con las bolsas que nos dan para botar la basura, le echan los pomos de agua vacíos para que flote. Me lleva hasta la cabaña donde la fabrican.

Los observo y ninguno manifiesta optimismo por lo que harán. Me repito que somos una generación de perdedores. En el grupo reconozco a tres balseros que duermen en mi cabaña. Me convenzo de que no vale la pena martirizarme, mejor me relajo y pienso qué hacer con la idea de Manolo. Para venir en balsa no hacía falta recostarme a otro, todos teníamos las mismas oportunidades; aquí la cosa no es igual, dependeríamos totalmente de Manolo, confiar en que dice que fue zapador en Angola, una equivocación suya nos costaría la vida, ¿y si no fue tan buen zapador o nunca estuvo en un campo minado?, mi madre, ¿qué coño hago?, ¿me voy con este loco o espero?

Cuando Carlos se despierta nos cuenta las atrocidades que le hicieron, a lo que más le teme es al bombo, dice que duele como si te reventaran los oídos, hilillos de sangre que corren por su cuerpo, y pensó que no volvería a oír; después que lo sacaron y se revisó supo que eran gotas de sudor. Se pasa el resto del día hablando de lo mismo, ya nadie desea escucharlo, va de catre en catre diciendo lo mismo, y los que escuchan fingen prestar atención y ocultan su cara de aburrimiento.

Ha llegado la noche y hay silencio entre los cubanos; hoy le tocará a un grupo y mañana a otro, así, hasta que el campamento se quede vacío. Todos miran por las ventanas porque saben que pronto romperán el alambre y saldrán aprisa hasta alcanzar el borde de los arrecifes. Mi primo se come las uñas sin parar. Estoy acostado en mi cama y cruzo miradas con el resto de los hombres que permanecen en las suyas también tensos. Dinky se aleja de la ventana y se pone una almohada sobre la cara.

Hoy he visto poco a Willy, pero las dos veces que coincidimos volví a notar algo en su mirada, esta vez me pareció rencor. Es lógico que extrañe a sus padres; pero de ahí a verme a mí como el culpable, hay un grado de locura muy alto. Pero no quiero decirle nada, también evito hacer introspecciones sobre el asunto para no martirizarme.

Los integrantes del grupo que organiza la fuga hacen señales con chiflidos. Se van preparando, algunos se despiden de los que quedamos. Agachados llegan hasta el borde del arrecife, a una señal se tiran al agua a una altura de varios metros; los guardias corren, alertan a las lanchas para que los apresen antes de que puedan llegar a la otra orilla, tiran bengalas. Estoy rígido y quiero rezar porque lleguen sin dificultad. Miro a Manolo que también está preocupado. Creo que estamos rezando. Mi primo comienza a llorar. Voy hasta su cama y trato de calmarlo. Me promete que no va a llorar más. Los soldados corren de un lado a otro. Vuelvo a observar por la ventana y se ve la luz de las linternas buscando por los arrecifes.

Una voz a mi espalda traduce del inglés de los soldados, al principio me resulta inverosímil, no deseo que se repita, pero cada vez es más segura la noticia: uno de los fugados no saltó lo suficiente para despegarse de los arrecifes y se golpeó al caer, está muerto. Permanecemos sin decir nada. Evoco en mi mente los rostros de los que se fugaron, me pregunto cuál de ellos habrá sido. No logro adivinar. El que duerme pegado al fondo de la carpa dice que apuesta que era el que dormía allí, y señala una cama vacía, posiblemente todavía guarde el calor de su dueño, dice que el hombre no comía casi, siempre estaba leyendo y nunca quiso hacer ejercicios. Mi primo ahora sí se echa a llorar y no puedo evitarlo, lo dejo que se desahogue. Estoy seguro de que no llora por el muerto, en medio de su locura ni siquiera puede comprender la magnitud de esa palabra; llora por él, por el miedo que siente cuando percibe tensión en nuestras caras o por los soldados corriendo de un lado a otro. Por el mal humor y los comentarios de los guardias, sabemos que el resto del grupo logró escapar.

Al amanecer vemos el cuerpo del cubano sobre la hierba tapado con una sábana; reconozco quién era y no es aquél que habían pensado. Me pregunto si le falló un pie, si no midió con exactitud, probablemente las piernas no le respondieron y se quedaron tensas, sin movimientos; tal vez su destino era quedarse allí, con el rostro magullado por el impacto con las piedras, y permanecer aquella noche a la intemperie y la neblina lo tapara como si participara en una obra de teatro. Nos acercamos a los soldados y Roberto les habla para que permitan quitarlo del sol, y responden con un movimiento de hombros, no les importa. Hago una señal para que me ayuden a cargarlo, y Willy se brinda. Cuando lo movemos la sabana se levanta. La sangre de la cara está negra y parece sucia. Qué desagradable es ser un muerto con aspecto de sucio, se le pierde un poco el respeto y dan deseos de hacer bromas. Willy se ocupa de que la sabana no se vuele. Lo tomo por los hombros y Manolo por los pies, está tieso y me parece que pesa el doble. Lo ponemos a la sombra. Willy asegura la sábana con unas piedras para que el aire no lo destape.

—Con éste da pena por partida doble —le digo a Willy—. Primero por su muerte, y segundo por la terrible soledad. Si al menos alguien se dignara a rezar por él.

—¿Acaso valdría la pena rezar? —me dice Willy—. De todas formas no le importamos a Dios... No podríamos estar más indefensos y desolados. Por lo tanto, al carajo el espíritu.

Volvemos para la cabaña sin hablar. Las palabras de Willy me asustaron. Apuro el paso y entro a la carpa, mi primo me dice que no lo toque con esas manos que manosearon a un muerto. Dice que siente asco. No le hago caso y me acuesto en mi cama y lo que más deseo es que el tiempo pase rápido y esto no sea más que un recuerdo. Me froto las manos para borrar la sensación del contacto con un cuerpo sin vida. Estoy hastiado de tanto sacrificio...

Le aviso a mi primo que voy al baño y me dirijo al fondo del campamento, no está tan vigilado, necesito ir hasta el Oasis, salto la cerca y me arrastro para no ser descubierto por los guardias ni por los balseros, luego corro, subo una loma, descubro que estás más lejos de lo que recordaba, pero necesito llegar, me detengo, estoy perdido, quizá ya lo dejé detrás, no sé si seguir o regresar, decido continuar un poco más, quiero tocar el agua, sentir la presencia de Dios a través de ella. Vuelvo a detenerme, estoy cansado, miro a mis pies y la tierra está húmeda, me arrodillo y la palpo, y comienza un ruido que mueve la tierra, me asusto, el sonido viene de atrás de la loma, escucho voces, me agacho y me acerco, no quiero ser visto, me acuesto en la tierra, me arrastro, y son un grupo de trabajadores de la Base que están rompiendo la piedra con un martillo eléctrico para arreglar una tubería averiada que confundí con un Oasis, o que Dios ahora intenta confundirme, o castigarme por mi indecisión de continuar o de regresar a territorio comunista; o habrá considerado como una ingratitud el hecho de no haber tomado el agua cuando me la brindó y que yo confundiera con las tretas del diablo. Y de pronto me sorprendí pensando tantas boberías, no eran más que trampas para provocarme el optimismo. Estoy cansado de él y de todo, incluyéndome a mí.

Regreso sin que me vean los trabajadores, no puedo contener las lágrimas y tengo ganas de gritar, injuriar a Dios por su engaño. Willy tenía razón: no le importamos a Dios. Corro... Corro... Corro... Me detengo. Miro al cielo, abro los brazos y comienzo a llorar sin reprimirme, y en un ataque de rabia me halo el pelo con fuerza, quisiera arrancarlo con mis manos, me golpeo como en un intento de exprimirme, me apretara para expulsar las frustraciones, quitarme un peso de encima, terminar con tanta agonía y locura, tengo pelos enredados en mis dedos y siento en mi boca el sabor de la sangre, me duele la cabeza y los dientes, pero no me importa, es ínfimo si comparo el dolor que me causa la desilusión: pensé que su presencia me acompañaba en todo el recorrido, que los peligros que enfrentaba eran una prueba para merecer un futuro mejor... Ahora comprendo que hacía meses que estaba equivocado, antes de montar la balsa pensaba que Dios tomaba siestas, ahora sé que él duerme largas jornadas, pernocta los veranos, por eso nunca estuvo con nosotros, cuando salimos de Cuba ya estaba cabeceando, y aún permanece dormitando. A Dios no le gustan las temporadas de calor, y como en Cuba casi todo el año es verano, por eso él nunca repara en los habitantes de la Isla, esa es la razón de nuestro desamparo.

Ya estoy convencido de que Dios es un gran jugador, pero tan débil como cualquiera de nosotros. Siempre hay que jugar la mano que él reparte. Dios también se cansa y a veces reposa, toma vacaciones, como todo mortal, somos su imagen y semejanza, sólo que Él no lo reconoce. Pasamos a ser su entretenimiento, delfines que surcan el frío océano detrás del más preciado sueño, del gran pez luminoso que se ofrece siempre delante sin importar el esfuerzo, y saltan obsesivos, se elevan, chocan entre si, obvian los contratiempos, la persistencia de continuar es el aliento que los hará amanecer; pero el pez siempre se mantiene distante. Nunca descubren que es inalcanzable, solo ven la luz de la luna reflejada sobre la oscura superficie.

Visto así, después de tanto esfuerzo, me parece injusto que no podamos alcanzar al pez, en cada carrera depositamos nuestro máximo empeño. Siempre pensamos que esta vez sí lo lograremos, porque ahí radica la emoción del que apuesta. Si desde la salida sabemos que no obtendremos el sueño, entonces no tendría sentido, demasiado aburrido para Él.

Lo cierto es que mi vida, muy parecida a la del resto de los que me acompañaron en la travesía, y ahora en la Base, es como un largo pasillo, por momentos con suelo escabroso, donde existen muchas puertas, y en cada una que se abre descubro otra que está por abrirse. La vida no es más que eso: abrir y cerrar puertas para enfrentar tantas, hasta la infinidad que nuestro tiempo de permanencia en la tierra nos permita. A eso se viene al mundo. Unos abrirán los portones con habilidad, a otros les rechinarán las bisagras y tendrán que poner todo su empeño y astucia para lograrlo. En lo único que siempre se coincide es que no hay regreso a la puerta que dejamos, no habrá otra oportunidad para volver y borrar la acción, a lo sumo, se gana la experiencia para rectificar en las siguientes. Cada acto de abrir y cerrar será único, y decidirá los pasos a seguir hasta la próxima entrada.

Desde que nacemos nos encontramos las primeras puertas: llorar, el gusto, olfato, aprender a gatear, ambicionar, el miedo, amar y odiar. Cada puerta es de elección personal en tiempo y forma, cada una que se deja, será una renuncia a cambio de otear en un incierto porvenir. Algunos se pasan la vida echados y nunca encuentran la voluntad de empujar y mirar hacia el otro lado. Otros lo hacen sin pensar; pero absolutamente nadie, los acompañará en la decisión, aunque esas personas salgan premiadas o perjudicadas. Lamentablemente esa es la verdad.

Por supuesto, en algún momento las posibilidades de arribar a las puertas se acabarán, nunca sabremos cuándo sucederá, es como el juego de la ruleta rusa. Siempre que te detengas frente al portón, escucharás consejos de los que te observan, muchos servirán para brindarte aliento, y se extrañarán cuando ya no estén. Con el tiempo también sentirás que habrán menos acompañándote, pero infaliblemente, muchas veces en contra nuestra, se irán remplazando. Otros no valorarán el sentido y la importancia de cada paso que el prójimo dará. Esos compañeros de viaje, al final, nunca sabremos en cuál puerta quedaron; sin embargo, a los amados, tras cada ausencia, sentiremos que vamos perdiendo un pedazo de razón para permanecer en el camino.

—Somos el juego favorito de Dios —me digo.

Necesitaba desconocer que después de ésta puerta nos esperan otras. Y ahí está la gran mentira de Dios. Por eso te confieso la mía: leer la Biblia me espanta, todas las muertes que causas en ellas para lograr la supuesta justicia, al menos para algunos, los tuyos, tus elegidos, que no es más que tu capricho, la forma de ordenar las cosas a tu antojo. Todas las muertes que ordenan tus Reyes, tus protegidos, y de alguna manera lo aceptaste, cuando pudiste detenerlos, castigarlos; pero contra ellos el brazo te temblaba, mientras que para otros, no te ocupaba mucho tiempo crear guerras para exterminar poblaciones enteras, ¿y los niños que habían dentro? A veces solo porque adoraban a otros ídolos.

Cuando para castigar al faraón y convencerlo de que dejara partir al pueblo israelita, usaste plagas contra la población, mandaste la muerte de los primogénitos de todo Egipto, enviaste terremotos, serpientes, tormentas, desataste epidemias; para castigar al rey David ordenaste la muerte de su hijo que acababa de nacer: ¿Qué culpa tenían esos niños?; porque tú, el todo poderoso, cuando querías, creabas las casualidades más inverosímiles, para salvar al que elegías, como a Moisés, permitiste que fuera echado al río, para que luego sea encontrado por una princesa que lo lleva a palacio, pero antes acepta que lo cuide su propia madre sin ella saberlo. A José, el hijo de Jacob, sus hermanos lo venden como esclavo a unos comerciantes que iban hacia Egipto, y allí lo conviertes en gobernador, el segundo hombre, después del faraón, con más poder en toda esa nación. Entonces no todos nacemos con los mismos derechos. No amas a tus hijos por igual. En eso estuvimos equivocados siempre.

Desde que echamos la balsa al mar fuimos recibiendo los mensaje para que regresáramos, pero la ansiedad no quiso que los leyéramos y éste abandono, sufrimiento y frustración ha sido el resultado. El inalcanzable reflejo del pez con luz de luna. La aparición de Martí con el farol es la única incógnita que me queda. El farol debe ser el significado de la Patria. Eso quiero o necesito pensar.

Ahora estoy nuevamente en el punto de partida, solo que a la inversa. Debo emprender el regreso y exponiendo mi vida. Sólo le he pedido ser escritor. No quiero más, con eso me basta. Le preguntaría a Dios qué diferencia hay entre ser un pastor que cuida su rebaño y un escritor que custodia el lenguaje. David velaba las ovejas, y nosotros las palabras.

Y aunque Dios permanezca dormido yo emprenderé el regreso, ahora sabré si soy un elegido o no, y conquistaré mi estado de gracia o la muerte. Hay un momento en que ya no me quedan lágrimas, y apenas siento mi cuerpo, entonces decido regresar al campamento. Entro por el fondo, paso por la barbería y yo mismo alcanzo la tijera y corto la coleta. El barbero no dice nada, solo observó en silencio. Busco mi carpa. Mi primo me pregunta dónde estaba; le respondo que dando una vuelta y me acuesto. Me dice que los oficiales que se llevaron a su hermana volvieron. Pero que se escondió hasta que se fueron. Entonces pregunta por mi coleta, pero no le respondo.

Saco conclusiones: ¿qué tengo, qué me queda, qué busco? No tengo a Dios. Perdí a mi novia. Corro el riesgo de que maten a mi primo y si es necesario lo hagan conmigo también.

Manolo me pregunta si ya lo pensé. Lo miro y sigo acostado. Cuando va a insistirme lo interrumpo y le digo que sí, pero que ahora me deje tranquilo. Y se aleja. Al menos podré escoger la forma de regresar. Será con mi voluntad, a cuenta y riesgo propio. No retornaré en un barco ni en avión. Será otra manera, o la misma, de protestar, de elegir mi camino.

Antes de que caiga la noche viene un camión y tiran al muerto en la parte trasera sin ningún cuidado y se lo llevan. Mi primo pasó todo el tiempo con los ojos fijos sobre el cuerpo. Ahora camina alrededor de su cama y a veces habla solo. Tengo deseos de decirle que me deje descansar, que no me dé más preocupaciones. Todas las dudas que tengo son por no saber si con fugarnos le hago bien o mal. También me pregunto si me justifico con mi primo y en realidad lo que tengo es miedo a las minas, si no soy más que un pendejo tratando de engañarme con su enfermedad.

Chiqui se me acerca a la cama, se queda mirándome fijamente. Levanto los hombros para que diga algo.

—Quiero saber cuándo y cómo saldremos de esta mierda.

Y miro a Manolo para que conteste.

—Eso no lo sabe ni Dios —nos dice el Zapa y hace un movimiento con la boca en señal de molestia.

—Dios sólo sabe —le digo—, cómo jodernos.

—Estás cargado —me dice Manolo.

—Mucho —digo.

—No sé qué tiempo podré seguir esperando —dice Willy.

No le digo nada. Cada cual debe controlarse como pueda. Estoy cansado de servir de loquero. ¿Quién me asiste a mí?

—Te aviso apenas me entere de algo —le digo a Willy para finalizar la conversación y se quite de mi vista. Se aleja y me quedo dormido.

Me despierto temprano y me asomo en la puerta de la carpa y veo a los carpinteros cerca de los arrecifes por donde escaparon los últimos balseros, construyen un puesto de control para la lancha rápida. Roberto, Rolando y Manolo conversan cerca del lugar.

Ahora hay varios grupos que también planean irse. En la mañana sorprendieron a cuatro balseros que trataban de huir a nado, los llevaron directamente para la prisión. Carlos dice que prefiere ahogarse a que lo vuelvan a llevar para las celdas de castigo, no podría soportarlo de nuevo.

Me cuentan que en la madrugada hubo tres intentos más de fuga. La gente no se amilana con los castigos y apenas llegan de las celdas dicen que lo van a volver a repetir. Ahora viene un sargento y dice que el coronel Gálvez quiere hablarnos en el horario de la tarde, que por favor, mantengamos la disciplina y el respeto. Me pregunto qué puede pedirnos el coronel, si nadie tiene el derecho de retenernos. Mi primo dice que no quiere ver a ese hombre porque es el diablo, y me dan deseos de reír. Pienso que de alguna manera debe tener razón, ese coronel no puede ofrecernos nada bueno, él sólo quiere mantener la disciplina a cualquier precio.

Por la tarde comienzan a bajar los guardias antes de que llegue el coronel. Deben estar temerosos de que hagamos una protesta en presencia de su jefe, ganas no le faltan a toda esta gente obstinada con la idea de regresar lo antes posible. El jeep de Gálvez se acerca aprisa. Aparece el coronel con la gorra de plato debajo del brazo. Nos saluda y va hasta una caja que le han puesto para que se suba y diga las nuevas buenas o las viejas malas. Dice, traducido por el intérprete, que no podemos seguir muriendo en los intentos de fuga, que el Presidente está muy preocupado, fuimos rescatados del mar precisamente para eso: salvarnos la vida, y que ahora la echamos por la borda sin ningún sentido. Si hay demora es por culpa de Cuba que no ha aceptado las condiciones de nuestro Gobierno. Dice que no puede esperar a que las comisiones se pongan de acuerdo mientras continuamos jugándonos el pellejo, que para evitar más desgracias nos trasladará a otro campamento que está más cerca de la frontera, unos setecientos metros, así no tendremos esos arrecifes que en algún momento pensaron que nos harían recapacitar. También nos advierte que reforzará las guardias para seguir evitando las fugas. Nos saluda militarmente, se baja de la caja, sube al jeep con sus ayudantes y se aleja. Nos quedamos en silencio, como siempre, pensando qué hacer.

Con aires de misterio, Manolo viene hasta mí y dice que llegó nuestra oportunidad, ahora va a ser más fácil. Lo miro tratando de desentrañar si verdaderamente nos puede cruzar por ese mar de minas. Muevo la cabeza asegurándole que sí, llegó el momento, y me separo de él lo más lejos posible. Durante el resto del día cada vez que me lo tropiezo le rehúyo sin que se dé cuenta. No tengo interés por volver a escuchar su letanía.

Los guardias comienzan a formarnos para pasarnos del campamento Noviembre ll al Oscar lll. Vemos la frontera muy cerca, pero hay que cruzar una parte de la bahía para llegar, pues por tierra sería más largo el camino y les daría tiempo a que los soldados nos alcancen. Los militares ya no saben qué hacer con nosotros, cómo salvar sus responsabilidades, le temen a un escándalo internacional. Hacemos una fila extensa que se pierde en el polvo que vamos levantando. Apenas llegamos al nuevo campamento, un grupo rompe la cerca y cruza al otro lado sin que los soldados apenas reaccionen. Corren hasta llegar al agua y comienzan a nadar para ganar la otra orilla. Los soldados inmediatamente hacen un cordón para evitar que otros hagan lo mismo.

Nos acomodamos en el campamento. Manolo dice que ya tiene el plan concebido, que reúnan un poco de agua y alimentos. Miro a mi primo con deseos de hacerle saber que cruzaremos; pero no me brinda confianza, lo más probable es que se lo dirá a todos y echará a perder la salida. Me le acerco a Manolo y le digo que incluya a los tres amigos míos.

—No te basta con llevar a un loco —me dice con tono descompuesto—, ahora también quieres llevar a una mujer.

—No los puedo dejar —le aseguro.

—Pero una mujer complicaría las cosas.

—Es joven y atlética, ha vivido al lado del mar toda su vida —le explico—, además, tiene a su marido y a su hermano que estarán al tanto de lo que ella necesite.

Se mantiene callado. Sólo me observa.

—Desde el primer momento, al que debí dejar en tierra fue a ti —me dice y se aleja.

—¡No sabes cuánto te lo hubiera agradecido!

Se vira, mueve la cabeza asintiendo y se echa a reír.

Cayendo la noche los soldados refuerzan las cercas con unos cordones de cuchillas y ponen otra garita con perros por el mismo lugar donde se debía pasar para llegar al otro lado. Roberto comenta que en el suelo no hay ni una piedra, antes de traernos para este campamento las recogieron todas, así nos dejaban sin armas, sin defensa. Le aviso a Willy, le digo que tenga a su gente preparada. Él me propone mudarse con nosotros para estar más cerca. Le digo que es mejor pues sospecho que desconfía, teme que me vaya y los deje.

Estaba entretenido pensando en Maribel y Manolo me sorprende al tomarme por el brazo cuando me dice que ahora o nunca. Trato de no entenderlo y me hago el tonto. Dice que no esté fingiendo que no sé y acabe de decidirme si voy o me quedo o si pienso que él es comemierda. Le quito la mano de mi brazo.

—Deja la majomía y acaba de decirme cuándo nos vamos.

El grupo elegido, menos mi primo, se agacha en la tierra en la que hacemos un mapa del lugar en que estamos, se dibuja el camino que seguiremos y el punto donde nos reuniremos del otro lado. Alberto, el aprendiz de masón, se pasa todo el tiempo cerca de mí cama. A veces me mira con los mismos ojos con que lo hace mi primo para que lo proteja, dice que confía en mí. El iyawó también se mantiene cerca de mi cama y para apoyarme, lo hace con un movimiento de cabeza, señal de que sí.

—No te preocupes con tu primo —me dice—. Yo te ayudaré con él en lo que haga falta.

Le agradezco. Toda la tarde la pasamos planificando cómo hacerlo; después de muchas ideas y propuestas, nos decidimos por una, que sería tirar las tapas plásticas de los tanques de basura encima de la cerca, y así evitar cortarnos, y cruzar sobre ellas como un puente; cuando los guardias reaccionen, nos defenderemos tirándoles las latas de compotas que nos reparten a diario. Ese día no beberemos las compotas, menos mi primo, que no hay quién le haga entender para qué las utilizaremos.

Manolo se me acerca, tiene una preocupación y quiere consultarla conmigo. Se pasa la mano por el pelo y comprendo que no sabe cómo soltármelo. Le pido que afloje lo que sea. Tengo miedo que diga que los demás me rechazan por pendejo, que en la cara se me dibuja el miedo. Pero de todas formas, yo también le veo el miedo a ellos. Todos tenemos miedo. Nadie quiere morirse.

—Los demás piensan que tu primo es un estorbo —me lo hace saber con la cabeza agachada—. Ya es suficiente con la muchacha, pero al menos ella está cuerda. Pensamos que no tendrá ningún problema para cruzar, sin embargo, con tu primo, tememos que las cosas se jodan y nos atrapen por su culpa.

Digo que no es así, él es muy dócil, hace lo que yo le pida. Manolo lo observa desconfiado, a mí también.

—Compréndeme, no soy yo —me dice—, son los otros y, realmente, no puedo dejar de reconocer que es un peligro.

Le insisto que en eso no hay problema, yo me responsabilizo, le devuelvo sus palmadas suaves en el hombro y con una sonrisa lo despido. Me siento al lado de mi primo y no puedo decirle la razón por la que lo miro con intensidad. Él sólo me sonríe.

A las cuatro de la mañana está el grupo de quince preparado con sus jolongos. No quieren dejar nada de las pertenencias, aunque sean un estorbo, sobre todo el farol. Manolo me pide que lo deje y niego. Tomo por la mano a mi primo para que no se quede rezagado, le digo que volvemos a la casa, que si hace todo lo que le diga, pronto estará con tía Margarita, y sonríe, por suerte le parece buena idea, y promete aceptar lo que le pida; a las seis en punto tiramos las tapas y corro hasta la cerca tomando a mi primo de la mano como si fuera una novia, primero lo ayudo a saltar a él, cuando ya está arriba le digo que se apresure y ayudo a lanzarle las latas a los guardias, que por esquivar los golpes de ellas, aún no han podido liberar de sus cadenas a los perros, mi primo está detenido sobre las tapas y me mira como si nada ocurriera, me sonríe, lo empujo, le grito que gatee por encima de las tapas con rapidez, dice que no, tiene miedo que me quede del otro lado, salto y comienzo a subir, mi primo se mueve, una vez que está abajo, abre los brazos y los mantiene estirados para esperarme. Lo vuelvo a tomar por la mano y corremos. Descubro un atajo y un grupo me sigue, miro atrás, ya los guardias tienen controlada la cerca para que nadie más la salte. Los perros continúan mordiendo a los que sorprendieron antes de lograr alejarse; gritan de dolor y ruegan a los soldados que los aparten.

Corremos a ciega, temo tropezar con una piedra y caer. No encontramos el agua, pienso si con el susto nos habremos equivocado de dirección. La luna es cuarto menguante y apenas alumbra. La naturaleza siempre jugándonos una mala pasada; jamás la podemos contar como cómplice. Por fin llegamos al agua y enseguida me sumerjo, está helada, mi primo resuella; escucho los manotazos desesperados sobre el agua de los otros que temen ser alcanzados. Nos alejamos de la costa con la mayor rapidez, según sea la ventaja serán menores las posibilidades de que los soldados nos atrapen. Veo la luz de la lancha que viene sobre nosotros, le grito a mi primo que nade más rápido. Desde la lancha halan con un gancho por el cuello de la camisa a los rezagados y los suben, tiempo que aprovecho para apresurar mis movimientos y continuar en el intento de alcanzar la otra orilla. Le vuelvo a pedir a mi primo que se apure y lo ayudo cada vez que detiene las brazadas. El tiempo se alarga, los brazos me pesan y siento el cuerpo temblarme como si me dieran corrientazos. No siento el farol y temo que se me haya perdido. Mi primo no se aparta de mí.

Cuando logramos ganar la orilla, me falta el aire y el golpe del corazón es fuerte. El farol está conmigo y me brinda confianza, es lo único espiritual que me queda para creer que debo vivir. Entonces escucho los gritos de otros que no han podido llegar a la orilla. Miro a ver quién falta y veo que no están Willy ni Leticia ni el Chiqui. Sin pensarlo regreso al agua y voy en su búsqueda. Mi primo grita para que regrese, exige que no lo deje solo; pero continúo, me alejo de él y la voz de lamento se va apagando. Me oriento en la oscuridad por el sonido de los gritos que claman porque los salven, logro alcanzarlos y encuentro a dos que se hunden por intervalos, reconozco a Alberto y a Joaquín el iyawó, me quieren abrazar y los empujo varias veces hasta que acepten escucharme y hacer lo que les digo. Miro a los alrededores buscando a los otros tres. Escucho varios zarpazos en el agua. Frente a mí tengo a dos hombres que me suplican mi ayuda.

—Hay que nadar —les grito—. Aunque sientan que no pueden, tienen que mantenerse a flote, respiren lentamente y muevan los brazos y los pies. Verán que si lo hacen llegan conmigo a la orilla. Los tomo por la camisa y los halo, les pido que pongan de su parte, que naden a mi lado, pero están desfallecidos, comienzo a alentarlos, los ayudo con la poca fuerza que me queda. La lancha se ha retirado para devolver a los que pudo atrapar.

—Dios siempre me puso en tu camino —me dice Joaquín—. Él sabía que este momento iba a llegar. Y que me salvarías.

—Ahora lo que necesitamos tu Dios y yo, para que te salves —le digo—, es que te calles y te concentres en mover los brazos

—Después de esto estaré en deuda contigo por el resto de mi vida —asegura el iyawó.

Apenas escucho lo que dice. No es el momento para sostener una conversación. Los arrastro. Pero se me desaparecen en la oscuridad y estiro los brazos y vuelvo a encontrarlos. Los empujo. Se apoyan en mí. Otras personas se acercan, por sus voces descubro que son Leticia, su hermano y su marido. Siento alegría. Les grito y nadan hasta mí. No me dicen nada, sólo se mantienen observándome. Y los tres se hunden a la vez. Dejo de ver sus cabezas. Hasta que siento que me halan, y mi cuerpo se hunde sin poder evitarlo, quiero gritar pero los buches de agua me hacen cerrar la boca. Trato de defenderme, pero siempre hay una mano que logra sostenerme por el lado contrario. El oxígeno comienza a faltarme. Cuando pienso que ya logré una distancia entre ellos y yo, vuelvo a sentir sus manos aferradas a mi ropa. Los empujo con los pies y lanzo patadas y manotazos hacia todos los ángulos, hasta que dejan de retenerme bajo el agua, y nado para alejarme y creo que me les pierdo. Apenas tengo oxígeno en mis pulmones, quizá no pueda llegar arriba y volver a respirar. Tengo miedo. Mucho miedo. ¿Será este mi final? Y salgo a la superficie. Abro la boca con el propósito de inhalar grandes cantidades de aire. A mi alrededor solo están Alberto y Joaquín que se alegran de verme y me preguntan qué sucedió.

—Nada, un tendón montado —digo para que no me pregunten más.

Ellos, desesperados, se me acercan y hacen varios intentos por subirse encima de mí con la intención de superar el nivel del agua que les entra por la boca y la nariz cada vez que se sumergen. Los sostengo. Me empujan la cabeza y logran hundirme. Me asusto. Con dificultad salgo a la superficie y tras varias brazadas me alejo de ellos. Temo perder las fuerzas y quedarme aquí, en medio de esta noche sin futuro. Los dientes me chocan por el frío y el miedo. Comprendo que de continuar así no llegaremos ninguno de los tres… Sólo se me ocurre una solución. Pura matemática. Debo abandonar a uno, sacrificarlo para que lleguen dos; pero a cuál dejo, ¿quién soy yo para elegir vidas?, ya lo hice con Miguelito y quizá trastoqué su destino. Debo quedarme con Alberto o con el iyawó, rápidamente pienso que a Joaquín lo han olvidado sus santos. Al mantenerme con Alberto significa que la deuda ya está saldada con el destino. Vuelvo a pensar en mi cansancio y en la poca fuerza que me queda. Hice un juramento ante la Biblia de no abandonar a mis hermanos. ¿Cuál será la decisión más sabia? Ahora mis brazadas son lentas. Se me termina la energía. Cumpliré con la fraternidad. Deseo acostarme sobre la arena. No hay tiempo para seguir pensando. Y con un empujón fuerte nos separamos violentamente del iyawó, que apenas grita, sólo siento su mano aferrada a mi brazo, que con un gesto violento logro evitarlo.

—Te voy a esperar — me grita con desesperación.

Y unos metros después dejamos de escuchar su voz clamando por mi ayuda. Lo hacía con la paciencia y la confianza de que jamás lo dejaría allí. Y sé que no podré volver. Me hubiese gustado hacérselo saber en ese mismo momento. Pero el tiempo que consumíamos ya no era el nuestro porque se nos había acabado.

Recuerdo el día que los conocimos y nos dieron los dos litros de agua. De alguna manera, ahora, le devuelvo toda el agua que me brindó. Alberto no dice nada, sé que me agradece con su silencio.

La orilla me parece inalcanzable, las fuerzas me fallan, apenas siento mis brazos y la respiración se me ha convertido en un jadeo corto y rápido. Y siento que me ayudan a sostenerme.

—No me quisiste creer cuando te dije en la playa, el día que nos íbamos, que "marineros somos y por la mar andamos" –reconozco la voz de Rolando.

Ni aunque quisiera podría rechazarlo. Manolo que salió también a nuestro encuentro llega y auxilia a Alberto. Le digo al Zapa que se apure, que busque a Joaquín que se había quedado rezagado. Y se aleja nadando en sentido contrario al nuestro, y escucho que grita el nombre del iyawó. Seguimos Alberto y yo hacia la playa con la ayuda de Rolando. Cada metro me parecía un kilómetro, la desesperación me endurecía los músculos y mis movimientos cada vez eran más lentos.

Cuando puedo dar pie, camino y me dejo caer sobre la arena. No siento mi cuerpo. No puedo separar el brazo de la tierra para palparme y saber que estoy completo. Quizá tengo alguna mordida de tiburón. Alberto no puede contener el llanto, dice que le duele la pierna, se le montó un músculo apenas se lanzó al agua. El resto de los recién llegados permanecen en silencio, jadeante, tratando de recuperar las fuerzas y calmar el susto. Quiero llevar la vista hacia el agua. Me preocupa la tardanza de Manolo y Joaquín. Comprendo que fue un error enviarlo en la búsqueda de iyawó. Si Manolo se ahoga todos podemos darnos por muerto, él es nuestro pasaporte. Willy y su familia está cerca de mí pero en silencio. Los miro y ellos me mantienen la mirada.

–¿Fue idea de ustedes o un plan preconcebido de Rey? –digo con voz apagada.

–Quizá no sea nada personal –responde Willy–, pero nos pareció que le debíamos ésa a mi padre, que era una manera de retribuirle tanta desgracia.

–Todos ustedes son una bola de mierda –les aseguro.

Se quedan callados, ahora saben que están en minoría y temen que se los cuente a los otros, pudieran querer dejarlos aquí en la orilla, a su plena suerte.

–El iyawó se jodió –anuncia Manolo que recién llega y se acuesta a mi lado.

Alberto pasa mucho rato con el pie acalambrado, pido de favor que eviten caminar, que si explota una mina reventamos como globos. Apenas he tenido tiempo para pensar en Joaquín, en cómo sucedieron las cosas. Aún estamos muy tensos.

En la orilla están Carlos, el Gordo, Manolo, Roberto, Luis, Chiqui, su mujer, el Willy, Rolando, Alberto, mi primo y yo. Le digo a Manolo que vaya delante y nos enseñe que en realidad estuvo en un grupo de zapadores en Angola y desactivó varias minas.

—Decenas —rectifica—. Soy zapador, no adivino. ¿Cómo coño puedo detectarlas si no se me ven ni las manos? —se sienta—. Hasta la mañana no puedo hacer nada.

Nos sentamos también a esperar que amanezca para que Manolo pueda mirar bien el camino. Mi primo me pregunta si puede acostarse, le digo que no, que resista despierto y sin mover el fondillo, podemos estar muy cerca de una mina y hacerla explotar con cualquier parte del cuerpo. Tengo frío, el cuerpo se me mantiene mojado y el pelo húmedo por la neblina. Me duele la garganta. A veces los ojos se me cierran y hago por despabilarme. Carlos, Manolo y Luis, se pasan la noche anhelando fumar, pues los cigarros que envolvieron en *nylons* se mojaron.

El amanecer, por lo esperado, parece el más lento de mi vida; aunque de tanta práctica me estoy haciendo un especialista en esperar amaneceres, pero por mucho que suceda, no logro acostumbrarme. Tenemos frío y la piel y la ropa continúan húmedas. La neblina se disipa, comienzo a diferenciar la silueta de mis acompañantes, están acurrucados como caracoles por el frío y el sueño. Distingo mis manos, cuando hablamos nos sale humo por la boca. Somos un grupo de doce balseros, y el número me sugiere un mal presagio. Mi primo juega con el humo y trata de atraparlo en su puño. Manolo lo mira como algo que ya no tiene remedio, pero sabe que pronto, cuando nos recojan, saldrá de él, y se pone de pie y con cuidado camina por nuestros alrededores inspeccionando para asegurarse de que no hay peligro.

Estoy al tanto de cada uno de los movimientos de Manolo, y me asusta cuando mira desorbitado hacia todas partes, me hace pensar que un peligro se avecina, camina y parte varias ramas secas y hace varillas a las que amarra pedacitos de tela blanca, que va rompiendo de un pedazo de sábana que llevaba atada a la cintura, para irlas encajando en cada mina que encuentre y los de atrás no se confundan. Con el gajo más largo se queda para clavarlo en el camino, en la punta le amarra un tenedor que sacó del bolsillo, nos colocamos en fila india y advierte que debemos poner el pie donde pisa el de alante, no se entretengan porque cerquita de esa pequeña porción de tierra cubierta por nuestro peso puede haber una mina. Movemos la cabeza asintiendo, estamos cagados, ¿sería un abuso de confianza volver a pedir a los santos que nos ayuden? Se lo hemos pedido tantas veces. Ya nos brindaron su protección una vez para lograr lo contrario: escapar de la Isla y llegar al lado del que pretendemos huir ahora, ¿quién podría entendernos?

Después de respirar profundamente y decir que es una bella mañana, Manolo grita como si alguien ajeno a nosotros, además de género femenino, lo estuviera escuchando.

—Voy por ti, "niña linda" —dice—. Sé que estás ahí aburrida, esperándome.

Nos mira, avisa que el juego ha comenzado y mueve las manos como si dirigiera una orquesta y el gajo con el tenedor oscila con la destreza de un maestro con su batuta, luego se agacha con suavidad, como si pudiera permitirse todo el tiempo del mundo, huele, dice que por el aliento puede calcular su fabricación, el tiempo que llevan ocultas, acechando. Acaricia la tierra con las yemas de los dedos, le hace cosquillas, conversa con los ojos, trata de convencer cada tramo para que lo ayude, sacarle información, pega el oído, buscando un secreto que le confiesen; dice que las minas tienen corazón, les puede llegar a sentir el tic tac como un reloj; hasta que asiente con la cabeza y sonríe, ladra como un perro feliz que avisa al resto de la manada, levanta una rama y la coloca en el lugar

—Aquí hay una perra con rabia —y aúlla, avisa y nos mira cínico por lo aterrados que estamos al imaginarnos la posible muerte.

Antes de irse besa el lugar y acaricia con la mano, da unas palmadas apenas perceptibles y dice en voz baja que tiene que irse, "niña", sabes que hay otras esperándome.

—Está loco —asegura Luis sin levantar la voz—, ¿se acuerdan cuando me tiró de la lancha para que los tiburones me comieran?, entonces le permitieron aquel abuso y ahora es que le darán la razón y les pesará no haberlo tirado a él.

Roberto le pide que se calle.

—Ser zapador es el oficio más lindo del mundo —dice Manolo—. Es un juego —y da otro paso como si estuviera entretenido y se olvidara del peligro que nos rodea.

Tengo deseos de gritarle que se calle, que atienda lo que hace, pero él sigue afiebrado, con los ojos grandes y brillosos saltándoles de un lado a otro. Se agacha, se apoya en las manos y en las rodillas y avanza como un perro que olfatea el terreno. El sudor que le recorre el rostro, lo deja caer sobre la tierra seca, una gota encima de la otra, y espera que se hundan, se evaporen, explica que según la manera de esconderse, de secarse, la rapidez en que sucede, sabe si el terreno fue removido y el tiempo que lo hicieron.

—Las minas brindan un calor particular —nos dice—, semejante sólo al que guardan las mujeres entre las piernas.

Le pasa la cara al terreno, puede que con ternura, después la lengua, con la delicadeza con que se supone lo haga en el seno de una mujer, luego saborea la tierra con gusto, y la escupe en el mismo lugar donde clava otra rama que avisa peligro.

—Ya te descubrí, linda —dice y besa el lugar y nos repite esa mirada que nos asusta más.

Saca la lengua llena de tierra. Advierte que es como un juego de ajedrez, en tu mente debes partir el terreno en cuadros, el guía y sus hombres son las fichas negras, las minas, por supuesto, son las blancas, abren el juego y ellas ya están ahí, esperándonos con la paciencia de un jugador profesional, por algo son las blancas, y damos el primer paso, apenas un peón que avisa que el juego ha comenzado, y el reloj de nuestras vidas distribuye el tiempo, dispone y cuantifica.

Todos en la hilera no hacemos otra cosa que vigilar los pies del que camina delante para no confundirnos y pasar por alto las cosas que dice Manolo, nuestro zapador estrella, según nos cuenta. Cada vez que nos alerta nos pone más nerviosos. Manolo vuelve a detenerse, nosotros también. El Zapa orina. Se mueve como si tuviera una ametralladora en la mano que echara ráfagas. Se olvida que con nosotros viene una mujer. No le interesa, ahora está tan sumergido en su delirio que no repara en nosotros, actúa como si estuviera solo. Miro al Chiqui pero a él parece no importarle tampoco, sabe que lo importante es salir de este campo. Sudamos. Rolando me ha mirado varias veces y me sonríe. Y por cortesía, para no aceptar que debía ser agradecimiento por salvarme la vida en la escapada, le respondo con un gesto afectuoso.

En los primeros pasos, Manolo ya ha puesto todos los gajos de señal. Carlos es el último de la fila y los viene recogiendo, el Zapa pide que se los hagan llegar para proseguir y pone la mano como un cirujano al que le entregan el bisturí.

—Necesito que confíen en mí —nos dice—. No es la primera vez que cruzo campos minados. En Angola me decían el Aura, el Brujo, el Profeta, casi las podía adivinar, no hubo una que se me escapara. Es un oficio lindo —insiste—, es como jugar a la ruleta rusa, a la charada, las chapitas o la fañunga, simplemente se apuesta a que hay o no, sólo podrás saber la verdad cuando avances y dejes caer el propio peso de tu cuerpo sobre el espacio que cubres, entonces eres importante, el héroe de la película, tienes las vidas de tus compañeros y la misión en el bolsillo, eres un dios y con una decisión tuya dispondrás de sus vidas, si deben vivir o no; en ese momento se puede decidir una guerra –dice y da otro paso y se agacha, después suelta aire sobre el polvo que se mueve imperceptible pero le parece suficiente–. El factor sorpresa es determinante, cuando el enemigo está confiado de que por ese flanco no lo atacarán porque es imposible que nadie rebase tantas minas, entonces es que aparecía yo, me mandan a llamar los altos jefes, casi dejaba de ser una orden, más bien parecía una súplica para que no les falles, confían en mí y me abrazan, soy el primero de la tropa, quizá el único en saber cuándo y por dónde se hará el ataque...

Lo miro y él se fija en la cara de mierda que tengo. Quiero decirle que no alardee más y se guarde su lengua donde no le dé el sol; pero en estos momentos mejor es aguantarle toda su lata y muevo la cabeza como si fuera interesante la mierda que habla. Dice que sus ojos ya están preparados para descubrirlas por muy ocultas que estén, cuando mira un punto del lugar, por muy pequeño que sea, lo transforma en otra dimensión mayor, aquel punto de tierra, de polvo, adquiere un nuevo tamaño, imagina que son rocas gigantes, lo cuadricula mentalmente, así es más fácil descubrir si la tierra ha sido removida, si una bota cruzó el lugar, y se ríe, dice que por allí pasaron Toscano y su comitiva, que hasta ahora tuvieron mera suerte, sus pisadas están próximas a las minas, caminaron sin ningún tipo de profesionalidad, más bien lo hicieron a lo loco, sin talento.

Continúa poniendo banderitas en el recorrido. Jugando con la suerte. Con nuestras vidas. Levanta la rama y con la punta del tenedor me toca el pecho:

–¿Qué será de los zapadores el día en que no haya minas en la tierra? A veces rezo para que no suceda –dice.

Ahora vuelve a decirnos, por cuarta vez, que teme que los militares inventen un aparato sofisticado y ya no les hagamos falta; las minas, de tanto odiarlas, se llegan a querer, a respetarlas, necesitamos de ellas como unos adictos, esa sensación de jugarnos el todo por el todo, se convierte en una obsesión. Lo mejor es que cuando ellas deciden que has perdido, entonces no perdonan, son pocas las ocasiones en que te dejan con vida, porque nos necesitan perfectos; a nadie le hace gracia que un zapador se juegue la vida faltándole un pie, un brazo o esté desfigurado: lo interesante es cuando se está enterito. Pero si supieras que lo hacen para fabricarse su leyenda, a las minas les gusta que les teman, es su manera de divertirse, sienten placer infinito cuando huelen nuestra adrenalina. Siempre me he entregado a este trabajo en cuerpo y alma, como debe ser, para ganarles, esconderles el miedo, hacer las cosas suavemente y con precisión, para que vean el deseo desde la primera vez, la desnudez, les doy lo mejor de mí; a veces, muchas veces, sueño que me encuentro rodeado de minas, estoy atrapado, me despierto excitado, entonces me sumerjo entre el pelo y las piernas de mi mujer buscando que me proporcionen la misma sensación; pero nunca es igual, la sensación y excitación del sueño es inalcanzable.

Y Manolo se despoja de la ropa, le vemos el rabo prieto de tanto masturbarse, le entrega la ropa al Dinky, se contempla desnudo y dice que ahora lo hará mejor. Ya a nadie le importa lo que haga y enseñe. La misma Leticia lo mira como si fuera una mina.

Tengo el cuerpo mojado y las piernas me tiemblan. El Zapa no para de hablar. Siento tanta acumulación de tensiones. Calor. Mareos. Sueño. Cansancio. Unos deseos de sentarme a llorar. De gritar que ya estoy harto de mantenerme tenso durante tantos meses. Quiero acostarme sin preocupaciones. Deseo mirarme en un espejo. Recordar cómo era antes. Intentar reconocerme.

Y el tiempo parece estar detenido. Manolo continúa hablando como si fuera para sí mismo, no le importa que lo escuchen. Dice que no ha contado la mejor parte y detiene la búsqueda para mirarnos. Nos va calando. Penetrándonos por los ojos. Sigue burlándose de nuestro pánico. Cuenta que lo más interesante es cuando tienen que desactivarla, extraerla de su escondite, entonces aparece el único instrumento capaz de hacerlo, y nos enseña las manos, que mueve como si hiciera un acto de magia.

Nos mira y sonríe. Y es como si se hubiera trasladado en el tiempo y se encontrara en plena guerra de Angola, está en un terreno desértico y va delante de la tropa: con un gesto del brazo puedo detener el avance y que los hombres se tiren a tierra y se cubran, siempre que lo hacía me gustaba ver esos movimientos, me provocaba placer verles los rostros asustados, mirándome con la seguridad de que mi valor era incalculable; sentirles sus rezos, el latido acelerado en sus pechos, la falta de aire, los más cercanos se mantenían petrificados, esperando una señal que decida arriesgarse solo, y ladeaba la cabeza en indicación de que se alejaran, y lo hacían como si cumplieran la orden más importante de sus vidas, y comenzaba a picar la tierra con el mismo cuidado con que se abre el pecho de un ser humano, también me gustaba cuando la tropa me decía doctor, mis dedos se iban perdiendo entre la tierra, la iba quitando con mucha lentitud por los bordes hasta palpar su cuerpo, una corriente que entraba por la punta de las uñas y recorría todo su ser para apoderarse de tu miedo, pero con tanta práctica se sabe contrarrestar y no se le hace caso, y lo importante, lo urgente y vital es poderla acariciar con mis yemas, sentir su calor. Manolo cierra los ojos como si rememorara el éxtasis o su última eyaculación. Sigue insistiendo con cuidado hasta quitar la más mínima partícula que rodea la mina; sin advertirlo, Manolo comienza a excitarse, y el rabo se le mueve, se hincha, y trato de no mirar pero hacia dónde podría hacerlo, nuestras vidas dependen de cada gesto suyo, de la manera en que seamos capaces de imitarlo, no podemos perder una milésima de sus pasos, si el rabo le crece y sospecho que va a rozar el piso le gritaré para prevenirlo y si es necesario se lo sostengo.

Dice que al tener el primer contacto con la punta de sus dedos, es una impresión única, la sensación de tener su corazón latiendo en sus manos, saber que estás palpando la muerte materializada, un ser viviente con amor y odio, conciencia y contradicciones, a veces me detenía, cuando sólo faltaba un último movimiento para dejarla desactivada, pero en ese momento me daba mi lugar, tomaba mi aire de vencedor, el gladiador que camina alrededor de su oponente que yace sobre la arena, antes de cortarle el cuello, y levantaba la vista para luego vacilar la victoria, me complacía la humillación de tener la mina agonizando, suplicando porque no hiciera aquella última acción de desactivar el detonador, y estiraba el tiempo, encendía un cigarro, echaba el humo con el mayor placer, sabía que decenas de ojos permanecían atentos a cada evolución mía, grabarían en sus mentes el agradecimiento de deberme sus vidas más que a sus propias madres, y los observaba, los recorría uno por uno, por sus miradas, la forma de entornar los ojos hacia el piso o al cielo, la manera de agarrar el fusil, los sudores, la posición de ocultarse, yo sabía lo que estaban pensando, quiénes rezaban y quienes se daban por muerto, podía descubrir a los más temerosos, aquellos con quienes preferiría no compartir una trinchera, y saber cuáles eran los más osados, con una mirada limpia, a veces una sonrisa, quizá forzada, te daban su aliento, el apoyo del compañero que está atento porque teme por la vida de él y del zapador; también necesitaba hacerme de una leyenda, y daba tiempo para que valoraran mi esfuerzo, como todo buen soldado que se respete, da gusto que en la noche se converse en los albergues sobre la valentía del zapador, y uno quedar acostado en la litera, pensando que algún día harían un libro sobre mi vida de soldado, donde se contaría que los jefes me pedían al alto mando para las operaciones más profesionales y arriesgadas. Y toda esa eternidad ocurría en segundos. Entonces, luego de fumarme el cigarro y secar las gotas de sudor que me corrían por la cara, actuaba como los verdaderos jugadores, extraía el detonador con la misma determinación y maestría con que se extirpa el corazón a un ser humano, con la precisión de un relojero, con la misma exactitud con que el director de la orquesta acalla repentinamente los instrumentos. Será un silencio largo, esperando la seguridad de que no es un engaño, que no es una artimaña, un señuelo, y que debajo de esa mina no hay otra en paralelo, que no existe un segundo detonador, que no es un aviso para que los morteros enemigos nos ubiquen y comiencen su fiesta. Es el tiempo que pasa cuando el médico sale del salón de operaciones y se encuentra con las miradas de los familiares, unos segundos que se convierten en horas y toda una vida depende de esos instantes, quieren oír y a la vez no quisieran porque temen escuchar algo que sea irreversible, determinante. Con un gesto mínimo aviso que todo está bajo mi control, y la mayoría de los soldados recordarán que están vivos, que por sus venas ha continuado el curso de la sangre, que los pulmones reanudaron la respiración, y que pueden mover sus pómulos que habían petrificado, y la vida en aquellos hombres comenzaba a despertarse y la piel erizada volvía a su estado natural, el sonido en los oídos causado por la presión arterial se desvanecía; los soldados descubrían que era una bella mañana, los músculos se relajaban después de tanto dolor que no pudieron sentir por la misma tensión nerviosa, comprenderán que el aire ya no es denso, la hierba que se había paralizado, vuelve a moverse con alguna alegría, la idea de que en realidad existe la vida será acogida con sorpresa, luego se harán señales de avance para la tropa, escucharás la información del radista al alto mando de que el camino ha sido despejado, y sabrás que allá también estarán pensando en ti, proponiéndote para alguna medalla al valor.

Después pasarán por tu lado y dejarán caer una palmada sobre tu hombro, es la manera de agradecer que les hayas salvado la vida y ese gesto es más que suficiente; te quedas un rato al lado de la mina, observándola, una forma de respeto, luto, camaradería, cortesía militar, mientras, ves cómo los otros continúan la marcha, y la rebasan, pero sin mirarla por la mala sensación que les causa el encuentro visual con aquello que pudo quitarles la vida; pero a mí no, reconozco que es una relación de aproximación y lejanía; entonces no puedo evitar sentir lástima por el artefacto, una pena que me conmueve, me recorre el pecho y me aflige cuando la veo inútil, solitaria, la ponía entre mis manos y sentía la necesidad de acariciarla, quitarle al metal esa frialdad que avisa la muerte, me llegaba la culpa, una angustia por desactivarla que tenía que esconder del resto de los hombres, entonces la echaba dentro de la mochila para buscar la próxima, porque los jefes podían malinterpretar mi melancolía y esa compañía en silencio como un ritual funerario que le hacía al artefacto, o cobardía, el desaliento que llega después de mucha tensión, lo cual yo no sentía ni por asomo; en cada mina desactivada, las energías y el valor se me multiplicaban.

Me pregunto por qué tengo que oír a este loco. ¿Por qué tengo que fingir que deseo escuchar lo que dice? Que me parece interesante. Siento peste a animal muerto y escupo. Estoy aturdido por mantenerme tenso en espera de cada palabra suya, como si fuera a decir una que salvará la vida de todos. Dentro de mi cabeza siento el eco de su voz que se repite como si estuviéramos dentro de un túnel. Pero algo se apaga, falta. Y es la primera vez que Manolo se calla, y sin saber por qué, ahora todos lo buscamos con la vista, tememos que haya una mala noticia. Descubro que el silencio del Zapa me asusta más que su conversación sostenida hablándonos sobre sus calamidades vividas en África. Me detengo. Lo busco. Todos hacemos lo mismo. Tiene el brazo en alto y nuestras miradas se elevan hasta la punta de su dedo mayor y el pálpito nuestro se acrecienta. Luego señala y otra vez la mirada recorre el brazo, pero esta vez seguimos la indicación y oteamos el terreno hasta encontrar varios pedazos de cuerpos llenos de moscas y la peste es insoportable. Los huesos tienen poca carne. Seguramente que fueron las auras.

—Pertenecen a Toscano y los suyos —dice el Zapa y nadie comenta. Permanecemos en silencio. Sólo mi primo llora. Hasta que comprendemos que no puede hacerse nada y seguimos camino.

Dinky dice que entonces hizo bien en quedarse en la playa, algo lo protegió, le obligó a permanecer sentado y a que no se fuera con aquel grupo que no pudo cruzar el campo minado; lo que podía entenderse como una señal de que nosotros saldríamos bien, que este grupo sí lograría llegar al otro lado. Me pregunto si Dinky también cambió su destino, si tenía que haberse ido allí, si por su culpa ahora tendremos que pagar ese retraso de su muerte y para estar al día pagaremos con las nuestras. También pienso en el iyawó, la religión y sus padrinos no pudieron salvarlo. El sol comienza a calentar y nos seca la ropa. No hay intenciones de enterrar aquellos manojos de huesos verdes y renegridos. Vamos a continuar nuestra ruta.

Y alguien grita a mi espalda. Pienso que esa voz la conozco, pero a la vez trato de negármelo. No sé por qué intuyo que nada bueno sucederá.

—No vamos a poder cruzar. Es muy difícil —advierte—. Hay minas por todas partes. No quiero morirme como ellos —y señala los restos humanos.

Y es mi primo que pide regresar a la Base. Tiene temblores. Insiste en que es lo más inteligente que podemos hacer.

—Confía en mí —le pide Manolo—, hasta ahora siempre he cumplido mi palabra.

—Estás loco por habernos metido en este callejón sin salida —le responde mi primo—. Voy a regresar, conozco el camino.

Quiero hablar, decirle con mucha paciencia que todo va bien, pero un grito del Zapa no me deja comenzar. Insiste en que no puede, hará explotar alguna mina y las demás harán lo mismo por estar en serie o dentro de su campo de acción. El primo repite que se sabe el camino y retrocede, cuando vemos que mueve los pies nos quedamos helados, apenas respiramos. Dinky me dice que haga algo, cómo va a joderlo todo, que le diga que vino en este grupo porque la travesía saldría sin contratiempo. Le pido de favor a mi primo que hablemos primero, sabe que si decidí hacer esto fue por él. Manolo le grita que se detenga, pero el primo hace lo contrario y apurado, se aleja bajo nuestras miradas angustiadas. Alberto trata de convencerlo, comienza a caminar hacia él, por momentos me mira y puedo ver el agradecimiento que me tiene por salvarlo.

—Te lo advertí —me grita Manolo. Ese loco de mierda nos va a joder.

Y me empuja por el pecho para que lo persuada. De todas formas no doy un paso. Me quedo clavado en el mismo sitio. Nos mantenemos en suspenso. Todo el silencio del mundo está recogido en estos instantes. Miramos cada paso con desesperación. Nos parece sentir el roce de la suela de sus zapatos con la tierra. El sonido de sus músculos engarrotados cuando los mueve. Ya se han alejado bastante, están como a cien metros y me da alegría. Está casi afuera del área donde Manolo encontró algunas minas. Alberto lo alcanza, le pasa el brazo por encima y parece que lo traerá de regreso. Mi primo lo abraza y llora en su hombro.

Voy a decir que de verdad mi primo se aprendió el camino, cuando veo sus cuerpos que se elevan. No puedo precisar si primero sentí la explosión y luego vi sus cuerpos elevarse, o antes vi los cuerpos en el aire y en cadena salió la explosión de la tierra como un volcán que expulsa polvo y piedra. Lo cierto es que con la explosión la tierra y el humo, se dividieron en varias partes los troncos y las extremidades, y siguen rebotando cada vez que tocan tierra y accionan otra mina que los convierte en pequeños pedazos de carne, y las piedras en diminutas partículas, todo en segundos, instantes que ahogan un posible grito. Nos agachamos y me abrazo al diario, las cartas y al farol. Otras explosiones le siguen, sobre mi cabeza y espaldas cae tierra y piedra, cuando una roca me impacta me asusto porque pienso que es un pedazo de su cuerpo. Estoy seguro de que es el fin. El humo y el polvo se dispersan. La tierra se adhiere al rostro igual que una esponja. Siento una baba que se me endurece sobre la piel como barro. El sudor rueda por la frente hasta la barbilla dejando surcos sobre la máscara de polvo. Cada vez las explosiones son más aisladas y distantes.

Aún no quiero creer que hayan sido mi primo y Alberto. Busco los restos de sus cuerpos y tengo que esperar que el aire disipe el polvo; sus cuerpos han desaparecido, sólo se ven algunos pequeños bultos oscuros de carne quemada que humea.

—Ahora nadie querrá regresar sin mi autorización —asegura Manolo—. Cada vez estoy más convencido de que toda la travesía y la permanencia en la Base fueron para vivir este momento. Tener un nuevo encuentro con estas minas locas y celosas, un viaje al pasado, viejas deudas que nunca pagaré. Porque de aquí también saldré airoso, de eso estoy convencido, tanto como esta realidad de acabar de ver a un hombre convertirse en pequeños segmentos —Señala a Carlos para que continúe recogiendo las ramas, pero no comprende lo que el Zapa le pide, está confundido, petrificado, las manos y las piernas le tiemblan y se agacha a esperar que se le pase.

—Despierta comemierda que dentro de un rato estaremos en Caimanera —le grita Manolo a Carlos, que abre los ojos asustado.

Estoy consternado. Tengo dolor en el pecho. Aún no sé si soy el culpable de que mi primo haya perdido la vida. Si soy culpable también de la muerte de Alberto. Ahora sé que al menos conscientemente tengo sobre mis hombros tres muertes que quizá no estaban asignadas por sus destinos: mi primo, Alberto y el iyawó, sin contar a la madre de Rey, según me dijo él; y una vida, la de Miguelito, que probablemente sí debiera de estar muerto. Yo había trastocado los destinos y temía pagar por esas decisiones erróneas.

Los demás están espantados, cagados de miedo. Manolo vuelve a romper el silencio para hablar de no sé qué. Nadie le hace caso. Mantiene el tono calmado como si no hubiese ocurrido nada. Ahora no deseo mirarlo. Sólo piensa en proseguir. Tengo deseos de gritarle que se calle, que pare de hablar al menos por un rato. Dice que no le importa que por nuestra irresponsabilidad perdamos la vida. Creo que es un indolente. Es nuestro problema por no hacerle caso a cada palabra que dice. Si por tu culpa estamos ahora aquí. Esa escena la vivió a diario en la guerra. Pero eso no te hace que tengas que ser tan odioso. En la guerra uno llega a acostumbrarse a la muerte, de tanto permanecer al lado de los restos humanos en espera del refuerzo, son horas que parecen días; para matar el tiempo fumas, tiras piedrecitas, desarmas y armas varias veces la pistola, miras los restos dispersos, sí, lo difícil es cuando se intenta reconstruir un cuerpo destrozado por una cazabobo, es un rompecabezas loco donde ninguna de sus partes coincide. Y todos miran los restos de mi primo como si fuera la última tarea que Manolo llevará a examen.

Tengo necesidad de no hacerle más caso. Pienso en mi gente. Me pregunto qué nos harán cuando lleguemos a territorio revolucionario, si nos rechazarán por desertores y nos obligarán a regresar. Me avergüenza llegar al barrio como un perdedor pero no me importa lo que puedan decirme, quiero ser un cobarde con vida, seré el cobarde más feliz entre todos los pendejos. Tampoco me importan los meses perdidos ni que mi novia haya tenido otro romance, estoy dispuesto a perdonarla, o quizá perdonarme yo por abandonarla, a comenzar de nuevo si ella me acepta.

Rolando no había tenido oportunidad de decirme que siente lo de mi primo y levanta el brazo para palmearme el hombro. Como un reflejo condicionado lo esquivo. Y le miro a los ojos y están limpios como los de un niño recién nacido que pronto se humedecen. Un estremecimiento me sobrecoge y la memoria me llena de imágenes... Y siento lástima por la devoción con que él ha esperado mi clemencia.

—La vida siempre nos sorprende con sus lecciones —le dije—. Ahora estoy confundido porque tú pareces mejor tipo que yo.

Y vuelve a levantar el brazo en busca de mi hombro. En silencio siento su mano que aprieta en señal de afecto.

—No sé si te prefiera con el criterio de antes —me dice con una sonrisa forzada, levanta los hombros y seguimos el avance.

Parecemos una fila de refugiados ruandeses. Llevamos un rato caminando hacia la izquierda, buscando un trecho que nos deje avanzar sin hacernos girar; pero no se puede. Manolo va poniendo banderitas que hacen un círculo. Es imposible avanzar con rapidez. Después se pone la mano en la cintura o en la cabeza, la mueve como si se respondiera algo a sí mismo, y echa a caminar. El dolor de cabeza se me hace más intenso y es como si alguien me pegara desde el interior, siento la sien saltar como si fuera a reventarse.

Para sorpresa nuestra, hemos descubierto que Manolo ya no habla. No dice las grandes parrafadas del comienzo. La emoción se le ha apagado. Un hálito triste lo envuelve. No hace cuentos de sus heroicidades. Y un sentimiento de culpa me crece por su silencio, ahora reconozco que prefería su voz. Tengo deseos de pedirle que nos haga más cuentos, que estoy orgulloso de ser amigo de un héroe; en última instancia que los repita, sólo quiero escuchar sus alardes, su voz optimista. Pero él se mantiene sumergido en la búsqueda desesperada por encontrar el sendero exacto. Estamos cansados de caminar. El sol nos cocina y no acabamos de ver las postas de los soldados cubanos. Manolo queda mirándonos muy serio. Ahora suda. El brillo de los ojos se le ha gastado. Continúa y a veces recorre la mirada hacia todas partes como si estuviera perdido, sin saber por cuál camino tomar. Se agacha. Nos mira. Pero inmediatamente nos rehuye la mirada. Está avergonzado y no sabemos por qué razón.

—Estamos en una ratonera —dice Manolo.

Y busco. Miro a mi alrededor. Y veo un grupo de auras que rodean los pedazos de mi primo. Y muevo la cabeza hacia el otro lado. Y también están los pedazos de Toscano y sus acompañantes.

—No es la primera vez que hemos pasado por aquí —asegura Manolo—. No he logrado entender cómo los soldados pudieron ponerlas y retirarse sin que explotaran. Lo lindo que tiene el juego de las minas es que se puede ir de lo ilógico a lo lógico, por eso lo comparo con el ajedrez, son juegos ciencias, mentales, pero aquí no hay juego, esto es una gran locura, las han sembrado por sembrarlas, estoy seguro de que no existe un esquema o plano que señale cómo están dispersas, ni ellos mismos sabrían desenterrarlas, este campo tendrían que hacerlo volar para que un día se pueda caminar por aquí, hay minas plásticas, alambres que apenas se ven, esto es un círculo vicioso sin lógica alguna —repite alarmado—, es imposible romperlo, no hay cómo franquearlo, dónde poner los pies, están muy cerca unas de otras, son una muralla inexpugnable.

Y comprendo que a pesar de la locura de mi primo, fue el único que pudo saber lo que nos iba a suceder. Valía la pena morir en el intento de regresar, aquella era la última salvación. Nos sentamos con cuidado. Ahora es como si estuviéramos nuevamente sobre la balsa. De alguna manera hemos comenzado. Tratamos de alcanzar un lugar, un punto al que confiaremos nuestra felicidad. Hice bien en escribir el diario, al menos podré dejar la razón, los trabajos y sufrimientos que pasa un hombre cuando abandona su casa, su gente, la tierra. Descubro en los rostros de Carlos, Dinky, Luis, y Roberto, la misma desesperación de la balsa. La historia se repite. Alguien le insiste a Manolo para que vuelva a intentarlo, pero él no responde. Se mantiene en silencio con los ojos húmedos. Mueve la cabeza negando. Dice que él es un profesional, que sabe lo que está diciendo; antes de avisar que no podría proseguir, lo intentó varias veces, piensa que para él no es vergonzoso aceptarlo, sentirse rendido, estamos en un laberinto armado por unos locos suicidas; los sudafricanos y los kwachas son niños de tetas, si les hubieran enseñado este truco del laberinto, cómo irte llevando al infierno, las bajas cubanas fueran incontables; pero cómo no pude darme cuenta de que era una trampa, no era más que un cebo, la carnada fácil para que me fuera de boca y mordiera el anzuelo. Sugiero que si permanecemos en un punto seguro podríamos hacer señales de humo para que vengan a recogernos los guardafronteras cubanos. Dice el Zapa que, precisamente, a esta trampa le llaman el círculo del fuego, no se puede salir ni permite que entren en auxilio. Está concebida para matar todo lo que ingrese en ella.

—El que intente rescatarnos será la pieza que definirá el juego, el detonante —asegura Manolo.

Dinky le entrega al Zapa la bolsita con las prendas, se la regala

—Sólo sácanos de aquí, cojones —le dice—, acaso no entiendes nuestra súplica; estoy seguro de que si las cosas iban a salir mal, daba igual que hubiera venido con Toscano o con este grupo, entonces qué me hizo esperar —dice y mueve los hombros para que alguno de nosotros le contradiga su lógica—. Aún confío que saldremos sin problemas de este lugar de mierda.

Y Manolo se ríe como si acabara de escuchar el mejor chiste de su vida, y en un segundo se transforma en un hombre sufrido y vencido:

—¿Qué sabes tú de la muerte? —le dice al Gordo—, lo de menos es el sabor, al final es muerte igual, no importa el tiempo o el lugar, antes o después, aquí o allá, el problema radica en estar marcado, si es así será inevitable hagas lo que hagas. Sé cómo funcionan las minas, y estoy seguro de que no dejará que escapemos. Ahora no me atrevo ni a regresar. No puedo garantizar ni mi propia vida.

Roberto el Turista permanece ofendiendo a Manolo que no le hace caso. Dinky el Gordo continúa implorando, pero el Zapa no repara en él. Luis, el Carne, le recuerda a sus hijos, dice que ellos esperan por él, y Manolo no escucha, es un atolondrado que mira los contornos con los ojos abiertos al máximo, con el cuerpo tembloroso y se le engarrotan las manos y luego se abraza como si tuviera frío.

Rolando no dice nada, se mantiene en silencio asumiendo esta realidad por la que no se puede hacer nada para cambiarla, a veces me mira y en sus ojos puedo descifrar el miedo, el ruego porque no suceda lo peor. Carlos el Político le dice al Zapa que no se deje vencer, que aún nos queda mucho camino por andar juntos, pero a Manolo ya no le interesa nada, y los caminos se agotaron, al menos para él.

—Mira, soy yo, el Cuentista —le digo—, prometo hacerte una novela donde serás el personaje central, contaré todas tus peripecias en el mar y en la Base y en África y luego aquí, en este pedazo de tierra ingrata que te coronará como el mejor zapador de la historia —y abro la agenda, escribo—, mira —le enseño el papel—, puse tu nombre de primero, fíjate. Pero él no mira. No le importa. Ya nada le interesa. Finalmente se echa a llorar y grita y abre los brazos como un Cristo que está decidido a darlo todo, a cambiar su religión y traicionar, por tal de cambiar nuestro presente y aparezcan los soldados zapadores, no importa si son del lado comunista o de los yanquis, y nos salven llevándonos a sitio seguro.

Pero nadie llega, no acuden a salvarnos ni los soldados ni Dios.

—¡Ganaste! Caí en tu trampa, "linda" —grita Manolo rabioso y se ríe y llora y vuelve a reírse—, me jodiste, coño; no me atrapaste allá, en el campo de batalla y mira dónde me vienes a sorprender, en una aparente jugada de novatos. ¡Qué ironía!

Y continúa riendo y llorando y no sabemos con quién habla, y a veces le respondemos para confundirlo y ver si acepta un diálogo y nos hace caso; pero no repara en nosotros, en las voces, los ruegos; y la rabia le crece, se descubre el miedo como un manto que se quita delante del grupo y se excita.

—No quiero que me veas como un cobarde, "niña" —dice Manolo—, te voy a dejar con las ganas.

Y mira hacia todas partes y ninguna, con el gesto sombrío del que empuja el rey sobre el tablero cuando se sabe perdido, rompe la rama que le sirvió para encajar en la tierra y la une a la bolsita del Dinky, y con la decisión del capitán del barco que en medio de la tormenta, cuando sabe que todo está perdido, y no quedan opciones de salvar la nave, se abraza al timón decidido a hundirse con su estructura, y las lanza junto con el tenedor a unos quince metros como si fuera una pelota que se va deshaciendo en el aire, todos miramos la elevación que toma, mi cuerpo ha comenzado a temblar, me sacude tratando de avisarme que ha llegado el final. Y el bulto se separa, suelta pedazos que apenas han caído, pero hacen sonar la primera explosión, después le siguen otras, y los estruendos apagan los gritos de miedo, de hombres que quieren, necesitan, desean, exigen, piden continuar con vida. Nos agachamos para protegernos en alguna medida, menos Manolo, que nos mira angustiado, grita que esto es una trampa alevosa, un juego para niños tontos. ¡Ganaste, "niña linda"!, al que velan no escapa y tuviste la astucia y la paciencia para lograrlo; me fuiste dando comida fácil para que entrara en esta espiral que no tiene retroceso.

Posiblemente, si me mirara en un espejo, tendría la impresión que causaba Martí a los 16 años, cuando muchos ancianos en el presidio, le aseguraban que parecía un viejo. En esa oportunidad le escribió la carta a la madre augurando que su vida sería corta. En estos momentos pienso que la mía también, lo único que en mi caso no podré aprovecharla como advertía el Apóstol, con la trayectoria de él.

Lo más probable es que ya no tendré que darle la noticia a mi tía de que su hija desapareció bajo un misterio inexplicable ni describirle cómo sucedió lo de mi primo ni tener que perdonar a mi novia ni aceptar las humillaciones de los vecinos por regresar. Tampoco cumpliré la promesa que le hice a Rey. Sus hijos se quedarán aquí, y luego serán dispersados en los estómagos de los buitres. Quedamos en silencio o gritando o las dos cosas o ninguna y todas al mismo tiempo. No sé si las explosiones se acercan o se alejan, sólo que la tierra se remueve como si fuera el mar, un movimiento desordenado de las olas, creo sentir algunas gotas que me salpican. Un estruendo me hace caer de rodillas, entonces supongo que así sería el impacto de aquella hoja del árbol que en el sueño se estrellaba contra la tierra y que nunca llegué a sentir. La tinta del bolígrafo ha comenzado a fallar y no importa, aún no detengo esta manía de escribir palabras. Las hojas se llenan de tinta invisible, de lágrimas y de tierra que el aire esparce. Ya no miro lo que escribo. Estoy sudando el cuerpo, pero nunca con anterioridad lo había hecho por las manos. Leticia está llorando, dice los nombres de sus padres. Y me imagino a Rey diciendo que ni siquiera he servido para devolver a sus hijos a la casa.

Y quiero gritarle a Dios, pedir que despierte, es demasiado tiempo de ausencia, te necesitamos aquí, ahora más que nunca. Y pongas orden a tanto reguero, a tanta muerte, y si es necesario pedir que nos perdones la incomprensión por las decenas de veces que permanecimos con los oídos sordos a tus llamados porque nos negamos a ser los corderos, desconfiamos de cualquiera que nos intente mover como rebaños porque no queremos pagar el precio de las generaciones que nos antecedieron.

Debo reconocer, para ser honesto y egoísta con el resto del mundo, que el pueblo de esta Isla te necesita; pero nosotros ahora más que el resto; yo más que todos. Por favor, despierta, no seas cobarde y baja a presenciar esta realidad por el incumplimiento de tus deberes en la tierra, abandona el vino y la siesta, y ven a mirarme a los ojos como el más mortal de los mortales, de tú a tú, de hombre a hombre, hazlo con el alma y luego decide si es justo y necesario que debamos morir; que deba morir.

Tú que todo lo puedes entre la vida y la muerte, que nos mueves a tu antojo como piezas de ajedrez, que nos creaste ciegos o diestros, hermosos o repugnantes, negros, blancos, cojos o tarados, lo único que no podrás tener es mi voluntad, ésa la domino yo, es mi parcela interior, mi mundo y donde hago su papel de Dios, allí no tengo rival ni nadie me supera.

Los aquí presentes no queremos la eterna vida prometida, por si piensas hacernos un favor; nos quedamos con ésta, no estamos interesados en la eternidad, nos basta con la de ahora, sólo deseamos consumir la que vivimos hoy, y te repito: no cambiamos un minuto de ésta por la eterna juventud; así que por favor, si has pensado arrebatárnosla, razona, cambia de idea, y nos la devuelves inmediatamente; pido, reclamo, te exijo esta vida como si fuera la eternidad. Te confieso que nuestros padres, el gobierno y tú, nos agobian, nos asfixian sus negativas, sus imposiciones en aras de una supuesta rectitud. Por eso no asistimos jamás a la iglesia, no leímos la Biblia hasta la adolescencia, ni importó que nuestras novias abortaran los embarazos. Nunca pensamos en ti. No te tuvimos en cuenta en ninguno de nuestros pasos por la vida. Y lo asumo.

Por ninguna razón te consideres mi dueño ni el "Padre Nuestro", que puedes decidir y cambiar estas vidas por lo que creas correcto o mejor para nosotros. No te damos ese derecho. Hemos cortado las cuerdas para dejar de ser marionetas. Estamos cansados de tanto paternalismo disfrazado de amor, aunque tengamos que optar por el parricidio. Desde que nacimos estuvimos condenados a esa paternidad tirana. No confiamos en ti porque ofreciste en sacrificio a tu propio hijo, El AMADO; entonces qué podemos esperar para nosotros, simples mortales que ante tus ojos no tenemos ningún valor o razones que te hagan ser condescendiente. Nuestras madres jamás nos hubieran ofrecido como sacrificio como le pediste a Abraham que hiciera con su hijo Isaac. Como te dijera Vallejo en uno de sus poemas: ...*si tú hubieras sido hombre, hoy supieras ser Dios.* Por lo tanto, aquí nos quedamos. Ahora comprendo por qué el número doce de nuestro grupo, tú número favorito, con doce tribus se consideró la nación de Israel, y doce fueron los que convocaste a la cena con Cristo: si nos escogiste como nuevos apóstoles, líbranos de todo mal, incluyéndote a ti; no escribiremos un nuevo libro ni seremos el tema para ello. Y si es a modo de venganza por aquellos porque no contaron en la Biblia como fue en realidad, o como te hubiese gustado a ti que fuera, lo sentimos, pero no cargaremos con esa culpa. Al carajo tú y tus preceptos, tus antojos y juegos.

Y pobre de ti si no postergas este capricho, te juro, si es verdad que la otra vida existe, yo estaré allí porque no he cometido ningún pecado, si así se le puede llamar a no haber jodido a nadie, para entonces, seré un ángel rebelde, trataré de vaciarte las botellas de vino, te romperé la soga de la hamaca, te esconderé las sandalias, distraeré a los ángeles que hayas enviado con un encargo, incitaré a huelgas, haré una célula clandestina para boicotear tus deseos, pintaré carteles, tocaré cazuelas, fabricaré cócteles Molotov, y me alzaré entre las nubes como un movimiento guerrillero. Te aseguro que no cejaré en el empeño hasta que te arrepientas y me devuelvas con los míos.

Y llega una sensación de paz, como si la sangre fluyera en mi interior con menos fuerza, dejo de escuchar las explosiones, la tierra desaparece, y la noche, la misma noche de la despedida regresa, pero con la diferencia que no estoy solo, mis compañeros ahora miran también lo mismo que yo, y cerca de nosotros descubro una sombra, y me doy vuelta, y es José Martí que pasa con prisa y no reparara en nosotros, avanza sin ver sus propios pasos, no atiende el presente, su mente está lejos, quizá en la manigua o en alguna reunión del Partido en Tampa; mis acompañantes están lívidos y se mantienen sin pronunciar palabras, y no sé qué hacer, y recuerdo el farol, y lo zafo de mi cintura y lo lanzo.

—¡Maestro! —le grito y escucho el eco varias veces.

Él se agacha, lo limpia y lo enciende y el brillo que expande me entra por los ojos y me dice tantas cosas que ya sabía, pero que no las tenía en el consciente. Luego lo levanta como si quisiera alumbrar a la misma luz del día.

—¡Maestro! —y esta vez la voz sale muda.

Pero ya no vuelve a mirarme. Se monta sobre su bote y los hombres que lo acompañaron aquella noche del desembarco y después desaparecieron entre los riscos del empinado farallón, vienen de regreso, y se montan también y reman. Se alejan sin mirar hacia nosotros. Reaparecen los peces plateados que van escoltando el bote mientras se aleja. Y un tropel de cascos de caballos que relinchan con dolor se acercan por la playa y rompen la quietud, espantan la oscuridad, levantan nubes de arena, miles de partículas que se confunden con el aire, y cuando caen provocan las explosiones de las minas; los cuerpos de los caballos son de viento y alguien clava sin misericordia las espuelas, y hacen estirar sus patas que caen con más fuerzas sobre nosotros, nos lastiman. De sus herraduras salen chispas que se transforman en hermosas palomas blancas; surgen estrellas calientes que humean, saltan y van quedando sobre el camino cabalgado como mariposas que se acuestan y permanecen en la mayor quietud en sacrificio para adornar el camino en forma de alfombras multicolores...Y el viento gélido me pega en la cara con la fuerza de un látigo, me empuja con violencia y caigo, me golpeo en la cabeza, estoy mareado y busco y veo que a pesar de la ceniza que cubre el mar y envuelve la imagen del Apóstol y los peces, resplandece su rostro con la luz del farol de fondo, y en esa brusca fulguración se deshace finalmente su imagen en una lluvia de hormigas y caracoles, se hunden sobre el mar y la tierra, convertida ahora en una espuma blanquísima. Y a lo lejos, detrás del horizonte, surge un arcoíris, cruza el cielo como una bengala, un pájaro que va dejando una estela de colores, y cuando llega a la cuesta hace el arco y vuelve a surcar la caída, distante, inalcanzable para nosotros. Alzo los brazos en un intento de conseguir abrazarme a sus cintas y dejarme llevar hasta el otro lado donde permanece mi gente. Sus colores son nítidos y quiero pensar que allí, donde termina, está mi familia aguardando por mi llegada. Pero la polvareda que salta tras cada estruendo de las minas borra el arcoíris. Las hormigas y los caracoles que caen son sustituidos por piedras que pegan sobre nuestros cuerpos. La boca se me llena de polvo, la lengua se convierte en un pedazo de roca, y mi piel se confunde con el viento, con la arena.

¿Qué puedo hacer contra esta realidad que amenaza con eternizarse? ¿Cuánto debo perder para volver a ganar un punto de partida, en caso de que tenga una segunda oportunidad? ¿Cómo y por dónde comenzar de nuevo mi vida? A veces nos la pasamos anhelando algo lejano, intangible, y emprendemos un camino difícil huyéndole al hastío y a la miseria, exponiéndonos en aras de alcanzar un sueño; hay un momento, que por la velocidad de ascenso, nos mostramos desconfiados, pues al razonar, llegamos a la conclusión de que quizá por la ansiedad, se nos confundieron los puntos cardinales, y cuando deberíamos estar llegando a la cima, nos sorprendemos en una total caída: al abismo, y el supuesto sueño se nos convierte en una total pesadilla.

A veces, al vivir la experiencia y sus consecuencias, se aprende que lo buscado era precisamente, lo que poseíamos en la partida y no supimos advertir. Que lo que imaginamos que era poco, luego resulta ser mucho o suficiente. Ahora seríamos tan felices con lo que dejamos en aquella costa junto a nuestros familiares. Nos sentiríamos tan dichosos si lo volviéramos a poseer...

Deseo continuar escribiendo hasta el final, seguir imaginando a mi antojo cada palabra que piensan estos hombres que me acompañan, describiendo cada detalle de esta travesía que no debe acabar aquí, aunque quizá este sea un posible final. Y no importa que el próximo paso sea hacia la última puerta o quedaran cien por abrir y cerrar. Estaría dispuesto a pasear un largo y angosto corredor. Las abriría una por una con la mayor devoción, como si siempre fuera la primera vez y lo apostara todo. Nunca me cansaría de intentar sobreponerme a la caída; de encontrarnos con la fatalidad frente a frente y mirarnos fijo a los ojos en espera del menor movimiento que nos avise que debemos disparar antes que lo haga la muerte, que sí está acostumbrada a tirar a mansalva sin la menor compasión, cuando entiende que te ha llegado el momento. De todas formas no podrán impedirme, ni después de la muerte, el intento de rebeldía.

Escribir es lo único que hice hasta ahora. Que puedo hacer. Que necesito hacer. Que quiero hacer. Que hago. Aprieto el diario contra el pecho. Porque nada podría lograr que me detenga. Pienso en mi madre, en mi novia exigiendo mi vida para no arruinar la de ella. Y busco la primera hoja del diario, que encuentro maltratada, húmeda, con la tinta corrida. Con dificultad leo, acaricio las palabras que retozan entre mis dedos, y me llegan los olores a costa, el perfume de mi madre y de mi novia, el ruido de las olas en la playa, y sin percatarme del cambio en el tiempo regreso otra vez al día de la despedida con mi familia, estoy en la playa, vuelvo a tener delante a Maribel con los ojos hinchados de llorar; a mi espalda todos me esperan sobre la balsa con los remos levantados, prestos a comenzar la aventura que nos cambiará la vida. La sonrisa les delata el optimismo a pesar de que tengamos los ojos abultados por los insomnios de tantas ilusiones que nos callamos, y como el llanto de un niño nos arruinaba el sueño. Manolo suelta el remo con una mano para levantarme el pulgar en señal de la buena marcha que nos espera. Toscano asiente con un alegre movimiento de cabeza. Dinky se frota las manos dando pruebas de que está listo para comenzar. Carlos se acomoda en una esquina y adopta una posición relajada como si estuviera en un balneario para esperar su turno de remo. Julio mira nervioso y desconfiado hacia la playa, le preocupa que algún imprevisto suceda y le evite la partida, y me mira con ansiedad para acabar de salir mar afuera. Luis silva una canción con ritmo salsero. Pablito lo acompaña tocando rumba sobre sus muslos.

Miro a mi novia intensamente y paso la mano por su pelo.

—¿Qué será de nosotros? —me dice.

—Siempre nos quedará París —creo que le respondo sonriente. Y una extraña sensación de frialdad me recorre el cuerpo. Y recuerdo el escalofrío que sentí en la primera salida, cuando deposité el pie sobre la balsa.

—¿Es la muerte? —vuelvo a decir y esa impresión de no haber estado equivocado aquella vez ni ahora se apodera de mi esencia. Y como una contradicción me invade la paz y escucho el golpe al cerrarse, quizá, la última puerta. Ahora nada me duele ni me asusta porque el cuerpo no es lo más importante. La vida tampoco. Y siento que las fuerzas me abandonan, comienzan a alejarse y no deseo despedirme. Me resigno. Pero la voz de mi madre surge igual que el rayo de luz después de la tormenta, el primer resuello cuando concluye la estampida, y pronuncia mi nombre, y es como una sacudida que hace que mi voluntad regrese, que mi sangre otra vez fluya con fuerza, el sonido de bisagras que vuelven a abrir una puerta pesada y contra el viento; y no puedo dejar de aferrarme al pasado, a mis anhelados sueños, que de tantos, se han convertido en uno solo: regresar con mi familia. Y sin previo razonamiento se me escapa el último ruego:

–Elí, Elí, perdona nuestras ofensas y no olvide que está en el cielo distante y resguardado…

Santificado sea tu nombre, así como los nuestros…

Venga a su reino y hágase nuestra voluntad aquí en la tierra, al menos hoy haga esa salvedad y olvide sus caprichos...

Ahora no te pedimos el pan de cada día, que tan difícil nos ha sido alcanzarlo…

Y perdona nuestras deudas, así como nosotros sabremos perdonar las tuyas…

No nos hagas caer en la tentación, más líbranos de todo mal, sobre todo el tuyo, si aún persistes en condenarnos…

Sálveme, aunque no sea su voluntad.

Cierro los ojos. Y espero.

ALGUNOS TÍTULOS DE NEO CLUB EDICIONES

El salto interior
Ángel Velázquez Callejas

Ojos de Godo rojo
Manuel Gayol Mecías

Mi tiempo
Humberto Esteve

Para dar de comer al perro de pelea
Luis Felipe Rojas

Anábasis del instante
Tony Cuartas

Jerónimo Esteve Abril, apuntes y testimonios
Armando Añel

Hábitat
Joaquín Gálvez

Café amargo
Rafael Vilches

Made in the USA
Lexington, KY
03 June 2014